国家出版基金项目
NATIONAL PUBLICATION FOUNDATION

国家无障碍战略研究与应用丛书（第二辑）

无障碍
与高质量经济发展

蔡继明　杨子铭　著

辽宁人民出版社

图书在版编目（CIP）数据

无障碍与高质量经济发展 / 蔡继明，杨子铭著. —
沈阳：辽宁人民出版社，2021.12
（国家无障碍战略研究与应用丛书. 第二辑）
ISBN 978-7-205-10350-7

Ⅰ. ①无… Ⅱ. ①蔡… ②杨… Ⅲ. ①中国经济—经
济发展—研究 Ⅳ. ①F124

中国版本图书馆 CIP 数据核字（2021）第 250205 号

出版发行：辽宁人民出版社
地址：沈阳市和平区十一纬路 25 号　邮编：110003
电话：024-23284321（邮　购）　024-23284324（发行部）
传真：024-23284191（发行部）　024-23284304（办公室）
http：//www.lnpph.com.cn
印　　刷：辽宁新华印务有限公司
幅面尺寸：170mm × 240mm
印　　张：13.75
字　　数：196 千字
出版时间：2021 年 12 月第 1 版
印刷时间：2021 年 12 月第 1 次印刷
责任编辑：李　丹　郭　健　赵学良
装帧设计：留白文化
责任校对：刘再升
书　　号：ISBN 978-7-205-10350-7
定　　价：70.00元

总 序

张苏军

欣闻《国家无障碍战略研究与应用丛书》（第二辑）付梓，这份欣喜，既表达了对我国无障碍事业的蓬勃发展态势的喜悦，也有为那些投身于无障碍事业的各界人士的赞许，更饱含对创造更加宜居、宜业、宜游、舒适美好生活环境的期待。此套丛书的出版，对助力我国无障碍法治环境建设，以法治的精神、法治的力量和法治的感召，深入推进我国无障碍环境建设高质量发展，向世界展示中国方案、中国作为和中国成果，意义重大。

此套丛书汇集了我国无障碍理论研究的最新成果，聚合了北京大学、清华大学等国内高校和科研机构专家团队的力量，以多元视角、在诸多层面，系统性地对无障碍的社会价值、经济价值、科技创新等领域进行研究，同时对我国无障碍社会实践进行了深化梳理和总结，对城市更新、适老化改造、全龄友好型社区和残疾人家庭无障碍改造等进行了细化研究，为不断满足人民群众日益增长的对美好生活的需要，促进人的全面发展、逐步实现共同富裕的目标等提供了理论支持，发挥了无障碍理论研究与实践融合的独特作用及价值。

习近平总书记指出："无障碍设施建设问题是一个国家和社会文明的标志，我们要高度重视。"这为我国无障碍事业发展提供了遵循，指明了方向。无障碍环境建设是一个国家科技化、智能化、信息化水平的体现，是一个国家经济建设和社会建设水平的体现，也是一个国家硬实力和软实力的综合体现。无障碍环境建设的高质量发展，将更好地满足人民群众日益增长的需

张苏军　第十三届全国人大常委会委员，第十三届全国人大监察和司法委员会副主任委员，中国法学会党组成员、副会长。

求，充分体现“以人民为中心”的发展理念。我国有8500多万残疾人，有近2.64亿60岁以上老年人，是世界上残疾人口和老年人口最多的国家，在无障碍环境建设方面有着巨大的现实需求。消除公共设施、交通出行、信息通信等领域的障碍，让广大老年人、残疾人平等地参与到康养、教育、就业和社会生活中，加强无障碍环境建设，是保障全社会成员特别是残疾人、老年人等有特殊需求群体融合共享社会生活的重要前提，是完善城乡基本公共服务的重要内容，是应对老龄化、满足适老化需求的重要措施，是建设美丽中国、健康中国的重要体现，是国家经济发展、人权保障、社会文明进步的重要标志。对于提升老年人、残疾人的社会适应能力，促进社会融合具有重要的现实意义。

近年来，我国无障碍环境建设发展迅猛。无障碍法规政策标准体系不断完善，无障碍设施、无障碍信息、无障碍服务水平不断提高，城乡无障碍环境建设方兴未艾，社区、残疾人家庭无障碍改造受益面不断扩大，无障碍环境建设取得的成就，在国内外彰显了重要的人文价值，产生了良好的社会影响。党的十九届六中全会总结中国共产党从小到大、从弱到强，从胜利走向胜利的根本经验，就在于依靠人民、服务人民、赢得民心。坚持以人民为中心的发展思想，着力保障和改善民生，着力解决人民群众急难愁盼问题，加强基础性、普惠性、兜底性民生保障建设，在幼有所育、学有所教、劳有所得、病有所医、老有所养、住有所居、弱有所扶方面不断推进。为人民创造安宁祥和、稳定有序的社会环境，才能让人民生活全方位改善，获得感、幸福感、安全感更加充实、更有保障、更可持续。这其中，高质量推进无障碍环境建设发展是必不可少、大势所趋的应有之义。

应该看到，当前我国无障碍环境建设与经济建设和社会发展水平还不相适应，无障碍环境建设还面临着诸多亟待解决的困难和问题；我国法律中关于无障碍的规定还不系统、不规范，法律之间缺乏有效衔接，而且多部专业领域的法律中未涉及无障碍环境建设的规定内容，因此，需要整合并形成系统完善的无障碍专门法律，强化无障碍法规政策实施落地的切实举措，进一步以法治来推进无障碍环境建设与国家社会经济发展和人权保障成果的融合，以法治来建立新冠肺炎疫情防控工作中的无障碍环境保障长效机制，以法治来促进无障碍环境护佑人民群众生命安全和身体健康，以法治来保障我国无障碍环境建设持续健康高质量发展，满足社会全体成员对无障碍环境建设日益增长的迫切需求。

无障碍环境建设立法已成为当前重要课题，是新阶段推进无障碍环境建设的必然所需，亟待加快无障碍环境建设立法进程。无障碍环境建设是一项整体的社会改造工程，不仅需要政府的主导，还需社会力量，特别是科研机构、社会组织等的广泛参与。无障碍立法既要立足现实，也要有前瞻性，要在中国特色社会主义法治体系之下探寻无障碍建设的法治保障，满足广大社会成员日益增长的无障碍需求，实现无障碍环境建设的高标准、高质量发展。

借《国家无障碍战略研究与应用丛书》(第二辑)出版，向促进社会美好和谐发展的中国无障碍事业致敬！向丛书全体编创人员表示感谢和敬意！

2021年11月

国家无障碍战略研究与应用丛书（第二辑）

顾　问

叶静漪　庄惟敏　吕世明

前 言

这是我国第一部研究无障碍的经济价值的著作。本书创造性地关注到了无障碍对我国高质量经济发展的影响，揭示了无障碍通过提高人力资源供给和劳动效率推动我国经济发展的路径，量化估计了无障碍对经济增长的推动效果，既有利于无障碍获得合理的资源投入，又有利于我国经济高质量发展。这本书是联通各级政府经济工作与残联无障碍工作的桥梁，也是经济学研究者与无障碍研究者共同推动学术发展的一次创新。

写这本书的目的之一是更有力地落实无障碍环境建设。在此之前，我国多个学科的学者已经在无障碍领域耕耘了很多年，形成了很多方面的内容，但这些内容大多是关于实用性的技术问题或者注重揭示无障碍的社会、人文、道德价值。诚然，一项工作只要有这些价值之一且有执行方案就是应该努力落实的。但在现实生活中，由于资源与时间的限制，即便应该落实，也会考虑其经济价值，从而决定其在社会总体资源配置中的优先次序。不幸的是，由于学者未对无障碍的经济价值进行挖掘，社会公众也还没有形成无障碍能够促进经济发展的共识，无障碍虽然一直以来被社会各界口头上所支持，但得到的实际投入却相对较少。为了更加有力地落实无障碍环境建设，研究无障碍的经济价值就显得非常迫切了。

写这本书的目的之二是更好地促进我国高质量经济发展。2017 年，中国共产党第十九次全国代表大会首次提出了高质量经济发展。这标志着我国已经从过去依靠新增要素数量拉动经济高速增长的阶段过渡到了要更多依赖技术进步和已有要素组合方式变革推动经济高质量可持续增长的阶段。我国之所以转变经济增长方式，是因为随着我国经济体量越来越大，各项资源要素已经摸到了天花板，其中尤其以老龄化造成的人口红利的消失最为明显。无障碍发心于对残疾人、老年人等特殊群体的关怀，最初没有人想过从中“获得”经济利益，但当无障碍能够为越来越多乃至全体社会成员提供便利时，无障碍已然默默地提高了社会的生产效率，其带来的经济价值已经无法被忽视。这无疑使无障碍成了高质量发展不可或缺的一方面。2018 年，《十三届全国人大一次会议政府工作报告》提出了“落实高质量经济发展的九方面战略部署”。这些战略部署虽然没有把无障碍战略单独列出，但每一项都与无障碍相关，甚至可以说，无障碍是推动高质量经济发展的隐形第十方面战略部署。

正是基于这两大目的，本书书名定为《无障碍与高质量经济发展》，试图把无障碍置于我国经济高质量发展的大背景下，揭示无障碍是如何有助于高质量经济发展的，并估算无障碍的经济价值，进而分析无障碍对我国经济供给和需求两个方面的扩大和提升作用。具体来说，第一章“无障碍在高质量经济发展中的定位”在全书中起到破题的作用，创新性地把无障碍和高质量经济发展两个看似无关的课题联系在一起。为了达到这个目的，第一章首先分析我国提出高质量发展概念时所面对的国际国内经济金融形势，其次阐述了高质量经济发展的内涵、意义和要求，最后解释了无障碍在贯彻落实九大战略部署中的作用。第二章“无障碍扩大就业的经济影响”提出了无障碍有利于增加我国劳动力供给的观点。这是基于无障碍能够帮助老年人和残疾人弥补体力、信息获取能力不足，并改善就业相关文化、制度环境的事实提出的。根据这个思路，第二章对比完美无障碍环境和当前实际情况下的不同经济增速和总量估算了无障碍对当前经济增速和长期经济总量的影响。此外，第二章还给出了构建更加完美无障碍环境的政策建议，以增加老年人、残疾人劳动力资源的利用效率。第三章“无障碍对扩大需求的作用”从需求侧研究无障碍对经济的影响。这一章分为五个角度，分别是总的消费需求、政府基建需求、老年人需求、残疾人需求、健全人需求。第四章“无障碍对提升供给的作用”从供给侧研究无障碍对经济的影响。这一章分为四个角度，即旅游、医疗、社会保障、公共交通。

本书由中国残联吕世明主席指导，清华大学社科学院经济学研究所蔡继明教授、杨子铭博士共同撰写，王勇教授、姜宁秘书长对本书中部分内容的写作给予了重要支持，博士研究生刘媛、李蒙蒙、刘梦醒、曹越洋做了部分数据收集、图表制作方面的贡献。希望本书的出版能够让政府和公众意识到在宏观格局下无障碍的经济价值，助力无障碍环境进一步改善。

蔡继明　杨子铭

2021 年 9 月

目 录

第一章

无障碍在高质量经济发展中的定位

当前，我国经济发展已进入了与过去完全不同的“新时代”，面临着非常多的新问题。如全球经济增长放缓、科技封锁加剧和逆全球化抬头。相应的，我国必须改变过去依赖的经济发展模式以适应恶劣的外部经济环境。2017 年中国共产党第十九次全国代表大会首次提出了高质量经济发展，随后十三届全国人大一次会议政府工作报告提出了落实高质量经济发展的九方面战略部署。这九方面战略部署分别是深入推进供给侧结构性改革、加快建设创新型国家、深化基础性关键领域改革、坚决打好三大攻坚战、大力实施乡村振兴战略、扎实推进区域协调发展战略、积极扩大消费和促进有效投资、推动形成全面开放新格局、提高保障和改善民生水平。

就如同我国经济从高速发展到高质量发展，无障碍也经历了从狭义无障碍到广义无障碍的变化。狭义的无障碍最初被理解为无障碍设计（Barrier-Free Design），是对残疾人活动不便的一种关怀和解决方案。因此，在我国经济高速增长阶段，无障碍并不在经济发展大战略之内，最多仅在“提高保障和改善民生水平”方面起到一定作用。随着它的发展，这种关怀的对象已扩展至包括老年人的障碍人群，甚至在努力囊括所有可能的障碍人群——如孕妇、儿童、病人，成为惠及所有人的一种通用安排。因此，今天所说的无障碍是指的通用无障碍，其设计理念为普适性设计（Universal Design）。时至今日，广义无障碍已不仅为障碍人群提供便利，更能利用设施和制度安排，为全社会提高生产效率，为机械设备提供更广泛的应用场景，为交易过程降低成本，为新经济业态挖掘需求与供给。从这个意义上讲，广义无障碍就涉及高质量经济发展九大战略部署的方方面面，成了推动“新时代”经济高质量发展的必要条件。

本章将首先分析我国“新时代”经济金融形势，阐述高质量经济发展观诞生的内在逻辑，并探讨无障碍的发展如何能促进九大战略部署的落实并最终影响我国经济高质量发展。

第一节　我国经济发展面临的新环境

一、国际经济金融环境

2016 年，世界经济仍缓慢复苏，主要经济体增长态势和货币政策持续分化，经济政治社会领域“黑天鹅”事件频现，民粹主义、逆全球化、贸易及投资保护主义抬头，地缘政治不确定性上升。

（一）主要经济体经济形势

2016 年，世界经济仍处于缓慢复苏进程中，增长动能不足。美国经济持续复苏，欧元区经济出现好转迹象，日本经济复苏仍较缓慢且缺少政策空间，新兴市场经济体有所企稳但仍面临调整与转型压力。

美国经济继续复苏。2016 年美国经济上半年表现欠佳，第三季度逐渐企稳恢复，但受上半年拖累全年 GDP 增速为 1.6%，较 2015 年 2.5% 的增速有所下滑。通胀水平略有上行，2016 年 9 月以来通胀率持续保持在 1.5% 以上。劳动力市场状况继续改善，11 月失业率降至 4.6%，为 2007 年 8 月以来最低，但新增非农就业等部分短期数据仍有一定波动。

欧元区经济略有改善。受内需和出口疲软影响，2016 年欧元区经济增长 1.7%，增速较 2015 年有所下滑，但复苏势头较 2015 年下半年有所好转。通缩压力持续缓解，12 月综合消费者物价指数（HICP）同比增长 1.1%，创 2013 年 9 月以来新高。劳动力市场出现改善，12 月失业率降至 9.6%，为 2009 年 5 月以来最低。但欧元区产出缺口依然明显，难民问题和银行业风险也为持续复苏蒙上阴影。

日本经济复苏动力不足。近年推出的一系列宽松刺激措施成效并不明显，2016 年经济增长 1%。CPI 在年中连续 6 个月处于负区间，通缩压力较大。劳动力市场相对稳定，但家庭消费持续负增长，出口与投资仍较低迷。见表 1–1–1。

表 1-1-1　美国、欧元区、日本主要经济金融指标

国别	指标	2016 年第一季度			2016 年第二季度			2016 年第三季度			2016 年第四季度		
		1 月	2 月	3 月	4 月	5 月	6 月	7 月	8 月	9 月	10 月	11 月	12 月
美国	实际 GDP 在增速（环比折年率，%）	0.8			1.4			3.5			1.9		
	失业率（季调，%）	4.9	4.9	5	5	4.7	4.9	4.9	4.9	4.9	4.8	4.6	4.7
	CPI（同比，%）	1.4	1	0.9	1.1	1	1	0.9	1.1	1.5	1.6	1.7	2.1
	DJ 工业平均指数（期末）	16466	16516	17685	17774	17787	17930	18432	18401	18308	18161	19124	19763
欧元区	实际 GDP 在增速（环比折年率，%）	1.7			1.6			1.8			1.7		
	失业率（季调，%）	10.4	10.3	10.2	10.2	10.1	10.1	10	10	9.9	9.8	9.8	9.6
	HICP 综合物价指数（同比，%）	0.3	−0.2	0	−0.2	−0.1	0.1	0.2	0.2	0.4	0.5	0.6	1.1
	EURO STOXX 50（期末）	3045	2946	3005	3028	3063	2865	2990	3023	3002	3055	3052	3291
日本	实际 GDP 在增速（环比折年率，%）	1.9			2.2			1.2			1.2		
	失业率（季调，%）	3.2	3.3	3.2	3.2	3.2	3.1	3	3.1	3	3	3.1	3.1
	CPI（同比，%）	−0.1	0.2	0	−0.3	−0.5	−0.4	−0.4	−0.5	−0.5	0.1	0.5	0.3
	日经 225 指数（期末）	17518	16086	16759	16666	17235	15576	16569	16887	16450	17425	18308	19114

数据来源：美国经济分析局、美国劳工统计局、美联储、路透数据终端。

新兴市场和发展中经济体经济增速企稳。根据国际货币基金组织（IMF）统计，2016年主要新兴市场和发展中经济体GDP增长4.1%，与2015年持平，仍是世界经济复苏的主要动力。其中，印度经济保持快速增长，2016年全年GDP增长7.1%，但仍面临银行坏账率高、私人投资疲软、产能利用率低等挑战；随着石油等大宗商品价格回升，俄罗斯经济逐步企稳；巴西经济衰退幅度有所收窄，通胀也得到一定控制。但在全球总需求增长缓慢和美元汇率走强的背景下，部分新兴市场经济体仍面临外需疲弱与跨境资本波动等潜在风险，存在经济调整与转型压力。

（二）国际金融市场形势

2016年，受经济复苏态势和地缘政治等因素影响，美元指数持续走强，全球主要经济体国债收益率和货币市场利率走势分化，股市和大宗商品市场回暖。

美元指数持续走强。截至2016年末，美元指数为102.38，较上年末上涨3.74%。受避险及套利因素影响，日元对美元汇率为116.87日元/美元，较上年末升值2.93%。除日本外，主要发达经济体货币对美元汇率出现不同程度贬值。欧元对美元汇率为1.05美元/欧元，较上年末贬值3.2%；英镑对美元汇率为1.23英镑/美元，较上年末贬值16.30%。新兴市场经济体方面，俄罗斯卢布、巴西雷亚尔和南非兰特对美元汇率较上年末分别升值19.08%、21.7%和12.60%；印度卢比、墨西哥比索和土耳其里拉分别贬值2.57%、17.11%和17.30%。如图1-1-1。

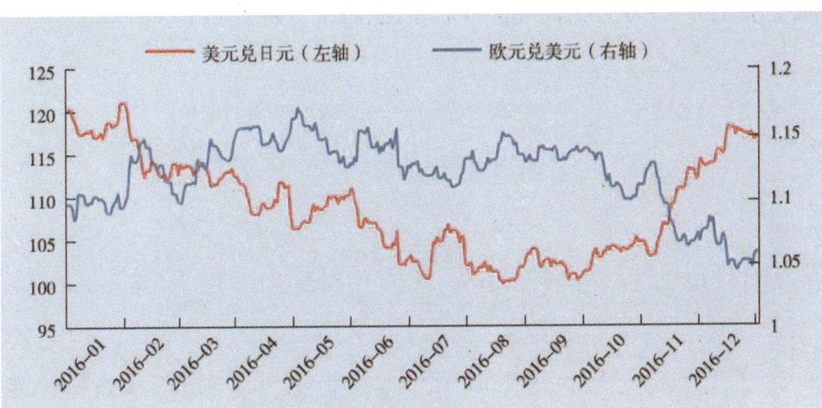

数据来源：路透。

图1-1-1　主要货币汇率走势

主要经济体国债收益率走势继续分化。发达经济体方面，截至 2016 年末，美国 10 年期国债收益率收于 2.432%，较上年末上涨 16 个基点；德国、英国和日本 10 年期国债收益率分别收于 0.207%、1.24% 和 0.049%，较上年末分别下降 43 个、72 个和 22 个基点。新兴市场经济体方面，印度、俄罗斯和巴西 10 年期国债收益率较上年末分别下降 124 个、136 个和 503 个基点；墨西哥、土耳其 10 年期国债收益率较上年末分别上升 118 个和 62 个基点。如图 1–1–2。

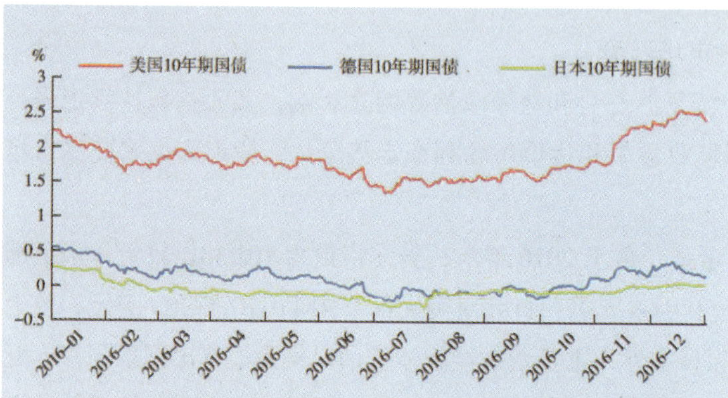

数据来源：路透。
图 1–1–2
主要经济体国债收益率走势

主要经济体股市普遍回暖。截至 2016 年末，美国道琼斯工业平均指数、日本日经 225 指数、欧元区 STOXX50 指数、德国法兰克福 DAX 指数和英国富时 100 指数较上年末分别上涨了 13.42%、0.42%、0.70%、6.87% 和 14.43%。新兴市场经济体中，印度、印度尼西亚、巴西和俄罗斯股市分别较上年末上涨 1.95%、15.32%、38.93% 和 52.22%。如图 1–1–3。

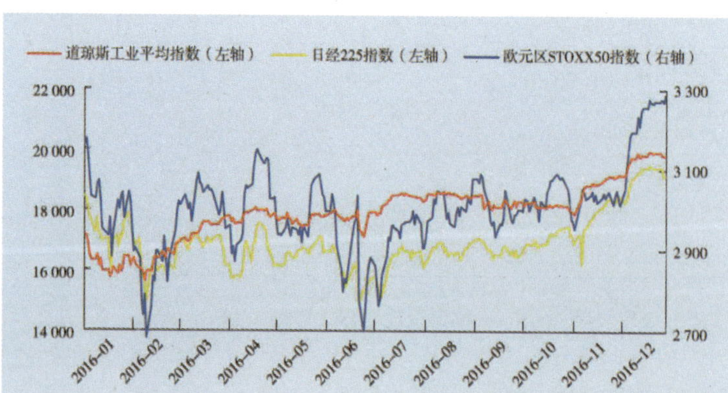

数据来源：路透。
图 1–1–3
主要股指走势

国际主要大宗商品价格有所回升。截至 2016 年末，涵盖全球主要大宗商品的美国商品调查局（CRB）现货综合指数报收 423.08，较上年末回升 48.38，结束了连续下跌势头。伦敦布伦特原油期货和纽约轻质原油期货价格分别为 56.82 美元 / 桶和 53.72 美元 / 桶，较上年末分别上涨 52.41% 与 45.03%。国际金价震荡上涨，黄金现货价格为 1150 美元 / 盎司，较上年末上涨 8.46%。如图 1-1-4。

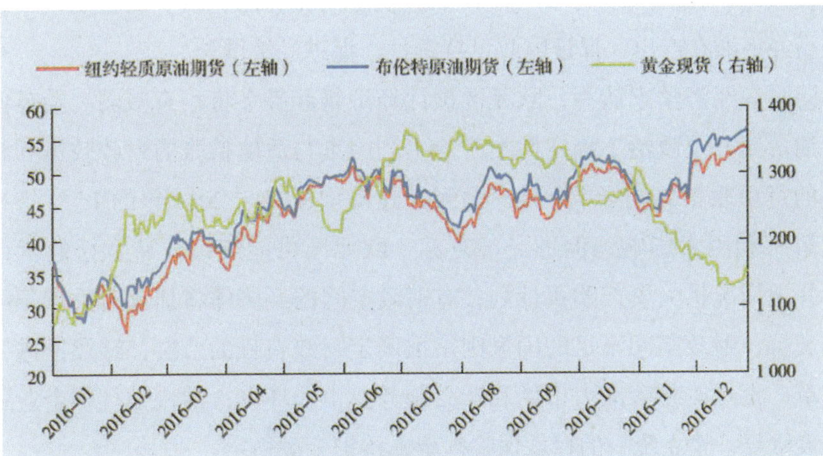

数据来源：路透。

图 1-1-4　国际黄金、原油价格走势

全球货币市场利率走势呈现分化。2016 年，伦敦同业拆借市场美元隔夜 Libor 在美联储加息预期下震荡走高，11 月后上升势头更为明显，2016 年末收于 0.692%，较年初上升 32 个基点。受欧央行宽松货币政策升级和英国脱欧等因素影响，欧元隔夜 Libor 收于 -0.414%，较年初下跌 13 个基点。欧元区隔夜 Euribor 继续下行，收于 -0.329%，较年初下跌了 9 个基点。

（三）外部经济风险

以我国为首的部分国家虽然竭尽全力试图拉动世界经济，但世界经济仍处于深度调整和再平衡阶段，在预期低迷、经济增速放缓的同时，不确定性、不稳定性因素较多。

站在 2017 年初的时点，IMF 预计 2017 年和 2018 年全球经济增速分别为 3.5% 和 3.6%，经济将加快复苏。但经济下行风险仍然存在，各经济体能否加强宏观政策协调，妥善应对美国政策调整外溢效应以及日益抬头的民粹主义和贸易保护主义倾向，积极推进结构性改革，是全球经济金融能否保持稳定的关键。

2017 年，经济学家普遍预测，美国经济预计将企稳反弹。由于 2016 年下半年经济的强劲表现以及对新政府采取财政刺激政策的预期，预计美国经济将企稳反弹，IMF 预测美国经济增长率将从 2016 年的 1.6% 上升至 2017 年的 2.3%。但美国新政府政策的不确定性也可能影响其经济增长前景。继续推进结构性改革，提高劳动力参与率，推进规定简化、豁免减少的税制改革，可以提高经济潜在产出，保证财政可持续性，促进经济增长。

同时，经济学家认为，欧元区预计经济复苏势头将稍有减弱。受英国脱欧、油价回升及政治不确定性上升等不利因素与适度扩张的财政政策和相对宽松的货币政策共同影响，IMF 预测其经济增速将与 2016 年的 1.7% 持平。为缓解不利因素影响，促进经济复苏，欧元区可能继续保持宽松的货币政策，并视情况扩大资产购买计划；有财政空间的经济体将加大对重点领域的资金支持，财政空间不足的国家则审慎确定财政整顿的节奏；继续推进结构性改革，重点改善劳动力市场和产品服务业市场环境；加快银行和企业资产负债表修复，建立统一的存款保险框架，维护金融稳定。

对于日本经济，预计继续缓慢复苏。受全球经济增长疲软、本国人口收缩以及近期日元升值等不利因素影响，日本经济短期内仍将保持缓慢复苏态势。IMF 预测其 2017 年经济增速为 1.2%。为提振经济，日本有可能继续执行负利率及资产购买计划等宽松货币政策，防范通货紧缩风险；提高劳动力参工率和工资水平，改善需求侧基本面；根据提高消费税的时间表制定长期财政整顿计划，并采取综合措施扩大税基，提高财政可持续性。

对于新兴市场经济体，经济学家认为仍将成为全球经济增长的主要动力。IMF 预计其 2017 年经济增速将由 2016 年的 4.1% 上升至 4.5%。为促进经济增长，维护经济金融稳定，新兴市场经济体可妥善管控非金融企业部门的高额债务，增强对全球金融环境收紧、汇率大幅波动和资本流动逆转等风险的抵抗力；继续进行结构性改革，减少产品、劳动力和资本市场扭曲，加大教育和医疗投资；对受大宗商品价格下跌严重冲击的国家，则利用近期市场回暖的机会调整经济结构以恢复宏观经济稳定。

在悲观预期无法得到根本性扭转的前提下，阻碍世界经济发展的几项重大风险也在酝酿之中。

民粹主义、逆全球化和国际贸易及投资保护主义抬头，逐渐成为全球经济复苏的重大风险之一。国际政治变化和部分经济体实施的内顾型政策导致全球保护主义抬头，保护主义情绪进一步加剧，几近于逆转国际政策协调和经济全球化进程，阻碍贸易自由化、资本和劳动力流动，并引发不可持续的政策，拖累全球生产率和经济增长，加剧金融市场动荡。

美国新政府的经贸政策存在不确定性。2016 年美国新政府在经贸政策上仍有许多细节尚待明确。市场普遍预计新政府将采取“减税加基础设施建设”的扩张性财政政策，这有助于促进美国经济增长并提振全球总需求，但若融资问题无法妥善解决，美国政府的财政与债务负担可能加剧。同时，扩张性财政政策可能推升通胀水平，导致美联储比预期更快加息，一些外债规模较大、经济脆弱性较高、政策空间有限的新兴市场经济体的货币贬值与资本外流压力可能增加。

欧洲银行业风险犹存。一些欧洲国家银行业盈利水平较低、不良贷款偏高，可能对投资产生负面影响。意大利银行贷款不良率已达到 18%，议会已批准总额为 200 亿欧元的银行业救助计划，但效果尚待观察。欧洲最主要的商业银行之一德意志银行因 2004—2007 年不当销售住房抵押证券产品的行为面临美国司法部 72 亿美元的巨额罚款与民事赔偿，并因涉嫌洗钱交易被美英两国监管机构罚款 6.29 亿美元。德意志银行已连续两年亏损，若罚款对其资本金与未来经营造成拖累，可能使欧洲银行业甚至实体经济进一步承压。

地缘政治冲突多点爆发，风险因素加速累积。大国政治博弈使中东地区地缘政治更趋复杂。欧洲难民危机、恐怖主义抬头等问题可能造成地缘政治冲突多点爆发，风险因素和不确定性加速累积。

二、国内经济金融运行

2016 年，国际国内经济金融环境更加错综复杂，我国坚持稳中求进的工作总基调，以推进供给侧结构性改革为主线，适度扩大总需求，实施积极的财政政策和稳健的货币政策，引导形成良好社会预期，国民经济增长虽有减缓，但缓中趋稳、稳中向好，实现了“十三五”良好开局，为高质量发展新理念的落实奠定了基础。

（一）国内宏观经济概况

根据国家统计局初步核算，我国宏观经济在产业结构、投资、物价水平、货币市场运行上呈现出如下情况。

2016年我国国内生产总值（GDP）74.41万亿元，按可比价格计算，同比增长6.7%。第一季度至第四季度同比分别增长6.7%、6.7%、6.7%和6.8%，如图1-1-5，走势保持平稳。分产业看，第一产业增加值6.37万亿元，增长3.3%；第二产业增加值29.62万亿元，增长6.1%；第三产业增加值38.42万亿元，增长7.8%。从产业增加值占GDP的比重看，第一产业为8.6%，比上年下降0.3个百分点；第二产业为39.8%，比上年下降1.1个百分点；第三产业为51.6%，比上年提高1.4个百分点。第三产业比重连续两年超过50%且进一步提高，产业结构持续优化。

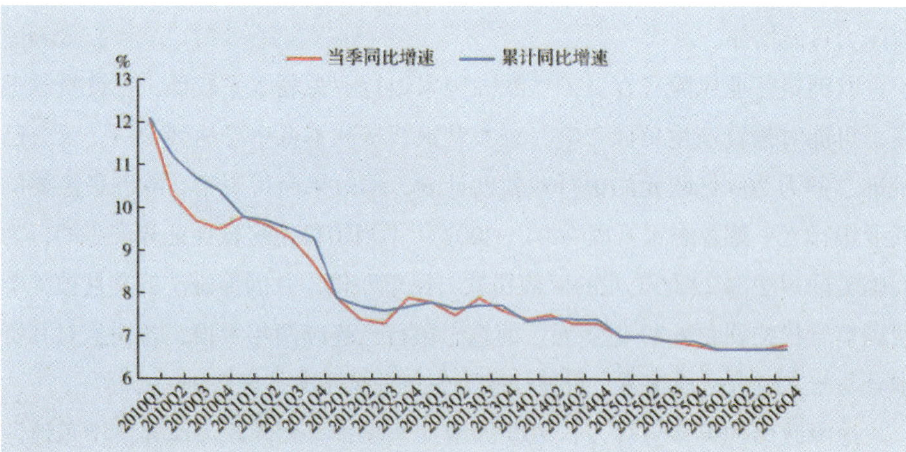

数据来源：国家统计局。

图1-1-5　中国经济增长情况

2016年，全社会固定资产投资60.6万亿元，同比增长7.9%，如图1-1-6，增速比上年回落1.9个百分点。社会消费品零售总额33.23万亿元，同比增长10.4%，增速比上年回落0.3个百分点。货物进出口总额24.33万亿元，同比下降0.9%，降幅比上年收窄6.1个百分点。其中，出口13.84万亿元，下降2.0%；进口10.49万亿元，增长0.6%。进出口相抵，全年贸易顺差3.35万亿元。需求结构继续改善，全年最终消费支出对GDP增长的贡献率为64.6%，提高4.7个百分点。

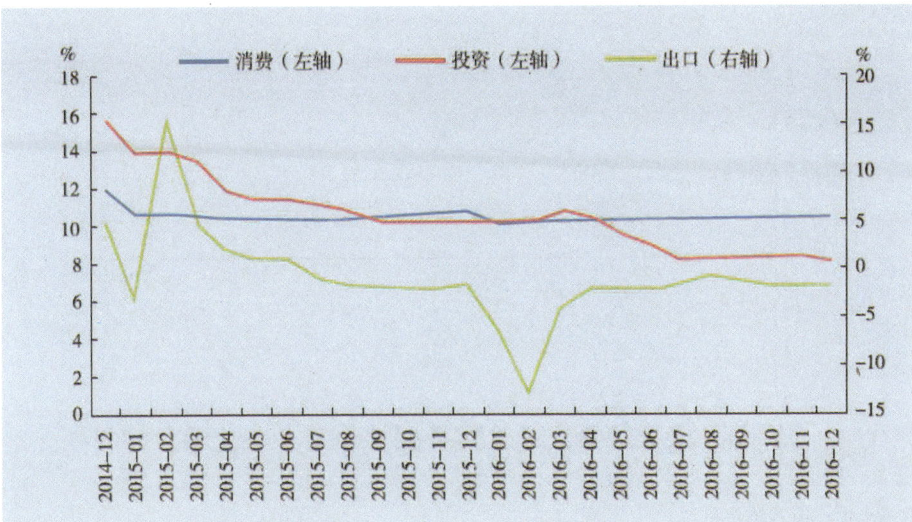

数据来源：国家统计局，海关总署。

图 1-1-6　三大需求累计增长情况

2016 年，我国经常账户顺差 2104 亿美元，同比下降 36%，与同期 GDP 的比值为 1.9%；资本和金融账户逆差 470 亿美元，其中非储备性质的金融账户逆差 4903 亿美元，储备资产减少 4436 亿美元。2016 年末，我国外汇储备余额 3.01 万亿美元，比上年末减少 3198 亿美元，下降 9.6%。从全年情况看，央行稳定人民币汇率是外汇储备规模下降的最主要原因，非美元对美元总体贬值和资产价格变化也对外汇储备规模造成影响。总体而言，2016 年的全年降幅比上年同期减少了 1928 亿美元，下降速度趋缓。

2016 年，居民消费价格指数（CPI）同比上涨 2.0%，涨幅比上年扩大 0.6 个百分点，如图 1-1-7，其中各季度涨幅分别为 2.1%、2.1%、1.7% 和 2.2%。分类来看，食品价格上涨 4.6%，涨幅比上年提高 2.3 个百分点；非食品价格上涨 1.4%，涨幅比上年提高 0.4 个百分点；消费品价格上涨 1.9%，涨幅比上年提高 0.7 个百分点；服务价格同比上涨 2.2%，涨幅比上年提高 0.2 个百分点。继连续 54 个月为负后，9 月工业生产者出厂价格指数（PPI）由负转正并持续上升，全年同比下降 1.4%，降幅比上年缩小 3.8 个百分点，其中，生产资料价格下降 1.8%，降幅比上年缩小 4.9 个百分点；生活资料价格与上年持平。工业生产者购进价格指数（PPIRM）同比下降 2.0%，降幅比上年缩小 4.1 个百分点。

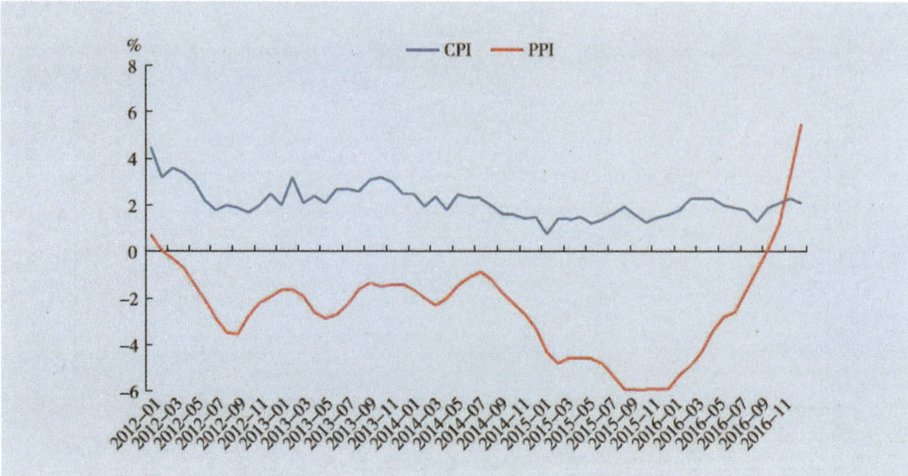

数据来源：国家统计局。

图 1-1-7 主要物价指数月度同比走势

2016 年，面对日趋复杂的国内外经济金融形势，我国继续实施稳健的货币政策，保持灵活适度，适时预调微调，增强针对性和有效性，为稳增长和供给侧结构性改革营造中性适度的货币金融环境。总体看，稳健货币政策取得了较好效果，银行体系流动性合理充裕，货币信贷和社会融资规模平稳较快增长，利率水平低位运行，货币金融环境基本稳定。

货币总量保持平稳增长。2016 年末，广义货币（M2）余额 155.01 万亿元，同比增长 11.3%，增速比上年末低 2 个百分点；狭义货币（M1）余额 48.66 万亿元，同比增长 21.4%，增速比上年末高 6.2 个百分点；流通中货币（M0）余额 6.83 万亿元，同比增长 8.1%，增速比上年末高 3.2 个百分点；全年净投放现金 5087 亿元，同比多投放 2130 亿元。全年 M2 增速前高后低，总体增长较为平稳，银行体系流动性保持合理充裕。受低利率环境下企业持有活期存款的机会成本下降、地方政府债务置换暂时沉淀了部分资金、房地产等市场活跃带动交易性货币需求上升等因素综合影响，M1 增速相对较高，8 月以来增速自高位逐步回落，M1–M2 剪刀差也相应收窄。如图 1-1-8。

社会融资规模适度增长。初步统计，2016 年末社会融资规模存量为 155.99 万亿元，同比增长 12.8%，增速比上年末高 0.3 个百分点。全年社会融资规模增量为 17.8 万亿元，同比增加 2.4 万亿元。从增量结构看，一是企业债券和股票融资占比总体保持稳定。全年非金融企业境内债券和股票合计融

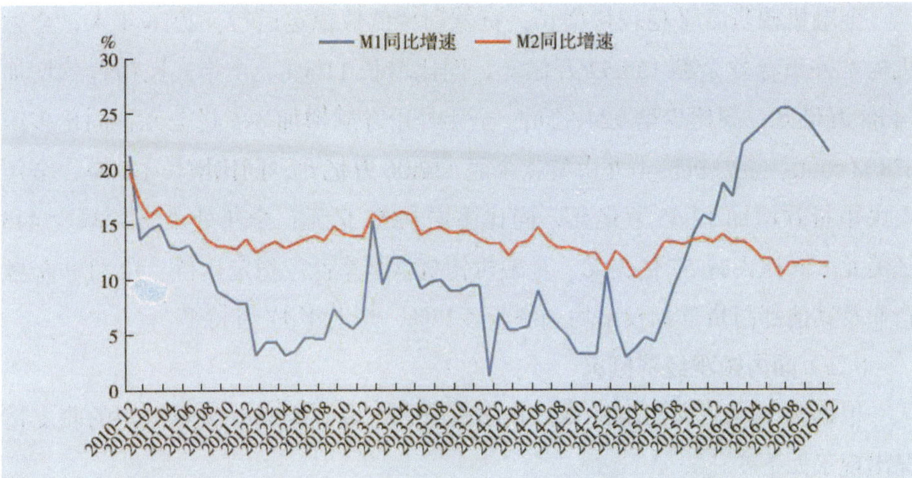

数据来源：中国人民银行。

图 1–1–8　货币供应量增长情况

资 4.24 万亿元，同比多 5431 亿元，占社会融资规模增量的 23.8%，同比略降 0.2 个百分点。二是委托贷款和信托贷款占比上升。全年实体经济委托贷款和信托贷款合计融资 3.05 万亿元，同比多增 1.41 万亿元，占社会融资规模增量的 17.1%，同比高 6.4 个百分点。三是对实体经济发放的人民币贷款大幅多增，全年增加 12.44 万亿元，同比多增 1.17 万亿元，占同期社会融资规模增量比重为 69.9%。四是未贴现的银行承兑汇票同比大幅减少。如图 1–1–9。

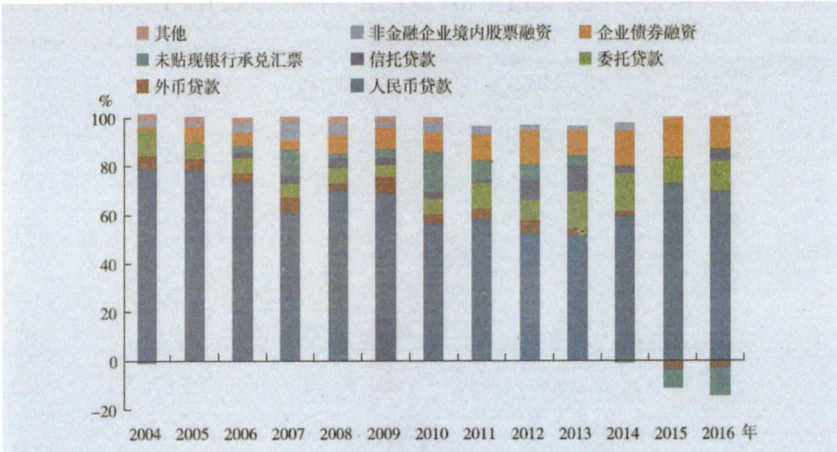

数据来源：中国人民银行、国家发展和改革委员会、证监会、保监会、中央国债登记结算有限责任公司和银行间市场交易商协会等部门。

图 1–1–9　不同融资方式在社会融资规模中占比

金融机构贷款平稳较快增长，贷款利率低位稳定运行。2016 年末，金融机构本外币存款余额 155.52 万亿元，同比增长 11.3%。全年人民币存款增加 14.88 万亿元，同比少增 924 亿元；全年外币存款增加 845 亿美元，同比多增 678 亿美元。金融机构本外币贷款余额 112.06 万亿元，同比增长 12.8%。全年人民币贷款增加 12.65 万亿元，同比多增 9257 亿元；全年外币贷款减少 445 亿美元，同比少减 57 亿美元。金融机构贷款利率低位稳定运行，12 月非金融企业及其他部门贷款加权平均利率为 5.27%，与上年 12 月持平。

（二）国内微观经济概况

根据国家统计局初步核算，我国政府、企业、家庭等微观经济的收支情况出现了如下变化。

2016 年，全国一般公共预算收入 15.96 万亿元，同比增长 4.5%，增速回落 1.3 个百分点，仍延续增幅逐年回落的走势。其中，中央一般公共预算收入 7.24 万亿元，占全国一般公共预算收入的 45.4%，同比增长 1.2%；地方一般公共预算本级收入 8.72 万亿元，同比增长 7.4%。从收入结构看，税收收入 13.04 万亿元，占全国一般公共预算收入的 81.7%，同比增长 4.3%；非税收入 2.92 万亿元，同比增长 5%。

全年全国一般公共预算支出 18.78 万亿元，同比增长 6.4%，增速比上年下降 6.8 个百分点。其中，中央一般公共预算本级支出 2.74 万亿元，同比增长 7.3%；地方一般公共预算支出 16.04 万亿元，同比增长 6.2%。如图 1–1–10。

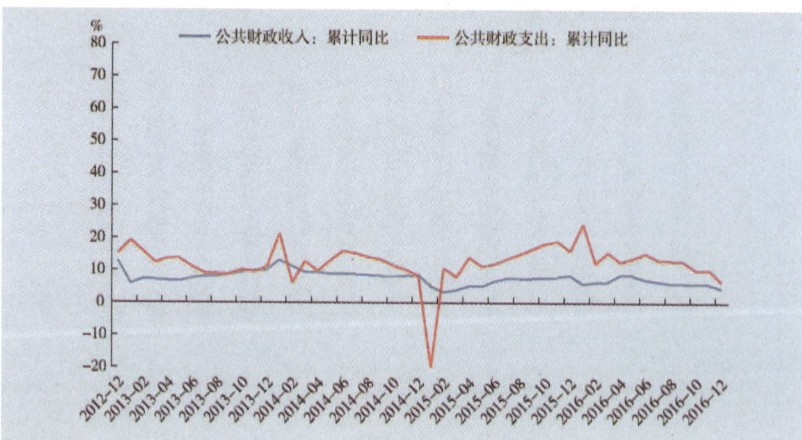

数据来源：国家财政部。

图 1–1–10　财政收入和支出增长情况

2016 年，全国规模以上工业企业主营业务收入 115.2 万亿元，同比增长 4.9%，增速上升 4.1 个百分点；实现利润总额 6.88 万亿元，同比增长 8.5%，增速上升 10.8 个百分点；主营业务收入利润率为 5.97%，同比上升 0.21 个百分点。41 个工业大类行业中，29 个行业利润总额比上年增长，1 个行业持平，11 个行业下降。其中，制造业利润上涨较快，实现利润总额 62 397.6 亿元，同比增长 12.3%；采矿业利润下降较多，实现利润总额 1825.2 亿元，同比下降 27.5%。

人民银行 5000 户企业调查结果表明经营情况好转。从盈利看，样本企业主营业务收入由 2015 年同比下降 8.2%，转变为 2016 年同比上升 0.7%；利润总额同比上升 25.3%，增速较 2015 年扩大 52.2 个百分点。从资产周转看，样本企业存货周转率为 5.0 次、总资产周转率为 0.7 次，均与上年持平；营业周期为 142.7 天，同比增加 1.2 天。从资产负债率看，样本企业资产负债率下降至 61.8%，同比下降 0.6 个百分点；流动比率为 101.6%，同比上升 2.6 个百分点；速动比率 76.6%，同比上升 2.6 个百分点，如图 1–1–11；利息保障倍数为 4.1 倍，同比上升 0.9 倍。

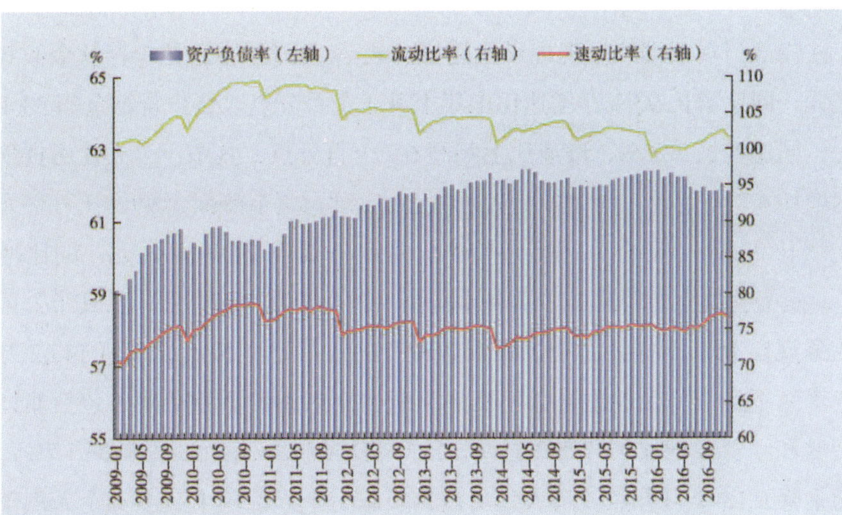

数据来源：中国人民银行。

图 1–1–11　5000 家企业资产负债率、流动比率和速动比率

2016 年，全国城镇新增就业 1314 万人，比上年多增 2 万人，城镇登记失业率 4.02%，比上年下降 0.03 个百分点。居民人均可支配收入 23821 元，

扣除价格因素实际增长 6.3%。城镇居民人均可支配收入 33616 元，扣除价格因素实际增长 5.6%，增速比上年下降 1 个百分点；农村居民人均可支配收入 12363 元，扣除价格因素实际增长 6.2%，增速比上年下降 1.3 个百分点，如图 1-1-12。城乡居民收入差距继续缩小，农村居民人均可支配收入实际增速快于城镇居民人均可支配收入 0.6 个百分点。

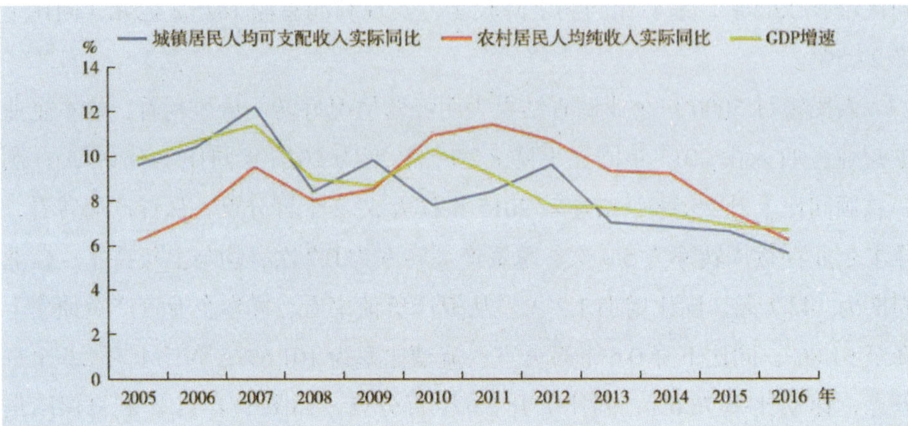

数据来源：国家统计局。

图 1-1-12　城乡居民人均收入与 GDP 增速

住户部门资产继续呈现理财化趋势。截至 2016 年末，住户存款余额 60.7 万亿元，同比增长 9.9%，增速比上年上升 1 个百分点。住户贷款余额 33.4 万亿元，同比增长 23.5%，增速比上年高 6.7 个百分点，其中，个人住房贷款比年初增加 4.8 万亿元，同比多增 2.3 万亿元。理财资金账面余额 29.1 万亿元，同比增长 23.6%，证券公司客户资产管理业务规模 17.58 万亿元，同比增长 48%，基金管理公司管理的公募基金规模 9.2 万亿元，基金公司及其子公司专户业务规模 16.9 万亿元，个人投资者持有的 A 股已上市流通市值 14.62 万亿元。个人不良贷款余额上升，不良率下降。个人不良贷款余额（包括非经营性贷款和经营性贷款）5728.2 亿元，比年初增加 618 亿元，不良率 1.7%，比年初下降 0.18 个百分点。个人住房按揭贷款、个人信用卡贷款和个人汽车贷款的不良额均有所增加，分别为 633.2 亿元、751.5 亿元和 59.1 亿元，分别比年初增加 130.5 亿元、159.9 亿元和 8.7 亿元。个人住房按揭贷款、个人信用卡贷款和个人汽车贷款不良率分别为 0.4%、1.9% 和 0.8%。

（三）内部经济风险

在看到我国外部经济环境的风险的同时，2017 年我国经济学界也认识到了我国内在的经济问题。

1. 工业产能过剩问题

化解工业产能过剩，是产业结构调整的一项重要任务。产能过剩有周期性原因和非周期性原因，但中国这次产能过剩的原因比较复杂，不是一般的周期性过剩，又与总量矛盾有关，就是经济发展进入新常态或新阶段，需求增速趋势性下行，其影响超过周期性波动，同时，非周期性原因即结构问题更加突出，工业部门长期过度扩张、比重过高，在需求变化条件下结构性过剩的矛盾凸显。所以，现阶段的产能过剩是总量矛盾与结构矛盾交织的结果，背后有体制性问题的深层影响，将是一个需要中长期面对和解决的问题。工业产能过剩的突出行业是钢铁、煤炭，这两个行业是 2016 年以来去产能政策力度最大的行业，由于采取压减产能、分解任务的有力措施，取得了较快去产能的效果。

2. 新兴产业发展问题

新兴产业主要是指高新技术产业化或改造传统产业形成的产业，也包括社会需求拉动形成的新业态、新模式，是新经济发展的主要产业支撑。我国虽然对新兴产业已经努力布局多年，但依旧面临着关系到未来产业升级的关键技术无法突破、受制于人的困局。如芯片半导体行业，我国 2017 年时仅封测领域可以赶上国外先进国家，设计与制造环节完全依赖国外供货。又如数控机床领域，我国高端数控机床完全依赖进口。再如航空领域，我国自主研发的国产大飞机 C919 依旧需要采购俄罗斯或法国的航空发动机。新兴产业发展的初期阶段，市场需求一般是不确定不稳定的，但供给的发展有可能拉动需求的增长，供给结构的变化有可能引起需求结构的变化。2008 年国际金融危机之后，在世界经济复苏艰难缓慢的背景下，很多国家把发展新兴产业作为培育新增长点的战略举措，围绕高新技术前沿布局重点新兴产业发展，并在发达国家之间、发达经济体与新兴经济体之间形成了日益明显的竞争态势。这也使我国发展新兴产业举步维艰。中国在 2010 年提出七大战略性新兴产业的发展框架，随后出台了一系列规划和政策，激发了市场的高度热情，地方政府和企业积极谋划产业项目和扩大投资。几年来，战略性新兴产业发展迅速，增长速度大幅高于规模以上工业增长，对促进工业和经济稳定增长起了重要作用，也带动了产业结构调整升级。但这个过程中也出现了一些问题，如许多产业项目技术层次不高、自主创新能力不强、低水平重复建设，进一步发展受到了市场需求和国际竞争的明显制约。

3. 制造业的地位和作用问题

在产业结构调整升级过程中，如何看待制造业的地位和作用，是我们需要面对的一个重要认识问题，也是一个不可忽视的战略取向问题。近几年来，中国服务业比重快速上升，工业比重大幅下降，加上工业产能过剩突出、环境污染严重等问题，有人认为中国已进入服务业主导经济发展的阶段，需要大力发展服务业，降低工业的地位和作用。如何认识这个问题，我国经济学界在 2017 年前已经出现了严重分歧。一旦走错路，我国很有可能陷入中等国家陷阱，使过去多年的经济发展努力付之东流。

工业部门在统计上包括三个部分：采掘业、制造业、电力热力燃气和水生产供应业。从中长期趋势看，采掘业发展主要取决于自然资源状况，电力热力燃气和水生产供应业发展主要取决于国民经济运行需要，而制造业发展则主导着工业的比重、结构和前景。中国经济发展虽已进入工业化后期阶段，但作为发展中大国的基本国情没有改变，即使若干年后中国进入高收入国家行列，与人均 GNI 很高的发达经济体相比仍有较大差距。这决定了中国制造业在国民经济体系中的重要地位，需要继续发挥制造业在发展中的重要作用。

在经济进入新时代的发展时期，制造业的地位和作用主要表现在：一是为经济社会发展提供高水平的技术装备，支持传统产业技术改造，促进国民经济和国防现代化。没有本国先进制造业尤其是高端装备制造业的发展，依靠进口技术装备不可能较快完成传统产业的大规模技术改造，不可能顺利实现国民经济特别是国防建设的现代化。二是为对外贸易和投资提供技术设备支持，促进高技术含量制成品出口增长和结构优化，增强中国产业和经济的国际竞争力。没有制造业尤其是中高端制造业的发展，中国外贸进出口的国际竞争力将面临挑战，经常项目长期顺差的局面可能发生逆转，并对国内经济稳定增长带来新的压力。三是为各行业的创新发展提供技术平台，支持产业结构升级和现代经济体系建设，促进经济增长质量和效益的提升。没有制造业尤其是现代制造业、先进制造业、新兴制造业的发展，很多科技成果应用和重要技术创新将缺乏试验、推广和产业化的平台，推进产业结构升级、建设现代经济体系会受到明显的制约或影响。

4. 服务业结构的优化问题

在中国服务业快速发展的过程中，需要注意服务业结构的变动趋势及问题。2008—2017 年，中国服务业中金融业、房地产业出现快速扩张，金融业占 GDP 的比重从 5.7% 上升到 7.9%（2015 年最高曾达到 8.4%），房地产业占 GDP 的比重从 4.6% 上升到 6.5%。2017 年，金融业和房地产业占 GDP 的比重达 14.4%，占第三产业的比重达 27.9%，已达到或高于大多数发达国家的水平。这并不表明中国的金融业和房地产业已经成熟或发达，而是资金脱实向虚、投机过度，大量涌入金融业和房地产业的结果，其中既有制造业产能过剩、实体经济市场前景不明朗的原因，也有居民储蓄资金缺乏投资渠道，金融业和房地产业投资收益过高吸引过多资金流入的原因。这种结构状况和发展趋势，已经预示着泡沫的积聚和风险的增长。因此，必须高度重视服务业快速发展中的结构性问题，采取有效政策促进服务业结构优化。

第二节　高质量经济发展内涵、意义和要求

为主动应对我国经济外部环境变化和解决内部出现的问题，2017 年中国共产党第十九次全国代表大会首次提出了高质量经济发展的概念，从此，中国经济发展也进入了由高速增长阶段转向高质量发展阶段的新时代。

一、高质量经济发展的内涵

中国特色社会主义进入了新时代，我国经济发展也进入了新时代。推动高质量发展，既是保持经济持续健康发展的必然要求，也是适应我国社会主要矛盾变化和全面建成小康社会、全面建设社会主义现代化国家的必然要

求，更是遵循经济规律发展的必然要求。

第一，高质量发展是适应经济发展新常态的主动选择。我国经济发展进入了新常态。在这一大背景下，我们将立足大局、抓住根本，看清长期趋势、遵循经济规律，主动适应把握引领经济发展新常态。牢固树立正确的政绩观，不简单以GDP论英雄，不被短期经济指标的波动所左右，坚定不移实施创新驱动发展战略，主动担当、积极作为，推动我国经济在实现高质量发展上不断取得新进展。

第二，高质量发展是贯彻新发展理念的根本体现。发展理念是否对头，从根本上决定着发展成效乃至成败。党的十八大以来，以习近平同志为核心的党中央直面我国经济发展的深层次矛盾和问题，提出创新、协调、绿色、开放、共享的新发展理念。只有贯彻新发展理念才能增强发展动力，推动高质量发展。应该说，高质量发展，就是能够很好满足人民日益增长的美好生活需要的发展，是体现新发展理念的发展，是创新成为第一动力、协调成为内生特点、绿色成为普遍形态、开放成为必由之路、共享成为根本目的的发展。

第三，高质量发展是适应我国社会主要矛盾变化的必然要求。中国特色社会主义进入新时代，我国社会主要矛盾已经转化为人民日益增长的美好生活需要和不平衡不充分的发展之间的矛盾。不平衡不充分的发展就是发展质量不高的直接表现。更好满足人民日益增长的美好生活需要，必须推动高质量发展。我们要重视量的发展，但更要解决质的问题，在质的大幅度提升中实现量的有效增长，给人民群众带来更多的获得感、幸福感、安全感。

第四，高质量发展是建设现代化经济体系的必由之路。建设现代化经济体系是跨越关口的迫切要求和我国发展的战略目标。实现这一战略目标，必须坚持质量第一、效益优先，推动经济发展质量变革、效率变革、动力变革，提高全要素生产率，不断增强我国经济创新力和竞争力。归根结底，就是要推动高质量发展。推动高质量发展是当前和今后一个时期确定发展思路、制定经济政策、实施宏观调控的根本要求。遵循这一根本要求，我们必须适应新时代、聚焦新目标、落实新部署，推动经济高质量发展，为全面建成小康社会、全面建成社会主义现代化强国奠定坚实物质基础。

二、高质量经济发展的意义

我国面临的外部经济风险主要体现在国际总体需求、美国政策不确定性、逆全球化和贸易及投资保护主义等多方面。这些风险直接影响到我国已经形成的外向型经济结构。如果国际总需求持续低迷，我国长期依赖的外贸将出现滞涨，严重拖累我国经济发展，甚至酿成经济危机。然而高质量经济发展注重对我国内需的发掘，努力打造国际国内双循环，这使我们的经济稳定性更强。即便美国在未来发动对我国的高端技术封锁，高质量发展力推的我国短板行业如能顺利发展，至少也能减轻美国政策对我国经济的伤害。

我国经济面临着外部世界经济环境的急剧恶化，所有不能适应这种外部环境变化的经济内部属性都将成为经济高质量发展时期的问题。这些问题可能过去就是我国经济的不足，但也有的是过去高速经济发展时期所认为的优势。应当指出，这些问题是未来一段时期中国经济变动将面临的主要问题，也是逼迫中国经济必须从高速发展转型为高质量发展的根本原因。

对于工业产能过剩问题。未来几年以至整个“十四五”时期，去产能作为以供给侧结构性改革为核心的高质量经济发展的一项重点工作，仍然需要根据形势发展变化有序推进，对此必须增强认识，明确思路。一是不能寄希望于世界经济较快复苏、国内经济企稳回升能化解工业产能过剩问题。“新时代”经济的形势与2000年前后的情况已完全不同，不论是外部需求还是国内需求，要恢复较快增长趋势难度都很大，不大可能再有一些大事件带来新的需求扩张局面，而且中国工业产能过剩的主要原因是结构问题，即使总需求不足的矛盾能缓慢改善，但其对化解产能过剩矛盾的作用也相对有限。因此以增加要素投入为核心的低质量高速度发展已经不适用，必须转向高质量发展。二是去产能要坚持用市场化、法制化的办法，努力减少计划经济、行政手段色彩的措施。这是从根本上解决中长期问题的可持续路径，也是用深化改革办法解决结构问题的基本出路。要依靠加强环保指标监控等技术、经济和法律手段，从制度和机制上加快淘汰落后产能。这就体现出了高质量发展的公平性、效率性、法制性特点。三是为了把优化存量与控制增量结合起来，既要提高产能过剩行业的进入门槛和加强严格规范的市场监管，又要推动企业兼并重组和提高产业集中度。这体现了高质量发展不在要素总量上加力度而在要素组合方式上做文章的特点。四是要加快深化国资国企改革，从体制上解决地方保护主义和区域市场分割问题，建立健全过剩行业产能退出的机制，多措并举处置各类国有僵尸企业。这就体现出高质量发展做减法的特点。

对于新兴产业发展问题。高质量发展的本意就是发展壮大新动能，做大做强新兴产业集群。为此，我国已经明确了集成电路、第五代移动通信、飞机发动机、新能源汽车、新材料等重点发展的产业。这些产业经济附加值高，未来发展潜力巨大，可以匹配我国自身需求，形成国内自循环。在高质量发展理念引导下，我国必将给予更多支持，使这些行业取得一定的发展优先权。

对于制造业地位和作用问题。推动制造业高质量发展既是一个迫切性问题，更是一个战略性问题，从根本上说是与工业化的阶段联系在一起的。随着中国的工业化进入后期阶段，制造业具备了整体上向高质量发展的基本条件，也到了需要高质量发展才能继续发展壮大的阶段。在总需求增速阶段性下行和产业结构调整升级的条件下，制造业的数量扩张日益受到需求的制约，转向高质量发展成为内在要求和必然趋势。当前和今后相当长一段时期，中国的服务业比重会持续上升，但制造业依然是国民经济的主导性产业，需要保持中高速增长，加快向中高端发展。为了提高制造业的发展水平和国际竞争力，必须大力实施《中国制造2025》战略，促进制造业创新发展、绿色发展、高质量发展，努力解决制造业发展中的产能过剩、环境污染、结构落后等问题，推动中国制造向中国智造转变，加快制造业的技术升级。特别是，要适应产业结构调整升级的新趋势、新要求，更加注重处理好发展制造业与发展服务业的关系，推动工业化与信息化深度融合，推进制造业网络化、数字化、智能化发展，推进制造业服务化的发展。

对于服务业结构优化问题。服务业内部产业有不同的层次和发展方向，主要是市场需求拉动和政府政策推动两方面作用的结果。服务业与制造业一样，具有产业结构升级的一般规律。但很大程度上也不同于制造业，而是有自身的规律和特点，即服务业结构变化既有技术进步决定的因素，也有社会发展需要决定的因素。例如，高质量发展强调的文化、体育、医疗卫生、社会福利等部门比重的上升，虽不能直接支持社会生产率的提高，但却是生产力发展和社会进步绕不开的。因为服务业的结构变动不能完全或主要由市场调节，其中一些部门的发展要更多考虑社会需求和社会效益。更多注重中低收入阶层和社会公平发展的需要，处理好政府、市场与社会的关系，对于推进服务业结构优化具有重要意义。这就体现了高质量发展中关键领域改革的重要性。促进服务业结构优化的主要取向：一是加快发展现代服务业、新兴服务业。生活性服务业的发展优化要适应居民消费结构升级的趋势和特点，生产性服务业的发展优化要适应产业结构调整升级的趋势和特点，两者既要符合市场现实需求，又要适应和引领市场潜在需求。二是依靠新技术改造提升传统服务业。近年来服务业应用新技术的趋势很强、发展很快，这是市场与政府共同作用的结果。未来一段时期，我们仍然要依靠互联网、大数据、物联网、人工智能等新技术带动传统服务业的改造升级，提升传统服务业的新动能、新需求，促进服务业与制造业的深度融合，促进新产业、新业态、新模式的交错发展。三是大力发展适应社会需要的公共服务业。加快发展符合新时代、新时期特点的各类公共服务业，是满足人民日益增长的美好生活需要的基本要求，也是推进社会主义现代化建设的重要基础。需要明确的是，对于医疗卫生、教育培训、养老健康、社会保障等公共服务业，受经济发展阶段、收入分配差距等因素的影响，社会需要的上升过程具有多层次性特点，与市场导向的趋势不完全一致，有些还可能是相互矛盾的，因此，这些服务业部门的发展，不能过多依靠市场配置资源的作用，而应当加强政府的政策引导、支持和推动。四是注重解决服务业发展中的结构失衡问题。在服务业快速发展和比重上升的较长过程中，出现阶段性的结构失衡问题是难以避免的，例如，房地产业过度扩张导致金融资源错配就是一个突出问题，将积聚和带来较大的金融风险、社会风险。为了防范服务业发展中的严重结构风险，必须针对市场机制失灵、市场过度调节等产生的突出问题，深入研究政府如何加强适度、有效干预的政策，加快建立健全化解风险的长效机制。

三、高质量经济发展的要求

推动高质量发展离不开辩证法的指导。经济发展是一个螺旋式上升的过程，上升不是线性的，量积累到一定阶段，必须转向质的提升，这是经济发展的规律使然，也合乎唯物辩证法的基本原理。我们要学好、用好辩证法，审时度势，科学设计，以辩证思维来处理推动高质量发展中遇到的各种矛盾关系。

第一，正确把握整体推进和重点突破的关系。推动高质量发展是一项系统工程，必须坚持稳中求进工作总基调。“稳”和“进”是辩证统一的，要作为一个整体来把握，把握好“时、度、效”。要运用系统论的方法，依据新发展理念的整体性和协同性，增强推动高质量发展举措的关联性和耦合性，做到相互促进、协同发力。要坚持“两点论”与“重点论”的统一，善于厘清主要矛盾和次要矛盾、矛盾的主要方面和次要方面。牢牢把握高质量发展的根本要求、工作主线、基本路径、制度保障和具体着力点，做到全局和局部相配套、治本和治标相结合、渐进和突破相衔接，实现整体推进和重点突破相统一，不断增强我国经济创新力和核心竞争力。

第二，正确把握总体谋划和久久为功的关系。在我国这样一个经济和人口规模巨大的国家，推动经济高质量发展任重道远。当前，我们既要打好防范化解重大风险、精准脱贫、污染防治三大攻坚战，又要大力转变经济发展方式、优化经济结构、转换增长动力，特别是要净化市场环境、提高人力资本素质、全面提高国家治理能力。为此，我们必须保持战略定力，坚持久久为功，统筹做好跨越关口、推动高质量发展的顶层设计和总体谋划，正确把握实现长远目标和做好当前工作的关系，发扬钉钉子精神，把经济发展各项工作做好做实。

第三，正确把握破除旧动能和培育新动能的关系。发展动力决定发展速度、效能、可持续性。推动高质量发展必须坚定不移推进供给侧结构性改革，大力破除无效供给，着力培育壮大新动能，促进新旧动能加快接续转换，加快建设现代化经济体系。需要注意的是，表现为三大失衡的结构性矛盾，其根源就在于生产要素配置扭曲，必须靠深化要素市场化改革才能从根本上解决。要积极稳妥腾退、化解旧动能，推动形成市场决定要素配置的机制，为新动能发展创造条件、留出空间。要积极推动经济发展质量变革、效率变革、动力变革，加快建设实体经济、科技创新、现代金融、人力资源协同发展的产业体系，加速推动中国制造向中国创造转变、中国速度向中国质量转变。

第四，正确把握生态环境保护和经济发展的关系。生态环境保护和经济发展不是矛盾对立的关系，而是辩证统一的关系。生态环境保护的成败，与经济结构和经济发展方式息息相关。绿色发展是建设现代化经济体系的必然要求，我们决不能把生态环境保护和经济发展割裂开来，更不能对立起来，要坚持在发展中保护、在保护中发展。要加大力度推进生态文明建设，正确处理好绿水青山和金山银山的关系，构建绿色产业体系和空间格局，引导形成绿色生产方式和生活方式。这不仅是推动高质量发展的内在要求，更是关系中华民族永续发展的根本大计。

第五，正确把握维护公平与讲求效率的关系。对于我们这个拥有 13 亿人的发展中国家来说，如何将做好做大的“蛋糕”公平合理地分好，是我们必须解决好的关键问题。实现高质量发展就是要把做大蛋糕和分好蛋糕有机统一起来，处理好公平和效率的关系。推动高质量发展必须着力解决收入分配差距较大的问题，调整国民收入分配格局，使发展成果更多更公平惠及全体人民。这样不仅有利于激发各种生产要素特别是劳动者的积极性，扩大中等收入群体，而且有利于提升全社会购买力，创造更大规模市场，推动经济更有效率、更加公平、更高质量、更可持续发展。

第三节 无障碍在实施九大战略部署中的作用

在我国经济高速增长阶段，无障碍并不在经济发展大战略之内，最多仅在“提高保障和改善民生水平”方面起到一定作用。随着它的发展，这种关怀的对象已扩展至包括老年人的障碍人群，甚至在努力囊括所有可能的障碍人群——如孕妇、儿童、病人，成为惠及所有人的一种通用安排。因此，今天所说的无障碍是指的通用无障碍，其设计理念为普适性设计（Universal Design）。时至今日，广义无障碍已不仅为障碍人群提供便利，更能利用设施和制度安排，为全社会提高生产效率，为机械设备提供更广泛的应用场景，为交易过程降低成本，为新经济业态挖掘需求与供给。从这个意义上讲，广义无障碍就涉及高质量经济发展九大战略部署的方方面面，成了推动高质量经济发展的必要条件。

一、实现高质量发展的九大战略部署

2018 年 3 月 5 日，提请十三届全国人大一次会议审议的政府工作报告提出的深度推进供给侧结构性改革等九方面的部署，这些部署都是围绕着高质量经济发展展开的，为我国高质量经济发展指明了具体路线。这九方面战略部署分别是深入推进供给侧结构性改革、加快建设创新型国家、深化基础性关键领域改革、坚决打好三大攻坚战、大力实施乡村振兴战略、扎实推进区域协调发展战略、积极扩大消费和促进有效投资、推动形成全面开放新格局、提高保障和改善民生水平。

（一）深入推进供给侧结构性改革

坚持把发展经济着力点放在实体经济上，继续抓好“三去一降一补”，大力简政减税减费，不断优化营商环境，进一步激发市场主体活力，提升经济发展质量。

发展壮大新动能。做大做强新兴产业集群，实施大数据发展行动，加强新一代人工智能研发应用，在医疗、养老、教育、文化、体育等多领域推进“互联网 +”。发展智能产业，拓展智能生活。运用新技术、新业态、新模式，大力改造提升传统产业。加强新兴产业统计。加大网络提速降费力度，实现高速宽带城乡全覆盖，扩大公共场所免费上网范围，明显降低家庭宽带、企业宽带和专线使用费。

加快制造强国建设。推动集成电路、第五代移动通信、飞机发动机、新能源汽车、新材料等产业发展，实施重大短板装备专项工程，发展工业互联网平台，创建“中国制造 2025”示范区。大幅压减工业生产许可证，强化产品质量监管。全面开展质量提升行动，推进与国际先进水平对标达标，弘扬工匠精神，来一场中国制造的品质革命。

继续破除无效供给。坚持用市场化法治化手段，严格执行环保、质量、安全等法规标准，化解过剩产能、淘汰落后产能。加大“僵尸企业”破产清算和重整力度，做好职工安置和债务处置。加快消化粮食库存。减少无效供给要抓出新成效。

深化“放管服”改革。全面实施市场准入负面清单制度。在全国推开“证照分离”改革，重点是照后减证，各类证能减尽减、能合则合，进一步压缩企业开办时间。大幅缩短商标注册周期。工程建设项目审批时间再压减一半。全面实施“双随机、一公开”监管，决不允许假冒伪劣滋生蔓延，决不允许执法者吃拿卡要。深入推进“互联网＋政务服务”，使更多事项在网上办理，必须到现场办的也要力争做到“只进一扇门”“最多跑一次”。大力推进综合执法机构机制改革，着力解决多头多层重复执法问题。加快政府信息系统互联互通，打通信息孤岛。清理群众和企业办事的各类证明，没有法律法规依据的一律取消。优化营商环境就是解放生产力、提高竞争力，要破障碍、去烦苛、筑坦途，为市场主体添活力，为人民群众增便利。

进一步减轻企业税负。改革完善增值税，按照三挡并两挡方向调整税率水平，重点降低制造业、交通运输等行业税率，提高小规模纳税人年销售额标准。大幅扩展享受减半征收所得税优惠政策的小微企业范围。大幅提高企业新购入仪器设备税前扣除上限。实施企业境外所得综合抵免政策。扩大物流企业仓储用地税收优惠范围。继续实施企业重组土地增值税、契税等到期优惠政策。促进实体经济转型升级，着力激发市场活力和社会创造力。

大幅降低企业非税负担。进一步清理规范行政事业性收费，调低部分政府性基金征收标准。继续阶段性降低企业“五险一金”缴费比例。降低电网环节收费和输配电价格，一般工商业电价平均降低10%。深化收费公路制度改革，降低过路过桥费用。加大中介服务收费清理整顿力度。

（二）加快建设创新型国家

把握世界新一轮科技革命和产业变革大势，深入实施创新驱动发展战略，不断增强经济创新力和竞争力。

加强国家创新体系建设。强化基础研究和应用基础研究，启动一批科技创新重大项目，高标准建设国家实验室。鼓励企业牵头实施重大科技项目，支持科研院所、高校与企业融通创新，加快创新成果转化应用。国家科技投入要向民生领域倾斜，加强雾霾治理、癌症等重大疾病防治攻关，使科技更好造福人民。

落实和完善创新激励政策。改革科技管理制度，绩效评价要加快从重过程向重结果转变。赋予创新团队和领军人才更大的人财物支配权和技术路线决策权。对承担重大科技攻关任务的科研人员，采取灵活的薪酬制度和奖励措施。探索赋予科研人员科技成果所有权和长期使用权。有悖于激励创新的陈规旧章，要抓紧修改废止；有碍于释放创新活力的繁文缛节，要下决心砍掉。

促进大众创业、万众创新上水平。我国拥有世界上规模最大的人力人才资源，这是创新发展的最大“富矿”。要提供全方位创新创业服务，推进“双创”示范基地建设，鼓励大企业、高校和科研院所开放创新资源，发展平台经济、共享经济，形成线上线下结合、产学研用协同、大中小企业融合的创新创业格局，打造“双创”升级版。设立国家融资担保基金，支持优质创新型企业上市融资，将创业投资、天使投资税收优惠政策试点范围扩大到全国。深化人才发展体制改革，推动人力资源自由流动，支持企业提高技术工人待遇，加大高技能人才激励，鼓励海外留学人员回国创新创业，拓宽外国人才来华绿色通道。集众智汇众力，一定能跑出中国创新“加速度”。

（三）深化基础性关键领域改革

以改革开放 40 周年为重要契机，推动改革取得新突破，不断解放和发展社会生产力。

推进国资国企改革。制定出资人监管权责清单。深化国有资本投资、运营公司等改革试点，赋予更多自主权。继续推进国有企业优化重组和央企股份制改革，加快形成有效制衡的法人治理结构和灵活高效的市场化经营机制，持续瘦身健体，提升主业核心竞争力，推动国有资本做强做优做大。稳妥推进混合所有制改革。落实向全国人大常委会报告国有资产管理情况的制度。国有企业要通过改革创新，走在高质量发展前列。

支持民营企业发展。坚持“两个毫不动摇”，坚持权利平等、机会平等、规则平等，全面落实支持非公有制经济发展的政策措施，认真解决民营企业反映的突出问题，坚决破除各种隐性壁垒。构建亲清新型政商关系，健全企业家参与涉企政策制定机制。激发和保护企业家精神，增强企业家信心，让民营企业在市场经济浪潮中尽显身手。

完善产权制度和要素市场化配置机制。产权制度是社会主义市场经济的基石。要以保护产权、维护契约、统一市场、平等交换、公平竞争为基本导向，完善相关法律法规。对各种侵权行为要依法严肃处理，对产权纠纷案件要依法甄别纠正。强化知识产权保护，实行侵权惩罚性赔偿制度。加快技术、土地等要素价格市场化改革，深化资源类产品和公共服务价格改革，打破行政垄断，防止市场垄断。要用有力的产权保护、顺畅的要素流动，让市场活力和社会创造力竞相迸发。

深化财税体制改革。推进中央与地方财政事权和支出责任划分改革，抓紧制定收入划分改革方案，完善转移支付制度。健全地方税体系，稳妥推进房地产税立法。改革个人所得税。全面实施绩效管理，使财政资金花得其所、用得安全。

加快金融体制改革。改革完善金融服务体系，支持金融机构扩展普惠金融业务，规范发展地方性中小金融机构，着力解决小微企业融资难、融资贵问题。深化多层次资本市场改革，推动债券、期货市场发展。拓展保险市场的风险保障功能。深化利率汇率市场化改革，保持人民币汇率在合理均衡水平上的基本稳定。

推进社会体制改革。深化养老保险制度改革，建立企业职工基本养老保险基金中央调剂制度。深化公立医院综合改革，协调推进医疗价格、人事薪酬、药品流通、医保支付改革，提高医疗卫生服务质量，下大力气解决群众看病就医难题。深入推进教育、文化、体育等改革，充分释放社会领域巨大发展潜力。

健全生态文明体制。改革完善生态环境管理制度，加强自然生态空间用途管制，推行生态环境损害赔偿制度，完善生态补偿机制，以更加有效的制度保护生态环境。

（四）坚决打好三大攻坚战

要围绕完成年度攻坚任务，明确各方责任，强化政策保障，把各项工作做实做好。

推动重大风险防范化解取得明显进展。当前我国经济金融风险总体可控，要标本兼治，有效消除风险隐患。严厉打击非法集资、金融诈骗等违法活动。加快市场化法治化债转股和企业兼并重组。加强金融机构风险内控。强化金融监管统筹协调，健全对影子银行、互联网金融、金融控股公司等监管，进一步完善金融监管。防范化解地方政府债务风险。严禁各类违法违规举债、担保等行为。省级政府对本辖区债务负总责，省级以下地方政府各负其责，积极稳妥处置存量债务。健全规范的地方政府举债融资机制。

加大精准脱贫力度。深入推进产业、教育、健康、生态扶贫，补齐基础设施和公共服务短板，激发脱贫内生动力。强化对深度贫困地区支持，中央财政新增扶贫投入及有关转移支付向深度贫困地区倾斜。对老年人、残疾人、重病患者等特定贫困人口，因户因人落实保障措施。攻坚期内脱贫不脱政策，新产生的贫困人口和返贫人口要及时纳入帮扶。加强扶贫资金整合和绩效管理。开展扶贫领域腐败和作风问题专项治理，改进考核监督方式。坚持现行脱贫标准，确保进度和质量，让脱贫得到群众认可、经得起历史检验。

推进污染防治取得更大成效。巩固蓝天保卫战成果，推动钢铁等行业超低排放改造。提高污染排放标准，实行限期达标。开展柴油货车超标排放专项治理。深入推进水、土壤污染防治。实施重点流域和海域综合治理，全面整治黑臭水体。加大污水处理设施建设力度，完善收费政策。严禁“洋垃圾”入境。加强生态系统保护和修复，全面划定生态保护红线，扩大湿地保护和恢复范围，深化国家公园体制改革试点。严控填海造地。严格环境执法。要携手行动，建设天蓝、地绿、水清的美丽中国。

（五）大力实施乡村振兴战略

科学制定规划，健全城乡融合发展体制机制，依靠改革创新壮大乡村发展新动能。

推进农业供给侧结构性改革。促进农林牧渔业和种业创新发展，加快建设现代农业产业园和特色农产品优势区，稳定和优化粮食生产。培育新型经营主体，加强面向小农户的社会化服务。发展“互联网＋农业”，多渠道增加农民收入，促进农村一、二、三产业融合发展。

全面深化农村改革。落实第二轮土地承包到期后再延长 30 年的政策。探索宅基地所有权、资格权、使用权分置改革。改进耕地占补平衡管理办法，建立新增耕地指标、城乡建设用地增减挂钩节余指标跨省域调剂机制，所得收益全部用于脱贫攻坚和支持乡村振兴。深化粮食收储、集体产权、集体林权、国有林区林场、农垦、供销社等改革，使农业农村充满生机活力。

推动农村各项事业全面发展。改善供水、供电、信息等基础设施，新建改建农村公路 20 万公里。稳步开展农村人居环境整治三年行动，推进“厕所革命”。促进农村移风易俗。健全自治、法治、德治相结合的乡村治理体系。

我们要坚持走中国特色社会主义乡村振兴道路，加快实现农业农村现代化。

（六）扎实推进区域协调发展战略

完善区域发展政策，推进基本公共服务均等化，逐步缩小城乡区域发展差距，把各地比较优势和潜力充分发挥出来。

塑造区域发展新格局。加强对革命老区、民族地区、边疆地区、贫困地区改革发展的支持。以疏解北京非首都功能为重点推进京津冀协同发展，高起点规划、高标准建设雄安新区。以生态优先、绿色发展为引领推进长江经济带发展。出台实施粤港澳大湾区发展规划，全面推进内地同香港、澳门互利合作。制定西部大开发新的指导意见，落实东北等老工业基地振兴举措，继续推动中部地区崛起，支持东部地区率先发展。促进资源型地区经济转型。壮大海洋经济，坚决维护国家海洋权益。

提高新型城镇化质量。加快农业转移人口市民化。优先发展公共交通，健全菜市场、停车场等便民服务设施。有序推进“城中村”、老旧小区改造，完善配套设施，鼓励有条件的加装电梯。加强排涝管网、地下综合管廊等建设。新型城镇化的核心在人，要加强精细化服务、人性化管理，使人人都有公平发展机会，让居民生活得方便、舒心。

（七）积极扩大消费和促进有效投资

顺应居民需求新变化扩大消费，着眼调结构增加投资，形成供给结构优化和总需求适度扩大的良性循环。

增强消费对经济发展的基础性作用。推进消费升级，发展消费新业态新模式。将新能源汽车车辆购置税优惠政策再延长三年，全面取消二手车限迁政策。支持社会力量增加医疗、养老、教育、文化、体育等服务供给。创建全域旅游示范区，降低重点国有景区门票价格。推动网购、快递健康发展。对各类侵害消费者权益的行为，要依法惩处、决不姑息。

发挥投资对优化供给结构的关键性作用。重大基础设施建设继续向中西部地区倾斜。实施新一轮重大技术改造升级工程。落实鼓励民间投资政策措施，在铁路、民航、油气、电信等领域推出一批有吸引力的项目，务必使民间资本进得来、能发展。

（八）推动形成全面开放新格局

进一步拓展开放范围和层次，完善开放结构布局和体制机制，以高水平开放推动高质量发展。

推进“一带一路”国际合作。坚持共商共建共享，落实“一带一路”国际合作高峰论坛成果。推动国际大通道建设，深化沿线大通关合作。扩大国际产能合作，带动中国制造和中国服务走出去。优化对外投资结构。加大西部、内陆和沿边开放力度，拓展经济合作新空间。

促进外商投资稳定增长。加强与国际通行经贸规则对接，建设国际一流营商环境。全面放开一般制造业，扩大电信、医疗、教育、养老、新能源汽车等领域开放。有序开放银行卡清算等市场，放开外资保险经纪公司经营范围限制，放宽或取消银行、证券、基金管理、期货、金融资产管理公司等外资股比限制，统一中外资银行市场准入标准。实施境外投资者境内利润再投资递延纳税。简化外资企业设立程序，商务备案与工商登记“一口办理”。全面复制推广自贸区经验，探索建设自由贸易港，打造改革开放新高地。

巩固外贸稳中向好势头。扩大出口信用保险覆盖面，整体通关时间再压缩三分之一。改革服务贸易发展机制。培育贸易新业态新模式。推动加工贸易向中西部梯度转移。积极扩大进口，办好首届中国国际进口博览会，下调汽车、部分日用消费品等进口关税。我们要以更大力度的市场开放，促进产业升级和贸易平衡发展，为消费者提供更多选择。

促进贸易和投资自由化便利化。中国坚定不移推进经济全球化，维护自由贸易，愿同有关方推动多边贸易谈判进程，早日结束区域全面经济伙伴关系协定谈判，加快亚太自贸区和东亚经济共同体建设。中国主张通过平等协商解决贸易争端，反对贸易保护主义，坚决捍卫自身合法权益。

（九）提高保障和改善民生水平

要在发展基础上多办利民实事、多解民生难事，兜牢民生底线，不断提升人民群众的获得感、幸福感、安全感。

着力促进就业创业。加强全方位公共就业服务，大规模开展职业技能培训，运用“互联网+”发展新就业形态。要促进多渠道就业，支持以创业带动就业。扎实做好退役军人安置。加大对残疾人等就业困难人员援助力度。扩大农民工就业，全面治理拖欠工资问题。要健全劳动关系协商机制，消除性别和身份歧视，使更加公平、更加充分的就业成为我国发展的突出亮点。

稳步提高居民收入水平。继续提高退休人员基本养老金和城乡居民基础养老金。合理调整社会最低工资标准。完善机关事业单位工资和津贴补贴制度，向艰苦地区、特殊岗位倾斜。提高个人所得税起征点，增加子女教育、大病医疗等专项费用扣除，合理减负，鼓励人民群众通过劳动增加收入、迈向富裕。

发展公平而有质量的教育。推动城乡义务教育一体化发展，教育投入继续向困难地区和薄弱环节倾斜。切实降低农村学生辍学率，抓紧消除城镇"大班额"，着力解决中小学生课外负担重问题。儿童是民族的未来、家庭的希望。要多渠道增加学前教育资源供给，运用互联网等信息化手段，加强对儿童托育全过程监管，一定要让家长放心安心。支持社会力量举办职业教育。推进普及高中阶段教育。以经济社会发展需要为导向，优化高等教育结构，加快"双一流"建设，支持中西部建设有特色、高水平的大学。继续实施农村和贫困地区专项招生计划。发展民族教育、特殊教育、继续教育和网络教育。加强师资队伍和师德师风建设。要办好人民满意的教育，让每个人都有平等机会通过教育改变自身命运、成就人生梦想。

实施健康中国战略。提高基本医保和大病保险保障水平，居民基本医保人均财政补助标准再增加 40 元，一半用于大病保险。扩大跨省异地就医直接结算范围，把基层医院和外出农民工、外来就业创业人员等全部纳入。加强全科医生队伍建设，推进分级诊疗。继续提高基本公共卫生服务经费人均财政补助标准。改善妇幼保健服务。支持中医药事业传承发展。创新食品药品监管方式，注重用互联网、大数据等提升监管效能，加快实现全程留痕、信息可追溯，让问题产品无处藏身、不法制售者难逃法网，让消费者买得放心、吃得安全。做好北京冬奥会、冬残奥会筹办工作，多渠道增加全民健身场所和设施。人民群众身心健康、向善向上，国家必将生机勃勃、走向繁荣富强。

更好解决群众住房问题。启动新的三年棚改攻坚计划，加大公租房保障力度，对低收入住房困难家庭要应保尽保，将符合条件的新就业无房职工、外来务工人员纳入保障范围。坚持房子是用来住的、不是用来炒的定位，落实地方主体责任，继续实行差别化调控，建立健全长效机制，促进房地产市场平稳健康发展。支持居民自住购房需求，培育住房租赁市场，发展共有产权住房。加快建立多主体供给、多渠道保障、租购并举的住房制度，让广大人民群众早日实现安居宜居。

强化民生兜底保障。稳步提高城乡低保、社会救助、抚恤优待等标准。积极应对人口老龄化，发展居家、社区和互助式养老，推进医养结合，提高养老院服务质量。做好军烈属优抚工作。加强残疾人康复服务。健全社会救助体系，支持公益慈善事业发展。倾情倾力做好托底工作，不因事难而推诿，不因善小而不为，要让每一个身处困境者都能得到社会的关爱和温暖。

打造共建共治共享社会治理格局。完善基层群众自治制度，加强社区治理。发挥好工会、共青团、妇联等群团组织作用。促进社会组织、专业社会工作、志愿服务健康发展。加强社会信用体系建设。完善公共法律服务体系，落实普法责任制。营造尊重妇女、关爱儿童、尊敬老人、爱护残疾人的良好风尚。创新信访工作方式，依法及时解决群众合理诉求。严格落实安全生产责任，坚决遏制重特大事故。做好地震、气象、地质等工作，提高防灾减灾救灾能力。推进平安中国建设，严密防范和坚决打击暴力恐怖活动，依法开展扫黑除恶专项斗争，惩治盗抢骗黄赌毒等违法犯罪活动，整治电信网络诈骗、侵犯公民个人信息、网络传销等突出问题，维护国家安全和公共安全。

为人民过上美好生活提供丰富精神食粮。要弘扬中华优秀传统文化，继承革命文化，发展社会主义先进文化，培育和践行社会主义核心价值观。加强思想道德建设和群众性精神文明创建。加快构建中国特色哲学社会科学，繁荣文艺创作，发展新闻出版、广播影视、档案等事业。加强文物保护利用和文化遗产保护传承。建好新型智库。加强互联网内容建设。深入实施文化惠民工程，培育新型文化业态。深化中外人文交流。我们要以中国特色社会主义文化的繁荣兴盛，凝聚起实现民族复兴的磅礴精神力量。

二、九大战略部署中的无障碍

无障碍的兴起，开始于对残疾人活动不便的一种关怀和解决方案。随着它的发展，这种关怀扩展至老年人的障碍人群乃至所有可能的障碍人群，成为惠及所有人的一种通用安排。中国有 8500 多万残疾人、2.5 亿老龄人和 2.5 亿儿童（0—15 岁）。这群体的幸福安置已经是中国发展战略的重大问题，直接关系全面建成小康社会目标的实现，直接关系 2035 年能否基本实现现代化，直接关系中华民族的文明程度。这些人的命运实际是对中国现代化和中华文明的实践检验，我们必须在国家战略的层面上应对这一挑战。从更宽广的视野看，它已经成为现代化的一项新议程，成为衡量当今现代化文明程度的基本指标。我国已经认识到了无障碍在现代化文明发展中的重要地位。2012 年 6 月 28 日，我国发布了《无障碍环境建设的条例》，把无障碍提到了新的高度。但随着国际经济环境的变化和我国经济的发展，无障碍并未取得与之相应的提升——无障碍停步于为障碍人群提供生活便利，未能利用设施和制度安排，为全社会提高生产效率，为机械设备提供更广泛的应用场景，为交易过程降低成本，为新经济业态挖掘需求与供给。这造成了新时代与过去狭义的无障碍之间的脱节，也就迫使无障碍在新时代扩展内涵，更多地满足新时代高质量经济发展的要求。

2018 年 3 月 5 日，提请十三届全国人大一次会议审议的政府工作报告提出的深度推进供给侧结构性改革等九方面的战略部署。然而，粗看这九大战略部署，仿佛没有直接把无障碍作为战略部署提及。但细读之下便可发现，每项战略部署的细分工作几乎都与无障碍密切相关。因此，我们甚至可以认为，无障碍战略是隐藏于九大战略部署中的第十大战略部署。

（一）供给侧结构性改革中的无障碍

2015 年 12 月 18 日，中央经济工作会议上最早提出了供给侧结构性改革，并把供给侧结构性改革战术上要抓住的关键点简化为“三去一降一补”。

“三去”中的第一“去”是指“去产能”，即化解产能过剩，是指为了解决产品供过于求而引起产品恶性竞争的不利局面，寻求对生产设备及产品进行转型和升级的方法。受国际金融危机的深层次影响，国际市场持续低迷，国内需求增速趋缓，我国部分产业供过于求，矛盾日益凸显，传统制造业产能普遍过剩，特别是钢铁、水泥、电解铝等高消耗、高排放行业尤为突出。

“三去”中的第二“去”是指“去库存”，即去房地产库存。按照加快提高户籍人口城镇化率和深化住房制度改革的要求，通过加快农民工市民化，扩大有效需求，打通供需通道，消化库存，稳定房地产市场。落实户籍制度改革方案，允许农业转移人口等非户籍人口在就业地落户，使他们形成在就业地买房或长期租房的预期和需求。明确深化住房制度改革方向，以满足新市民住房需求为主要出发点，以建立购租并举的住房制度为主要方向，把公租房扩大到非户籍人口。发展住房租赁市场，鼓励自然人和各类机构投资者购买库存商品房，成为租赁市场的房源提供者，鼓励发展以住房租赁为主营业务的专业化企业。鼓励房地产开发企业顺应市场规律调整营销策略，适当降低商品住房价格，促进房地产业兼并重组，提高产业集中度。取消过时的限制性措施。

“三去”中的第三“去”是指“去杠杆”，主要是去企业、政府债务杠杆。微观上一般以总资产与权益资本的比率衡量杠杆率水平，宏观上一般以“债务 /GDP”衡量杠杆率水平。适度加杠杆有利于企业盈利和经济发展，但如果杠杆率过高，债务增速过快，还债的压力就会反过来增大金融风险甚至拖累发展。

由于“三去”仅涉及传统企业生产经营、政府资金运作过程中的具体量化指标，即便在具体操作过程中可能牵涉到老年人和残疾人群体的利益，但无障碍在“三去”方面所起的作用从宏观上看还是微乎其微的。然而，在“一降”和“一补”方面，无障碍却是不可绕过的重要内容。

“一降”即降成本，如降低制度性交易成本，转变政府职能、简政放权，清理规范中介服务；降低企业税费负担，正税清费，清理各种不合理收费，营造公平的税负环境，研究降低制造业增值税税率；降低社会保险费，研究精简归并“五险一金”；降低企业财务成本，金融部门要创造利率正常化的政策环境，为实体经济让利；降低电力价格，推进电价市场化改革，完善煤电价格联动机制；降低物流成本，推进流通体制改革。

无障碍就业在降低企业税费负担方面能起到重要作用。根据我国《财政部、国家税务总局关于促进残疾人就业税收优惠政策的通知》的规定，对安置残疾人的单位实行由税务机关按单位实际安置残疾人的人数限额即征即退增值税或减征营业税的办法，实际安置的每位残疾人，每年可退还的增值税或减征的营业税的具体限额由县级以上税务机关根据单位所在区县适用的经省级人民政府批准的最低工资标准的 6 倍确定，但最高不得超过每人每年 3.5 万元。企业可以享受限额即征即退增值税的优惠政策，每名残疾人最多可以享受每年 3.5 万元的退税优惠，另外在企业所得税方面也有相应的优惠政策。所以说，企业雇用残疾人在税收方面是有一定的优惠政策的。

无障碍环境建设在降低物流成本方面能起到重要作用。无障碍环境建设主要包括建筑无障碍、交通无障碍、信息无障碍。这三方面无疑是物流成本降低的关键。以近些年中国领先全球的电商行业为例，无论是淘宝、京东、我买网、拼多多，其销售的货品大同小异，比拼的是哪个电商平台能提供最方便、快捷、便宜的物流。然而各家物流比拼到最后，发现自己无论如何投入资本改善自身的仓储、运输、调配，即便用上了较为原始的电动三轮车，依旧解决不了物流过程中“最后一百米”的问题——很多居民区由于建设时间较早，小区内遍布着各种台阶且六层以下无电梯，送货车辆无法开到楼前，大件物品送上楼需要凭借人力。无障碍环境建设能根本上解决物流过程中的“最后一百米”的问题。

“一补”即补短板，具体指的是补基础设施建设短板，解决城市基础设施和公共服务设施建设滞后，中心城区地下管网老旧、水电气暖及环卫设施不配套等问题。补经济持续健康发展短板，解决结构优化调整缓慢、实体经济发展不快、金融产品有效供给不足、企业融资成本过高、产业投资增量减少、增长新动力不足、投资需求降低等问题。补科技创新进步短板，解决创新能力不强、创新活力不足、科技研发投入偏低、科技成果转化缓慢、高新技术产业规模较小等问题。补城乡统筹发展短板，解决新农村建设标准不高、都市现代农业规模不大、农民生产生活条件相对落后、城乡差别较大等问题。补民生建设短板，解决公共服务体系不完善，基本公共服务不均衡，教育、医疗、卫生、文化、就业和社会保障服务水平不高等问题。补对外开放短板，解决国际交流合作不活跃、投资贸易规模不大、对中亚市场辐射力不强和城市开放度不高等问题。补环保生态建设短板，解决发展受水、土地等资源硬约束加剧，“城市病”较为突出，环境容量和生态承载力严重不足，环保基础设施欠缺，大气污染区域联防联控不到位等问题。补人才队伍建设短板，解决人力资源管理政策不活，人才管理体制机制改革相对滞后，各领域人才特别是企业科技、管理人才相对匮乏，各类人才待遇较低等问题。

无障碍环境建设对补基础设施建设短板，解决城市基础设施和公共服务设施建设滞后的问题可以起到重要作用。首先是家庭无障碍改造。按照“十三五”规划纲要关于“贫困残疾人、老年人家庭无障碍改造”的要求，2022 年前重点解决贫困残疾人、老年人家庭无障碍改造。对老、残家庭住宅室内设施中存在的安全隐患进行排查和改造，建立社区防火和紧急救援网络，完善老年人住宅防火和紧急救援救助功能，鼓励发展老年人紧急呼叫产品和服务，鼓励安装独立式感烟火灾探测报警器等设备。对开发老年公寓、老少同居的新社区和有适老功能的新型住宅提供相应政策扶持。其次是推进社区无障碍设施改造。2013 年 9 月，国务院《关于加快发展养老服务业的若干意见》提出实施社区无障碍环境改造。2014 年下发《关于加强老年人家庭及居住区公共设施无障碍改造工作的通知》，对各地加强老年人家庭及居住区无障碍改造工作提出具体的要求。这些要求包括：居住区公共设施无障碍改造应严格执行无障碍设施建设相关标准规范，提高无障碍设施安全性和系统性；重点推进居住区缘石坡道、轮椅坡道、人行通道及建筑公共出入口、公共走道、地面、楼梯、电梯候梯厅及轿厢等设施和部位的无障碍改造；居住区公共设施无障碍改造资金应列入地方政府财政预算；加大对住宅小区消防安全保障设施建设力度，完善公共消防基础设施建设。

无障碍金融在缓解金融产品有效供给不足、企业融资成本过高方面可以起到重要作用。需要为无障碍投入资金的经济主体，不仅有无偿运用财政资金投资交通设施无障碍改造、老旧房屋无障碍改造的政府，还有众多生产辅具、信息无障碍设备、智能服务机器人、电梯等设备的企业。这些无障碍经济主体与其他经济主体目前在融资上有同等待遇。如能仿效我国绿色债券发行审批方式发行无障碍债券，在评级、本金收益保障等方面给予优惠，必将降低无障碍经济主体融资成本。与此类似，科创板可为无障碍产品生产设计企业上市提供更加快捷便利的服务。

（二）建设创新型国家中的无障碍

在 2018 年全国两会政府工作报告提出九大战略部署后，经过一年多的探索，2019 年全国两会政府工作报告中提出了对应九大战略部署的十大任务。其中，坚持创新引领培育壮大新动能的任务具体指明了我国科研创新的发力点，如传统产业改造提升、新兴产业加快发展、提升科技支撑能力、深化大众创业万众创新。

无障碍在促进新兴产业加快发展方面可以起到重要作用。2019 年全国两会政府工作报告中列明了今后我国要大力发展的新兴产业，如大数据、人工智能、新一代信息技术、高端装备、生物医药、新能源汽车、新材料、远程教育、远程医疗等。无障碍无论在扩大需求和降低成本上都能给新兴产业提供巨大助力。从扩大需求上看，无数盲人正在利用科大讯飞等人工智能企业开发的语音文字转换系统阅读手机上的电子书；无数老年人、残疾人需要的康养产业正等待生物医药产业加以助力；无数肢残人士正等待着可用于人造关节、骨骼等的新材料的发明问世；远程医疗、远程教育产业更是为老年人、残疾人群体提供了巨大便利。从降低成本上看，无障碍环境建设在交通方面增加了各种便于轮椅通行的坡道，在高铁等交通工具上增加了便于轮椅就座的车厢，在公共环境中设置了各种信息无障碍设施，如传感器、二维码等，把整个公共环境变成了一张大户局网络，这一切在为残疾人服务的同时，也为机器人的大规模在生活场景中应用创造了条件。科学技术的发展不可能单纯停留在实验室里，必须要产生巨大的社会需求，建成相应的社会配套基础设施。无障碍环境使得轮型机器人得以大规模应用，而用轮子代替机械腿，可以简化平衡系统，大幅降低机器人制造成本，也就降低了轮子居民的购买价格，增加了有效需求。这为我国抢先占领生活机器人产业的先发优势奠定了基础。

（三）关键领域改革中的无障碍

深化基础性关键领域改革分为六个方向，即推进国资国企改革、支持民营企业发展、完善产权制度和要素市场化配置机制、深化财税体制改革、加快金融体制改革、推进社会体制改革、健全生态文明体制。

无障碍在推进社会体制改革方面将起到重要作用。战略部署强调，要深化养老保险制度改革，建立企业职工基本养老保险基金中央调剂制度。深化公立医院综合改革，协调推进医疗价格、人事薪酬、药品流通、医保支付改革，提高医疗卫生服务质量，下大力气解决群众看病就医难题。深入推进教育、文化、体育等改革，充分释放社会领域巨大发展潜力。

我国亟须在残疾人社会保险制度方面进行改革。在肯定我国残疾人社会保险事业取得瞩目成就的同时，我们也应该认识到，当前我国残疾人社会保险事业的发展仍处于初级阶段，出现了较低的发展水平与残疾人弱势群体对社会保险需求之间的矛盾。无论是养老保险、医疗保险这种主要保险，还是事业保险、工伤保险，当前的社会保险制度都未能完全满足残疾人群体的需求。虽然养老、医疗保险覆盖水平在不断提高，但仍不能覆盖全部甚至绝大部分的残疾人群体，尤其是失业保险、工伤保险和生育保险的覆盖率极低。

除残疾人社会保险覆盖率低外，仔细研究我国残疾人社保问题可以发现以下几点问题：社会保险体系内部发展不均衡、农村社会保险制度建设水平较低、残疾人社会保险制度不足以满足其社会需求、残疾人社会保险在制度设计和资金机制上呈现碎片化等。因此，进行社会保险制度改革必须考虑到无障碍。

我国亟须在残疾人教育制度方面进行改革。我国残疾人数量较多，根据第六次全国人口普查和第二次全国残疾人抽样调查数据结果推算，2010 年末，我国残疾人总人数为 8502 万人，其中重度残疾人 2518 万人，中度和轻度残疾人 5984 万人。根据 2016 年全国第二次残疾人抽样调查数据显示，全国具有大专及以上学历的残疾人共 94 万人，高中程度（含中专）406 万人，初中程度 1248 万人，小学程度 2642 万人，文盲率为 43.29%。教育是提高个人素质的主要途径，一个人接受的教育和培训程度越高，其生活能力越强，获得工作的机会越多。残疾人受教育程度低不利于其脱贫和改善生活状况。作为社会弱势群体的一部分，良好的教育对于帮助残疾人回归主流社会，促进残疾人提高参加社会活动的能力有重要意义。发展残疾人教育首先要实现残疾人教育资源的无障碍获取，一方面让残疾人和普通人享受同等受教育的权利，另一方面要提供无障碍的学习环境，增强其学习的便利性。当前我国残疾人教育存在的问题主要包括：特殊教育师资队伍有待优化、残疾人教育公正性缺失、残疾人教育经费投入不足、残疾人教育面临社会排斥。因此，进行教育制度改革必须考虑到无障碍。

（四）三大攻坚战中的无障碍

三大攻坚战包括推动重大风险防范化解、加大精准扶贫力度、推进污染防治取得更大成效。战略部署强调，要围绕完成年度攻坚任务，明确各方责任，强化政策保障，把各项工作做实做好。

对于加大精准脱贫力度，战略部署强调深入推进产业、教育、健康、生态扶贫，补齐基础设施和公共服务短板，激发脱贫内生动力。强化对深度贫困地区支持，中央财政新增扶贫投入及有关转移支付向深度贫困地区倾斜。对老年人、残疾人、重病患者等特定贫困人口，因户因人落实保障措施。攻坚期内脱贫不脱政策，新产生的贫困人口和返贫人口要及时纳入帮扶。

随着社会经济发展水平的不断提高，残疾人观念逐渐从陈旧走向文明。过去普遍认为残疾人因残而废，甚至是无能的，导致长期以来，“残疾”与

“障碍”如影随形，这些错误观念严重地歪曲和损害了残疾人的社会形象，视其为家庭及社会的负担，残疾人自身也对自己产生了消极评价，残疾人在内外共同作用下成为社会排斥的对象。这是导致残疾人贫困的根源。残疾人事业发展的最终目标就是破除一切物质的、制度的与结构的以及观念上的障碍，帮助残疾人达到如同健全人一样的生活状态，从某种程度上来讲，无障碍战略目标的实现即意味着社会上也就不存在所谓的残疾人群。因此无障碍战略的建构与实施是残疾人参与社会、实现融合发展的重要条件，是全面建成小康社会、实现现代化的重要内容和标志。因此，精准扶贫离不开无障碍。

（五）乡村振兴和区域协调发展中的无障碍

实施乡村振兴战略强调科学制定规划，健全城乡融合发展体制机制，依靠改革创新壮大乡村发展新动能。重要的发力方向包括：推进农业供给侧结构性改革、全面深化农村改革、推动农村各项事业全面发展。实施区域协调发展战略强调提高新型城镇化质量。围绕解决发展不平衡不充分问题，改革完善相关机制和政策，推动区域优势互补、城乡融合发展。重要的发力方向包括：优化区域格局、深入推进新型城镇化。

之所以要把乡村振兴战略与区域协调发展战略结合起来看，是因为新型城镇化首先要解决的问题就是农业转移人口市民化的问题。这就意味着青壮年农业转移人口将大量离开农村在城市定居，与此同时农村老龄化问题将格外严重，而且随着医疗条件的变好，这个问题至少要困扰我国 30 年。因此，农村老年人必将是我国养老产业的不可忽视的群体。同时，拥有大量闲置建设用地的农村也将是养老院获得土地的来源。这也就涉及了农村土地改革与供水、供电、信息等基础设施。因此，实施乡村振兴战略和区域协调发展战略不能绕开无障碍。

（六）扩大消费和促进有效投资中的无障碍

扩大消费和促进有效投资战略部署强调，要顺应居民需求新变化扩大消费，着眼调结构增投资，形成供给结构优化和总需求适度扩大的良性循环。重要的发力方向包括：增强消费对经济发展的基础性作用、发挥投资对优化供给结构的关键作用。

对于消费，2018 年两会政府工作报告战略部署指明了新能源汽车、医疗、养老、教育、文化、体育、旅游几个粗略的方向。这些方向上中国残联都已经开始了相关无障碍工作。医疗、养老、教育、文化体育、旅游这些无障碍的传统领域自然依旧是工作重点，甚至在新能源汽车领域，中国残联都协助吉利集团打造适合老年人和残疾人使用的无障碍新能源汽车车型。2019年两会工作报告又在扩大消费上做了更细致的解释，尤其指出了我国60岁以上人口已达2.5亿，正步入老龄化社会的现实，强调要把这个现实作为扩大消费的有利条件。要大力发展养老特别是社区养老服务业，对在社区提供日间照料、康复护理、助餐助行等服务的机构给予税费减免、资金支持、水电气热价格优惠等扶持，新建居住区应配套建设社区养老服务设施，改革完善医养结合政策，扩大长期护理保险制度试点，让老年人拥有幸福的晚年，后来人就有可期的未来。

相应的，无障碍相关产业在老龄化社会背景下有着长期稳定的需求，资金投入这些产业才不至于陷入资本的存量博弈困境，才能实现利益最大化，才是有效的投资。

（七）全面开放新格局中的无障碍

推动形成全面开放新格局战略部署强调，进一步拓展开放范围和层次，完善开放结构布局和体制机制，以高水平开放推动高质量发展。重要的发力方向包括：推进“一带一路”国际合作、促进外商投资稳定增长、巩固外贸稳中向好势头、促进贸易和投资自由化便利化。

据统计，全球约有6.5亿残疾人，他们在实现个人潜能方面存在心理、生理、法律和社会的障碍。随着人口的增长、医疗的进步和老龄化的到来，障碍人群将持续增长，该问题已经具有全球的重要性。与此同时，无障碍的全球治理非常不平衡。一方面，发达国家在制定无障碍标准的基础上，对于无障碍设施已建立起多层次的立法保障，交通道路系统、公共服务建筑等无障碍设施已经进行了全方位布局；另一方面，目前已立法保护残疾人的国家不到50个，多数的发展中国家在无障碍建设方面与发达国家落差很大，一些发展中国家甚至多达90%的残疾儿童没有上学的机会。由于全球80%残疾人生活在发展中国家，所以全球无障碍的治理任重道远。2006年联合国大会通过了《残疾人权利公约》，国际上在无障碍方面逐步形成共识，为全球治理提供了基础。面对这样的现状，我国作为全球化的主导国家、“一带一路”倡议的发起国家，必须在无障碍方面加强国际合作。2008年6月，中国人大常委会批准加入了《残疾人权利公约》；2012 年，国务院颁布了《无障碍环境建设条例》。中国作为最大的发展中国家在无障碍环境建设方面的有力推进，特别是提出和落实无障碍国家战略，将对无障碍的全球治理做出重要贡献。

对于“一带一路”国际合作，首先要明确“一带一路”的第一阶段是交通基础设施方面的国际合作，要达到交通基础设施的互联互通；第二阶段是各国经济的优势互补，最终利用比较优势达成共同发展。在交通基础设施互联互通阶段，我国作为“一带一路”倡议的发起国和经济圈核心国，在输出基建产能、推动参与各国经济发展的同时必须大力推广我国标准。众所周知，残疾人、老年人出行难度大大超出健全人，健全人在面对按照不同标准设计的交通基础设施时尚可从容应对，而老年人、残疾人则可能视之为无法逾越的障碍，甚至可能造成受伤。因此，我国无障碍设施建设标准在众多标准中是尤为重要的。1989 年 4 月 1 日建设部、民政部、中国残联共同编制了《方便残疾人使用的城市道路和建筑物设计规范（试行）》，1990 年 12 月颁布《中华人民共和国残疾人保障法》，1996 年 8 月颁布了《中华人民共和国老年人权益保障法》，这些法律法规均有明确的条文规定建设无障碍设施。在 2007 年 11 月我国又发布了《创建全国无障碍建设城市工作标准》，把此前各地碎片化、形式化和缺乏系统设计的标准统一了起来。我国基础设施建设企业在提供国际服务的过程中必须努力把这些标准推广出去，在各方面深化我国的世界影响力。在各国经济优势互补阶段，由于我国60岁以上人口已达2.5亿，残疾人 8500 万，是一个相当巨大的旅游消费群体，“一带一路”沿线部分国家由于相比我国缺少成熟的制造业、尖端的科研能力，在与我国进行优势互补过程中必然要发挥自身物价低、文化异、风景美的优势发展旅游业，而吸引这个巨大旅游消费群体的必要条件之一就是其无障碍基础设施的完善。

（八）提高保障和改善民生水平中的无障碍

提高保障和改善民生水平战略部署强调，要在发展基础上多办利民实事、多解民生难事，兜牢民生底线，不断提升人民群众的获得感、幸福感、安全感。重要发力方向包括：着力促进就业创业、稳步提高居民收入水平、发展公平而有质量的教育、实施健康中国战略、更好解决群众住房问题、强化民生兜底保障、打造共建共治共享社会治理格局、为人民过上美好生活提供丰富的精神食粮。

在促进就业创业方向上，战略部署专门提到了要加大对残疾人等就业困难人员援助力度。根据第六次全国人口普查，及第二次全国残疾人抽样调查推算，2010 年末，我国残疾人总人数 8502 万人，各残疾等级人数分别为重度残疾人 2518 万，中度和轻度残疾人 5984 万。这 5984 万中、轻度残疾人在人口红利消失的当今中国，无疑是相当可观的劳动力供给，只要在无障碍发展充分的前提下，他们必将为我国经济发展贡献可观的力量。不止于此，2518 万重度残疾人也并非全无劳动能力的“废人”，只要就业岗位匹配合适，完全可以做到扬长避短，发挥自身优势。

在发展公平而有质量的教育方向上，战略部署特别提到了发展特殊教育。根据 2016 年全国第二次残疾人抽样调查数据显示，全国具有大专及以上学历的残疾人共 94 万人，高中程度（含中专）406 万人，初中程度 1248 万人，小学程度 2642 万人，文盲率为 43.29%。教育是提高个人素质的主要途径，一个人接受的教育和培训程度越高，其生活能力越强，获得工作的机会越多。残疾人受教育程度低不利于其脱贫和改善生活状况。作为社会弱势群体的一部分，良好的教育对于帮助残疾人回归主流社会，促进残疾人提高参加社会活动的能力有重要意义。

在实施健康中国战略方向上，战略部署专门提到了以冬残奥会为代表的残疾人体育工作，加上残疾人、老年人是医疗服务的主要消费人群，可以说健康中国战略与无障碍密不可分。我国残疾人、老年人数量众多，对医疗预防、医疗卫生服务、康复医疗服务、医疗保障等医疗康复需求强烈。“十二五”时期，特别是党的十八大以来，老年人、残疾人权益保障制度不断完善，基本公共服务体系初步建立。但也应看到，当前我国进入老年人、残疾人规模增大、结构变动、风险提高的关键时期，老年人、残疾人医疗卫生服务体系面临巨大挑战。

在强化民生兜底保障方向上，战略部署重点强调了稳步提高城乡低保、社会救助、抚恤优待等标准。积极应对人口老龄化，发展居家、社区和互助式养老，推进医养结合，提高养老院服务质量。加强残疾人康复服务。健全社会救助体系，支持公益慈善事业发展。显然，民生兜底保障重点就在无障碍。

除以上方向外，在提高居民收入水平方向上，战略部署重点强调提高退休人员基本养老金和城乡居民基础养老金。在打造共建共治共享社会治理格局方向上，战略部署专门提到要营造尊重妇女、关爱儿童、尊敬老人、爱护残疾人的良好风尚。在提供丰富精神食粮方向上，无障碍战略有专门的无障碍文化实施战略。可以说，无障碍几乎贯穿了提高保障和改善民生水平的方方面面。

* * *

2016 年以来，世界经济仍复苏缓慢，主要经济体增长态势和货币政策持续分化。受经济复苏态势和地缘政治等因素影响，美元指数持续走强，全球主要经济体国债收益率和货币市场利率走势分化，股市和大宗商品市场回暖。经济政治社会领域“黑天鹅”事件频现，民粹主义、逆全球化、贸易及投资保护主义抬头，地缘政治不确定性上升。我国处在这样的外部经济环境中，不得不做好面对风险与挑战的准备。

首先是整体世界经济增速放缓的大背景为我国经济继续快速发展设定了天花板，这使我国必须调整自身消费与产能的矛盾。我国改革开放后的飞速崛起依靠的是强大的工业生产能力，尤其在加入世界贸易组织后，这种能力已经使我国获得了世界工厂的地位。但我国巨大的工业产能对应的却并不是我国自身的需求，而是对应着欧美发达国家的需求。欧美发达国家经济增速放缓导致其国民购买力增速放缓即需求增速放缓，与之对应的我国产能增长也必然放缓。因此，我国经济增长应更多依靠内需拉动才能维持中高速。

其次是民粹主义、逆全球化和国际贸易及投资保护主义的发展使美国政府采取了诸多极端措施妄图扼制我国发展，代表性的则是贸易战和科技战。虽然我国于 2017 年十九大上已经提出了高质量经济发展，明确了“补短板”的重要性，但贸易战和科技战已经给了我国十分巨大的压力。

以供给侧结构性改革为核心的高质量经济发展虽说在逻辑上环环相扣、切对我国经济病症，但改革如同一场破茧成蝶的蜕变，过程中的痛苦也引发了很大的质疑声。如去杠杆、去产能导致了部分企业在缺少资金或者政策支持的情况下破产，又如去房地产库存导致了房价暴涨。但在 2020 年新冠肺炎疫情发生之后，世界经济形势的进一步恶化的背景下，我们必须理解，如果任由部分行业继续发展，部分新冠肺炎疫情前破产的企业依旧要在疫情后的世界经济大衰退中破产。我国高层及时察觉到正在萌芽的风险与挑战，提出了高质量经济发展的新目标，为我国化被动为主动积蓄了力量、争取了时间。

为了落实高质量经济发展，2018年3月5日，提请十三届全国人大一次会议审议的政府工作报告提出的深度推进供给侧结构性改革等九方面的部署，这九方面战略部署分别是深入推进供给侧结构性改革、加快建设创新型国家、深化基础性关键领域改革、坚决打好三大攻坚战、大力实施乡村振兴战略、扎实推进区域协调发展战略、积极扩大消费和促进有效投资、推动形成全面开放新格局、提高保障和改善民生水平。然而，粗看这九大战略部署，仿佛没有直接把无障碍作为战略部署提及。但细读之下便可发现，每项战略部署的细分工作几乎都与无障碍密切相关。

无障碍的核心关注点是老年人、残疾人等障碍群体，随着从狭义无障碍到广义无障碍的内涵扩充，还可以扩展到健全人，甚至更进一步可以扩展到机械、设备和机器人等非生物。这些关注重点经过重新划分可以在我国经济社会中分别代表着非常重要的三类要素。

首先是老年人，这个群体代表着消费。我们所说的老年人是65岁以上的老年人，2020年时年满65岁的人出生于1955年，他们在23岁时碰巧遇到了中国最大的历史机遇——改革开放。也就是说，我们现在所说的老年人是我国最重要的财富创造者与拥有者，他们掌握着我国最主要的消费能力。同时，他们这一代人由于忙于工作与社会消费观念的局限，一直以来把自己的消费欲望压抑在心里。这种压抑已久的消费欲望一旦爆发则会呈现出难以想象的景象。可以这样说，我国是否能把强大的工业产能对接到内需上，关键就在于是否能挖掘出他们的消费能力。

其次是残疾人，这个群体代表着劳动力供给。我国有8500万残疾人，重度残疾人2518万，中度和轻度残疾人5984万。这5984万中，轻度残疾人在人口红利消失的当今中国，无疑是相当可观的劳动力供给，只要在无障碍发展充分的前提下，他们必将为我国经济发展贡献可观的力量。不止于此，2518万重度残疾人也并非全无劳动能力的“废人”，只要无障碍设施、社会观念配合得好，他们至少可以达到部分生活自理，从而解放部分照顾他们的劳动力转入其他行业。甚至只要就业岗位匹配合适，完全可以做到扬长避短，发挥自身优势，创造出价值。

最后还有健全人与机器人，它们代表着创新。无障碍环境建设在交通方面增加了各种便于轮椅通行的坡道，在高铁等交通工具上增加了便于轮椅就座的车厢，在公共环境中设置了各种信息无障碍设施，如传感器、二维码等，把整个公共环境变成了一张大网络，这一切在为残疾人服务的同时，也为机器人的大规模在生活场景中应用创造了条件。科学技术的发展不可能单纯停留在实验室里，必须要产生巨大的社会需求，建成相应的社会配套基础设施。无障碍环境使得轮型机器人得以大规模应用，而用轮子代替机械腿，可以简化平衡系统，大幅降低机器人制造成本，也就降低了轮子居民的购买价格，增加了有效需求。这为我国抢先占领生活机器人产业的先发优势奠定了基础。

此外，在无障碍推动需求、供给与创新发展的同时，健全人也必将从中获益。

因此，我们甚至可以认为，无障碍战略是隐藏于九大战略部署中的第十大战略部署，对“新时代”高质量经济发展起着重要作用。

第二章

无障碍扩大就业的经济影响

目前有关无障碍的研究，主要还是围绕对残疾人、老年人、病人、孕妇和儿童等障碍群体的人文关怀和平等权利的保护，展现了无障碍的人文价值。同时，关于无障碍的所有研究关注点都围绕着“怎么建”的问题，至于“该花多少钱建”“成本收益是否划算”的问题则少有涉及。本章则旨在填补无障碍研究在经济学方面的空白，从就业角度揭示无障碍的经济价值，阐明无障碍与高质量经济发展的关系。

无障碍的主要受益群体是残疾人与老年人。残疾人与老年人在身体机能上的劣势在无障碍环境里将显得不再那么明显，能够与健全人一样的工作和生活。我国有 8500 万残疾人，占全国总人口的 6.34%。60 岁以上老年人 2.5 亿人，占总人口的 17.9%。根据推算，随着我国人口老龄化程度的继续加深，2021—2031 年我国老龄化速度将明显加快，到 2030 年老龄人口占比将达到 25% 左右。如果把这近 4 亿的障碍人口发动起来，提高残疾人的劳动力参工率，延长老年人的有效劳动时间，无疑将有助于缓解我国劳动力数量下降。进而促进我国高质量经济发展。

本章分为四节。第一节研究无障碍对有效劳动寿命的影响。第二节研究无障碍就业对经济总量的影响。第三节研究无障碍就业对经济增长的影响。第四节研究残疾人就业的难点与对策。

第一节　无障碍对有效劳动寿命的影响

如果想研究无障碍对经济增长速度的影响必须先确定无障碍对有效劳动寿命的影响。本章第三节将基于无障碍能够延长劳动力有效劳动寿命的论断，利用柯布道格拉斯经济增长模型量化无障碍对我国经济增长的拉动作用，这就需要有确定的有效劳动寿命延长的年数作为模型的数据输入。然而，在我国无障碍具体能延长多少年劳动力有效劳动寿命是个复杂的问题，为了简化模型，本章假设延长效果为 5 年。

从“无障碍”到“有效劳动寿命延长”再到“经济增长加速”的定性推论过程是毋庸置疑的。但是也需承认，本章的无障碍经济价值估算结果是在完美的无障碍能使有效劳动寿命延长 5 年这个假设基础上得到的。因此，定量分析结果是否能让人信服就取决于无障碍是否真的能使有效劳动寿命延长 5 年以上。换句话讲，如能证明无障碍延长有效劳动寿命的效果长于 5 年，即便不能确切计算出延长年限，则“经济增长拉动效应也是可以信服的”。

因此，本节接下来将沿着增长有效劳动寿命的可行性、方法和具体效果的思路，证明“无障碍能使有效劳动寿命延长 5 年”假设的合理性。

一、老年人再就业的可行性

（一）预期寿命延长

随着生活状况改善和医疗水平的持续发展，我国人均寿命不断延长。由表 2-1-1 可以看出，进入新世纪以来人均预期寿命延长加快，2000 年预期寿命为 71.4 岁，2005 年增至 72.95 岁，2010 年预期寿命提升至 74.83 岁，至 2015 年我国人均预期寿命为 76.34 岁。第六次全国人口普查中，2000 年河北省人口平均预期寿命为 72.54 岁，2010 年则上升至 74.97 岁。并且，在人均预期寿命不断延长的前提下，按照我国现行退休制度，大部分退休的老年人仍

表 2-1-1 平均寿命

年份	合计	男	女
1981	67.77	66.28	69.27
1990	68.55	66.84	70.47
2000	71.40	69.63	73.33
2005	72.95	70.83	75.25
2010	74.83	72.38	77.37
2015	76.34	73.64	79.43

数据来源：《2017 年中国人口和就业统计年鉴》。

具备再就业的脑力和体力基础。因此，我国老龄劳动力储备丰富，为老年人再就业提供数量支持。在积极的老龄化指导下，再就业能够提供参与社会和实现价值的平台，随着生命周期有效延长和身体素质的不断增强，越来越多的老年人开始寻求再就业。

健康状况改善使得老年人身体素质增强，具备了再就业的身体基础。生活质量的提高、医疗技术的进步和社会福利的增长使得老年人的健康状况得到有效改善。根据统计局发布的人口普查数据，河北省 60 岁及以上人口中，基本健康和健康的人口占比分别为 39.99% 和 43.82%，即有 80% 以上的老年人具有从事正常生活和工作的基本身体条件。健康状况的改善增强了老年人再次从事工作的可行性。与此同时，老年人再就业对于身体健康可能会起到促进作用。通过再就业，他们能丰富人际交往，更新知识和技能，帮助大脑继续开发。同时，老年人还能保持与社会群体的联系，充实生活、健康身心，并减少他们的孤独感。

（二）老年人具备再就业独特优势

大多数老年人在体力、精力等方面与中青年人相比有着不小的差距，但是老年群体中的许多人在智力经验、知识储备还有工作技术等方面，可能具备着无可替代的优势。第一，丰富的实践经验。过往几十年的社会生产工作的积累使得老年人储备了丰富的实践经验，具备用人单位看重的使用价值，因此他们在再就业过程中更具有优势。聘用老年人不需要进行大量投资，可以节省企业的培训费用，反而可以降低人力成本。所以在劳动力的开发层面而言，聘用老年人的投入少、成本低、回报快，甚至还具有“拿来就可用”的独特优势。并且由于劳动结构性需求的差异，并不会挤占过多青年就业空间。第二，广阔的人际网络资本。社会发展的一个重大趋势是在关系资本基础上建立相互合作、互利共赢的关系，而广泛的人脉是建立相互合作、互利共赢关系的重要基础和途径之一。老年人的社会参与时间较长，具有丰富广泛的人脉资源，可以得到信度较高的信息，降低交易成本。第三，良好的职业素养。受到以前文化环境的影响，多数老年人对待工作的忠诚度较高，具有良好的道德情操和职业素养。因此，选择主动再次参与工作的老年人，必定会延续以前的职业素养，并更加珍惜再次工作的机会，忠于就业岗位，做出一定成绩。

（三）无障碍环境提供再就业条件

首先，社会无障碍发展创造了再就业岗位。随着社会经济的高速发展，我国人均 GDP 过万，消费型社会到来。消费水平提高与需求增长带动市场与产业结构变化升级。并且经济发展的同时社会的老龄化程度持续加深，可以预见，在老龄社会的形成进程中，市场结构和产业结构将随着老年人的消费和服务需求的增多而发生变化，老龄化行业将发展成为重要的新兴力量。这就使整个社会必然向着无障碍方向发展。庞大的消费人口和强劲的消费需求共同为老龄化产业的发展提供了前所未有的发展机会和空间，同时也创造了更多的就业岗位，进一步增加了老年群体的再就业机会。

其次，无障碍环境建设与科技发展提供了再就业契机。无障碍环境建设与相关科技发展提高了劳动生产率，降低了劳动强度，为老年人再就业提供可能。老年时期毕竟处于身体素质的下降阶段，即使整体健康状况得以提高，但仍然不能与年富力强的适龄劳动力同日而语，因此高强度的劳动作业不适合作为他们再就业的选择。但是，科技发展改进生产技术，大大提高了劳动效率，同时也降低了劳动强度，为老年人再就业提供了契机。劳动强度的降低使得老年人再就业的可行性更高，选择面更广，积极性更高。并且，科技发展需要丰富人才构成体系，科技的发展进步需要源源不断的人才投入，具备丰富技术经验和知识储备的老年人才是推动科技发展的宝贵财富。因此，老年人再就业能促进科技发展，同时，科技发展也为老年人再就业提供更多可行性。

二、老年人再就业的国际经验

日本于 20 世纪 70 年代进入老龄化社会。根据 2016 年 9 月日本内阁府发布的《2015 年日本老龄社会白皮书》显示，日本 65 岁以上的老年人口达到 26.7%，超过了世界卫生组织评定的 21% 这条红线，这也就意味着日本成为世界上唯一步入“超老龄社会”的国家。日本政府为了应对这一社会问题，在努力确保老年人参与社会劳动的机会、减少老年人的社会孤立与贫困方面进行了很多的研究和实践，成效显著。

（一）制定新的《老龄社会对策大纲》

2018 年 2 月 16 日，经过老龄社会对策会议审议，日本政府通过了新的《老龄社会对策大纲》。老龄社会基本对策涉及“就业及收入”“健康及福利”“社会参与及学习”“生活环境”“研究开发及国际社会贡献”“促进全民活跃的社会”等六大领域。其中，“就业及收入”“社会参与及学习”与老年人社会参与有着直接关系。

1. 就业及收入

一是挖掘就业机会和工作方式。为了使老年人通过职业生活发挥自身能力，政府采取多种措施挖掘工作方式，如对于正式退休后寻找临时和短期工作机会的老年人，老龄人才中心提供就业机会和参加社会活动的机会；老龄人才中心联系地方公共团体和经济团体，创造新的就业机会；为了满足多样化的老年人需求，根据行业和职业特点，采取能兼顾工作和育儿、护理的灵活工作方式；实行“工作方式改革计划”（2017 年），制定“促进副业及兼业指南”，修改就业规则；利用信息通信技术，开发和普及远程工作方式，这种方式有助于促进老年人就业。二是鼓励企业雇用老年人。为了维护短期劳动者的权益，根据《短期劳动者雇佣管理改善法》，确保短期劳动者的平等待遇，并对雇用短期劳动者的优秀企业进行表彰；鼓励企业制定“短期正式职员制度”，普及和扩大多种形式的正式职业；政府对采用短期正式职员制度的企业提供补贴，并向企业介绍短期正式职业制度模范案例；对于积极利用老年人才开拓创新，提高生产效率的企业进行表彰。三是支持老年人再就业。企业主有义务为老年人提供求职活动推荐函，推荐函须注明老年人的经历、职业能力等再就业内容；各地区的公共职业稳定所以老年人为对象开展职业生活再设计培训，尤其是就业困难的老年人可由就业支援团队帮助解决；公共职业稳定所要求企业对缺乏职业经验、技能和知识的老年人试用一段时间，并对其提供雇佣补贴；政府实施“老年人就业促进事业”，对老年人开展技术培训、就业培训、企业体验和面试培训；为了鼓励老年人创业，日本政策金融公库对老年人提供低息贷款，并对雇用老年人的企业提供低息贷款。

2. 学习及社会参与

一是开展丰富多彩的社会参与活动。在地方主导下，开展“全国健康福利节”（秋田县）活动、“长寿社会终身学习政策研讨会”（北海道）等活动；根据 2017 年修改的《社会教育法》，社区和学校协同合作，利用老年人的知识和经验，开展“社区学校协同活动”；为了使更多的老年人融入社会，对公共设施进行无障碍化改造；对电视节目添加字幕、解说词，方便老年人获取必要信息；每年举办“老龄社会论坛”，积极向社会宣传和介绍老年人参加社会活动的情况及老年团体开展活动的情况；政府通过“老龄社会论坛”平台，表扬先进个人和老年团体，向社会宣传老年人社会参与情况。鼓励老年人参加志愿者活动。已退休的老年人可以利用自身经验参加有偿志愿活动，在获得一定收入的同时，实现人生价值和促进身体健康；为了促进老年人通过 NPO（非营利组织）为社会做贡献，根据 2016 年 6 月修改的《特定非营利活动促进法》，内阁府通过网站积极向市民宣传志愿者活动相关信息；为了培养 NPO 活动所需人才及领头人，开展“社区领头人培训项目”；另外，通过独立行政法人国际协力机构，选拔具有丰富经验和知识、能力的老年人，派到发展中国家开展志愿者活动。

（二）修改《老年人雇佣稳定法》

为了使老年人充分参与社会活动，日本政府对《老年人雇佣稳定法》进行了修改，并制定了“老年人雇佣确保措施”。其修改要点：一是废除阻碍雇佣老年人的固有体系，二是鼓励更多的企业采取继续雇佣制度，三是对于违反《老年人雇佣稳定法》的企业采取公示制度，四是制定有关确保老年人雇佣的方针。2017 年 3 月 31 日，日本政府将退休年龄提高到 61 岁，此后每隔三年提高 1 岁，直至 2029 年 3 月提高到 65 岁。企业可以废除退休制度，也可以采取继续雇佣制度或延长退休年龄制度。对于尚未采取上述措施的企业，由公共职业稳定所提供咨询和指导。对于国家公务员，根据现行国家公务员制度，采取再聘制度，阶段性延长退休年龄到 65 岁。为了帮助劳动者在职业生涯中继续发挥能力，政府支持企业对劳动者开展阶段性、系统性职业能力培训，普及和促进带薪教育培训制度，同时也支持劳动者自我能力开发，以此提高生产效率。从就业形式来看，大多数企业采用“继续雇佣制度”，即老年人可以在原来的企业以委托制、合同制、临时制等形式继续工作，雇佣合同以一年为单位，可以续签。

（三）鼓励老年人参与社区活动

在日本社会中，随着大批“团块世代”的退休，很多老年人从职场回归社区。老年人希望在社区开启第二人生，也希望力所能及地为社区做贡献。为了使老年人在社区实现人生价值，政府积极创造社区活动机会，包括农业生产、生活支援、育儿、福利、社区餐饮等。为了调动老年人积极性，社区活动一般不采取志愿者形式，而是采取就业形式，如鼓励老年人利用自己的经验和知识参与“农业协同组合”“学生课余教室”“周日教育活动”等，通过各种形式的社区活动为老年人参与社会活动提供全方位的便利。

（四）设立银发人才中心

日本的银发人才中心是一项为老年人提供就业机会的事业。目的在于促进老年人的社会参与与地域贡献，减少老年人的社会孤立与贫困，让地域充满活力。它以社会功能为主，同时兼具经济功能，是地域性的社会活动组织。

日本的银发人才事业发足于1974年在东京都创设的“高龄者事业团”。在此之前，日本的就业措施一直都是从劳动和福祉两个方面来推进的。但是，自从20世纪70年代日本进入老龄化之后，随着老龄化进程的加速，老年人的就业需求越来越多样化，渐渐产生了跨越劳动和福祉这两个领域的就业需求，一些老年人退休之后，害怕脱离社会，希望通过再就业来维系与社会的联系。于是，日本就有了新建一个就业体系的构想。创设一个非政府组织，针对这些有就业意愿的老年人，根据他们的能力和意愿，给他们提供短期的工作机会，而且这个组织由当地的老年人自主经营。

银发人才中心以市、町、村等地方自治体为单位，虽然有来自日本中央政府的补助，但是现在基本上都是独立的经营个体。参加的会员主要是退休以后或者当地60岁以上的居民，只要参加讲座并交纳会费之后就可以入会。截至2017年，日本全国的银发人才中心达到1325个，会员达到713746人，签约金额达到3166亿日元。

银发人才中心接受政府机关、家庭或者企业的委托，然后从会员中派出合适的人去完成工作。工作完成之后，委托单位将酬劳付给银发人才中心，再由银发人才中心将一定比例的酬劳付给该会员。

当然，银发人才中心有别于一般的就业中介公司或者人才派遣公司。首先，银发人才中心承接的大部分都是一些临时的、短期的、简单的工作。所以银发人才中心并不保证会员有固定的收入，同时也不必担心银发人才会抢走年轻人的工作机会。其次，银发人才中心的会员不享受劳动保险，为了防止意外发生，银发人才中心会帮会员投保伤害保险，也会特别注意接受的工作内容，避免意外或者伤害事故的发生。银发人才中心比较具有地方特色，每个地方需求不同，银发人才中心的服务项目也不尽相同。有些银发人才中心还会提供帮助老年人再就业的培训；有些银发人才中心会与当地政府部门合作，让老年人做义工或给政府策划一些活动；还有一些银发人才中心会组织一些手工爱好者制作一些手工艺品，然后进行销售，或者开发一些回收再利用业务。

三、无障碍延长有效劳动寿命的效果

（一）无障碍延长有效劳动寿命的逻辑

本节已对老年人就业的可行性进行了分析，认为老年人就业的主要领域是简单体力劳动类职业，无障碍也主要是在简单体力劳动上减轻老年人身体负担。老年人原本从事职业各有不同，有些经验积累决定收入的职业并不受年龄限制，如医生，69岁以后也可以继续做，而且不逊于年轻人。影响这类老年人继续从业的往往是出行之类的生活中的简单体力活动，无障碍可以减轻他们的体力负担。有些对于学习能力、思维能力、认知能力要求较高的职业，如教师，在脑力不再能达到从业要求后可以再就业从事幼儿照护等简单体力劳动。有些本身从事简单体力劳动的老年人，无障碍更能从体能上减轻他们的负担。

需要指出的是，简单体力劳动并非是对老年人就业能力的歧视，而是在比较优势原理作用下而产生的自然分工，这种分工有利于人才梯队建设，也有利于劳动效率的提高。脑力劳动复杂程度远高于体力劳动，其学习需要在特定的年龄和相应的训练。在一定程度上给予年轻人更多的历练机会能够避免人才培养青黄不接的危险。老年人与年轻人相比，脑力与体力均有所下降，老年人从事脑力劳动和体力劳动创造的价值也均不如年轻人。但由于脑力劳动的价值创造效率更高，老年人反而在体力劳动上具有了比较优势。

简单体力劳动需要的最重要的劳动力禀赋是体力，体力分为力量与耐力。以快递行业为例，长距离货物运输依靠汽车等交通工具，对于快递员耐力无任何要求。在小区内，电梯作为基本的无障碍设施省去了快递员上下楼所需要的体力，仅在货物上下车和进入小区后最后一百米的搬运过程中需要快递员短暂出力，而该短暂力量要求可以被无障碍坡道降低。快递员职业是一个简单体力劳动的缩影，其上下坡道搬运重物的劳动内容是各种简单体力劳动无法回避的。也许各行各业对这项劳动内容的需求频次有所差异，但只要偶尔会用到且老年人无法胜任，则必须浪费一个青壮年劳动力。

综上所述，转向简单体力劳动的老年人，虽然体力不因无障碍环境建设而下降速度减慢，但无障碍环境建设使简单体力劳动所需的力量要求下降，年龄更大的老年人依旧可以达到要求。这就等同于劳动力寿命得到了延长。在量化方面，如能证明老年人按照一般肌肉力量下降速率，在65—69岁的5年内肌肉力量的减弱程度低于无障碍设施的省力效果，则可认为本章估算无障碍对经济增长影响的前提假设成立。为此，我们下一步将从老年人肌肉力量随年龄增长流失的速率和无障碍设施的省力效果的角度加以研究。

（二）肌肉力量增龄性变化趋势研究现状

因衰老肌肉功能下降而导致运动能力减弱的现象称为肌力流失（sarcopenia）。肌力流失是一种伴随着年龄增长肌肉质量、肌肉力量和功能普遍下降的发生在中老年群体中的症候群。

国外学者 Thomas F.lang、Poelsson A、Forrest KY、Frontera Walter R 和 Urs Granacher 的研究结论基本相似，他们都认为：中老年的肌肉力量与年龄呈负相关。他们的研究表明，随着年龄的增加，男性和女性都开始失去肌肉组织，年龄的增长致使肌肉萎缩，肌力也会随之下降。其中，Poelsson A 研究发现：最大的握力值应该出现在30—35岁，30—35岁后握力将会以每年0.5%的速度递减，75岁以后每年的肌力下降速度逐渐减慢。Metter EJ 等学者指出：肌肉力量在25—35岁时达到最大值，在达到最大值之后会在一段时间内出现力量保持阶段，这个阶段肌力基本不变或者略有下降。50岁以后肌力开始以每10年12%—14%的速率下降。Urs Granacher 进一步地细分，从肌纤维的类型出发，通过实验研究发现：随着年龄的增大，Ⅱ型肌纤维的数量和尺寸，特别是肌肉质量和力量都与年龄呈负相关。Forrest KY 等学者通过对321名老年男性进行为期7年的握力测试实验，实验研究结果显示：随着年龄的增大，不但每个年龄组的握力都出现降低趋势，而且肌力的下降速度也越来越快。Frontera Walter R 通过对12名健康久坐的男性（65.4±4.2岁）进行12年的实验研究发现：肌力随着年龄的增大而降低，膝关节和肘关节的伸屈肌群肌力以20%—30%的角速度在下降；计算机分析成像显示，随着年龄的增大，这12名男性的大腿肌肉减少14.7%，肱四头肌肌肉下降16.1%，屈肌减少 14.9%。

此外，John A Fanlker 等学者通过将普通人群与运动员中的精英运动员进行对比时发现：所有运动员中的精英运动员，与年龄相关的肌肉萎缩大约始于 50 岁，这与普通人群相比，肌肉萎缩、肌力下降的年龄推迟了。

现阶段，我国关于肌力的研究大多数都是围绕运动对肌力的影响变化、不同类型运动员的肌力特征以及力量训练等方面，有关肌力增龄性变化的研究都是在一些体质研究文献中出现，少有文献单独研究肌力的增龄性的变化；而在肌力的选择方面，国内学者经常适用握力、躯干背伸肌、腹屈肌以及下蹲力，并且他们经常会用握力去代替上肢肌力，用纵跳高度去代替下肢肌力的强弱，少有人采用肌力测试系统去精准测试某一部位的肌力。其中张路和曹永廉两位学者是国内学者中极少数采用肌力测试系统去精准测试肌力的学者。张路主要采用数字化等长肌肉功能检测系统，他主要测试的是中老年肘关节、膝关节伸屈运动时的等长肌力。实验研究发现：当人进入中老年后，会出现肌力的缓慢下降。从实验结果来看，从选定的年龄 45 岁开始，男性中老年的膝关节和肘关节的伸屈的最大肌肉力量以及肌肉爆发力都随着年龄的增大呈现逐渐下降的趋势，到 60 岁时，最大肌肉力量大约是 45 岁的 85%。而曹永廉学者主要运用 FET5000 等长肌力测试仪对 69 岁以下的测试者的躯干背伸肌群肌力和腹屈肌肌群肌力进行测量，测试者以 10 岁为一个年龄段，共分为 6 个年龄段。实验发现：男性在 49 岁之前，背伸肌和腹屈肌肌力随着年龄的增大而增大，40—49 岁年龄段是肌力最大值的年龄段，50 岁以后，肌力开始下降；女性的背伸肌和腹屈肌也是从 50 岁开始随着年龄的增大而降低。

宋向川、赵玉华、刘福伟、王夏芃和陈敏等学者在对中老年进行体质研究时，通过测试中老年的握力和下蹲力研究发现：中老年的握力和下蹲力与年龄呈负相关。并且有文献报道称：人的年龄在达到 50 岁以后，肌力的下降速度为每 10 年下降 12%—14%，而等年龄达到 70 岁时，身体大多数肌肉的肌肉力量大约只占最大肌力巅峰时的 30%—60%。国内还有一些学者从老年人的安全出发，他们用老年人反复坐起的时间去衡量下肢肌力的强弱，比如学者祝令庆就是通过对老年人的反复坐起时间进行测量，用反复坐起时间的长短来评价老年人的下肢肌肉力量的，时间越长，下肢肌肉力量越差。他通过实验研究发现：随着年龄的增大，男女性反复坐起的时间整体上呈现出上升的趋势，这说明老年人随着年龄的增大，下肢肌肉力量也在不断地下降，其研究结论与国内学者的结论相同。温煦等学者还研究发现：下蹲力与握力就下降幅度进行比较时，下蹲力的下降幅度更加明显，同年龄段比较时，握力下降峰值的15%，下蹲力下降峰值的30%。随着年龄的增大，中老年肌力呈现出逐渐降低趋势，国内学者刘沉认为：肌力的这种下降趋势是一个缓慢的过程，并不是一个突发性的过程，他以握力为例：男性和女性分别在35岁和40岁达到最高值，男性最高均值为47.4kg，女性最高均值为29.4kg；而到达60岁时，男性和女性的握力均值分别从最高均值下降到37.4kg和23.9kg，下降幅度分别为23.1%和20.2%；到65岁时，男性和女性的握力均值更是下降到34.9kg和22.8kg，下降率分别为27.5%和22.1%。同时，张路、刘营和任玉庆等学者还研究发现：在肌力的下降过程中还存在一个特殊情况，他们发现肌力在增龄性下降过程中会出现小幅度的肌力上涨现象，这个年龄节点大概在55—60岁年龄段之间。

（三）肌肉力量增龄性变化速率研究现状

有关研究表明：肌力下降大多发生在人体的衰老期，国外的Alabdulwahab S S、Walter R.Frontera、Doherty T J和Forrest KY等学者通过各自研究表明：当机体处于不同年龄段时，肌力会有不同的下降速率。其中国外学者Alabdulwahab S S通过对男性肱四头肌测试发现：20多岁男性的右肱四头肌和左肱四头肌的肌肉力量分别是380±62N和330±60N，而到了第八个十年的时候下降为右侧肱四头肌190±40N，左侧肱四头肌110±30N；而且他发现：在这八个十年中，在第二个和第三个十年时，肌力下降速度大于其他的年龄段。而Walter R.Frontera则通过对12名健康久坐的男性（65.4±4.2岁）进行12年的实验研究发现：肌力随着年龄的增大而降低，而且膝关节和肘关节的伸屈肌群肌力以20%—30%的角速度在下降。Forrest KY等学者通过招募321名老年男性为实验对象，对其进行了长达7年左右的测试研究发现：每个年龄组的握力均会随着年龄的增大而出现下降，并且从这7年的测试结果发现年龄越大，下降速度越快。而Doherty T J的观点更加具体，他认为：肌肉力量在30岁左右开始出现下降趋势，60岁之前下降幅度比较慢，不明显，而60岁以后下降幅度加快。

国内学者们认为肌力在不同年龄段会有不同下降速率，他们将肌力快速下降的一个年龄段，称之为关键敏感年龄段，但是在关键敏感年龄段的确定上，国内学者们存在着差异，其中的张路、曹永廉、屈莎和刘营等大多数学者都认为 50—59 岁这个年龄段是人体肌力下降的关键敏感年龄段，而学者祝令庆认为男性和女性分别在 65 岁和 75 岁时出现大幅度下降的转折点，他通过做反复坐起实验，计算时间的平均延长率，利用延长率的大小来表示肌肉力量的变化速率。实验得出：随着年龄的增大，男、女性老年人都出现了延长率整体上的逐渐增大，这间接地反映出，随着年龄的增大，男、女性老年人下肢肌肉力量的下降幅度在逐渐增大，并且男、女性出现最大下降幅度变化的转折点分别在 65 岁和 75 岁。陈敏学者的关键敏感年龄段也与国内其他学者存在着差异。她认为：在 64 岁之后，肌力的下降速度骤然加快，70 岁以上的老年女性，与最大肌力相比，下降了 50%—70%，而 70 岁以上的老年男性的肌力与其最大肌力相比较，肌力下降了 50%—60%。同时，武东明等学者还指出：腹部肌肉力量的快速下降的年龄段应该是提前于其他部位，他认为身体各部位肌肉的最大肌力基本呈现出与年龄的负相关，但各部位下降的速率不相同，其中上肢肌肉力量、下肢肌肉力量和背部肌肉力量的快速下降期均出现在 50—64 岁年龄组。腹部肌肉力量在 35—49 岁年龄组下降速度较快，并且他认为活动量、锻炼频度的减少以及不良的生活习惯（久坐）等是导致腹部肌力关键敏感年龄段提前的原因。

（四）肌肉力量变化与无障碍省力效果对比

Janssen 等人在一项对日本 1559 名男性和女性肌肉质量的研究中，将上臂、大腿、小腿和躯干的主要发力肌肉的质量进行测量，提出下肢肌肉质量的流失速率要比其他肌肉快，大腿的前后肌肉质量比例可能用于早期肌肉流失的诊断。这就提示我们在研究老年人肌力流失问题时，其他部位肌肉力量的变化程度并不能真正说明肌力流失的情况，下肢力量才能代表肌力流失的现状。因此，研究肌力流失更应关注的是与人类运动相关性更强的下肢力量。

为了证明无障碍省力效果能够完全抵消老年人肌肉力量的下降，需要列出具体数据进行直接对比。在此引用张程飞总结中外增龄性肌肉力量变化相关研究后的结果，见表 2-1-2 所示。

表 2-1-2　中老年群体膝关节屈肌群肌肉力量下降率表

	年龄段（岁）	45—49	50—54	55—59	60—64	65—70
男	左侧（%）	0	1.33	−20.51	−4.29	−5.11
	右侧（%）	0	−0.73	−20.54	−5.93	−4.28
女	左侧（%）	0	−11.82	−26.78	1.10	−2.12
	右侧（%）	0	−12.88	−21.96	0.20	−1.30

注：下降率 =（后一个年龄段肌力均值 − 前一个年龄段肌力均值）/ 前一个年龄段肌力均值 ×100%

之所以选取张程飞的研究结果作为比较无障碍省力效果的标准，是因为其研究结果中 55—59 岁年龄段肌肉力量下降最大值达到了 26.78%，加总 54 岁后至 70 岁不同性别不同侧膝关节屈肌群肌力下降表最大数据所得的总肌肉力量下降为 37.82%，是所有类似研究结果之最。如果无障碍省力效果可以抵消这个最大值，则其他学者的研究结果不会对本章假设合理性造成影响。

根据《无障碍设计规范》（GB50763—2012）中的规定，三面缘石坡道及其他形式缘石坡道的坡度不应大于 1∶12，全宽式单面坡缘石坡道的坡度不应大于 1∶20。选取最大坡度 1∶12 为比较标准，则经过简单力的分解可知，缘石坡道最大省力效果应约为 91.79%，远大于加总 54 岁后至 70 岁不同性别不同侧膝关节屈肌群肌力下降表最大数据所得的总肌肉力量下降幅度 37.82%。因此，可以认为无障碍缘石坡道的省力效果完全可以抵消老年人肌肉力量的下降。进而我们可以认为，无障碍可以使从事简单体力劳动的老年人不受肌肉力量下降的束缚，继续延长有效工作时间 5 年以上。因此，本章量化的假设——无障碍可以使有效劳动时间延长 5 年——是合理的。

第二节　无障碍就业对经济总量的影响

众所周知，人口与经济的关系是一个典型的双向关系，人口变动对经济发展有着重要的影响，而经济发展又推动着人口结构和数量的转变。在经济发展初期，人口大国往往可以利用巨大的人口基数和增长红利使经济总量飞速发展，但随着经济发展水平提高，同时发生的收入水平提高，就业方式转变，产业结构转型，消费水平提高，消费结构调整，社会保障制度完善，市场竞争激烈等又会增加抚养孩子的成本，降低孩子所带来的效用，进而导致生育意愿和实际生育水平双双下降。人口结构通过年龄结构、性别结构、教育结构、城乡结构等影响到经济社会的发展。中国的人口老龄化和少子化问题将长期存在，它会对中国的劳动力供给和经济发展产生深远的影响。劳动力老化程度加重是我国面临的一项关乎国家命运的难题。自 2012 年中国劳动年龄人口的数量和比重连续 7 年出现双降，共减少了 2600 余万人。受劳动年龄人口持续减少的影响，劳动力供给总量下降，2018 年末全国就业人员总量首次出现下降。预计今后几年还将继续下降。2021—2030 年间劳动力将以较快速度减少。劳动年龄人口趋于老化，到 2030 年，45—59 岁大龄劳动力占比将达到 36% 左右。这种状况下人口抚养比不断攀升，养老压力空前巨大，不仅会明显加大社会保障和公共服务压力，而且凸显劳动力有效供给下降，人口红利减弱，持续影响社会活力和经济潜在增长率，也倒逼经济结构转型，对未来社会的产业结构和消费结构产生影响。这样的现实意味着在不发生出生率的根本性改变的前提下，我国未来劳动力数量将不断下降。劳动力数量下降根本上是人口问题，但比较美国、日本等发达国家可知，从根本上解决人口问题非常难，更直接的权宜之计是首先依靠移民、延长退休年龄等措施减缓劳动力数量的减少。然而，从美国近些年爆发的保护主义、逆全球化、民粹主义的风潮来看，大规模引进移民虽然能减缓劳动力数量下降，但副作用同样致命。因此，我国在减缓劳动力数量减少的问题上不应首选移民政策。

我国有 8500 万残疾人，占全国总人口的 6.34%。60 岁以上老年人 2.5 亿，占全国总人口的 17.9%。根据推算，随着我国人口老龄化程度的继续加深，2021—2031 年我国老龄化速度将明显加快，到 2030 年老龄人口占比将达到 25% 左右。如果把这近 4 亿的障碍人口发动起来，提高障碍人口的劳动力参工率，延长他们的有效劳动时间，无疑将有助于缓解我国劳动力数量下降。

一、计量思路与模型选取

无障碍是无障碍环境的简称。无障碍环境包括物理环境、信息环境、文化环境、制度环境等多方面。它有助于障碍人群像健全人一样畅行无阻地融入社会，这无疑对他们创造价值、减少社会负担大有益处。直接来看，无障碍使更多的老年人和残疾人有能力进入劳动力市场中，对我国劳动力的有效供给产生正面影响。间接来看，无障碍会更便于老年人和残疾人生活自理，不再需要青壮年劳动力照顾，甚至可以帮助照看孩子，这使大量劳动力从家务劳动中解放出来，从而间接地增加了就业市场的劳动力供给。过去 65 岁以上老人和残疾人因体力、感官的限制无法继续工作，但无障碍可以使这个限制被放松。例如，无障碍物理环境使他们免于繁重的体力劳动——需要搬上搬下的工作可以由斜坡推行代替；无障碍信息环境使他们更方便地获取信息——大号字体、语音朗读和指示标识减轻了眼花、耳聋的影响；无障碍文化环境使他们增长自信、激发斗志——积极向上的社会风气鼓励老年人继续工作发挥余热；无障碍制度环境使他们的权益受到保障——银发人力中心帮助再就业和维权。总之，从最终效果看，无障碍增加了我国劳动者的有效工作时间。以有效劳动时间作为自变量，推算经济增长这个因变量，最为成熟的经济学模型是柯布—道格拉斯生产函数（Cobb–Dauglas production function）。为了测算这种有效劳动时间的延长会对我国经济发展产生怎样的影响，下面试运用柯布—道格拉斯生产函数来做量化研究。

目前讨论人口与经济之间关系的文献中，采用的宏观理论模型主要有柯布—道格拉斯生产函数、索罗经济增长模型（Solow Model）、最优增长模型（RCK Model）、代际交叠模型（OLG Model）以及真实经济周期模型（RBC Model）等。在研究不同问题时可以选择不同的宏观理论模型。柯布—道格拉斯生产函数最初是美国数学家柯布（C.W. Cobb）和经济学家保罗·道格拉斯（Paul H.Douglas）共同探讨投入和产出的关系时创造的生产函数，是以美国数学家 C.W. 柯布和经济学家保罗·道格拉斯的名字命名的，是在生产函数的一般形式上做出的改进，引入了技术资源这一因素。柯布—道格拉斯生产函数是用来预测国家和地区的工业系统或大企业的生产和分析发展生产途径的一种经济数学模型，是经济学中使用最广泛的一种生产函数形式，在数理经济学与经济计量学的研究与应用中都具有重要的地位。本节专注于研究无障碍战略实施带来的劳动力供给扩大对我国经济增长的贡献，因此选用该模型较为合适。

在规模报酬不变假设下，柯布—道格拉斯生产函数形式可设定为：

$$Y = AK^{\alpha}L^{\beta} \quad \text{s.t.}\ \alpha+\beta=1$$

其中：Y 是经济产出；A 为全要素生产率（total factor productivity，TFP）；L 为劳动投入；K 为资本投入；α 表示资本产出弹性，通常用资本投入在总投入中所占的份额表示；β 为劳动产出弹性，通常用劳动份额表示。之所以 $\alpha+\beta=1$ 可以成立，是因为 α 和 β 分别代表着资本和劳动从总产出获得的回报份额。显然，总产出只能在资本与劳动之间进行分配，因此和等于 1。

二、残疾人劳动价值的增加

无障碍对经济总量的影响包括健全人和残疾人两方面。健全人因无障碍增加了有效劳动寿命，残疾人因无障碍而有了和健全人同样的就业率。

如何估算无障碍在残疾人方面的经济价值是个复杂的问题。相比无障碍使健全人增加更多的劳动时间，通过再就业获得更长的有效劳动寿命。残疾人还存在着首次就业率过低的难题。根据研究可知，无障碍延长有效劳动寿命可使我国长期经济增长率提高，但无障碍帮助残疾人首次就业显然因为作用机制不同无法施加相同的经济影响。

根据我国残疾人联合会最新统计数据显示，我国所有的残疾人总人数约为 8500 万，全国城乡持证残疾人就业人数为 948.4 万，就业人数仅占总人数的 11%，这离“全面建成小康社会，残疾人一个不能少”的目标相距甚远。剩余的 7551.6 万残疾人中，刨除重症残疾人 2088 万，剩余有就业能力的残疾人尚有约 4500 万，初步估算，残疾人“失业率”约 52.3%。如果把这些未充分就业的残疾人口发动起来，提高残疾人口的劳动力参工率，降低失业率，无疑将有助于缓解我国劳动力数量下降的趋势。无障碍环境正是帮助残疾人群融入社会的必由之路，无障碍环境可以通过提高我国劳动力供给助力我国高质量经济发展。

我国未来将长期处于资本过剩而劳动力不足的经济环境中，则不会出现劳动力因资本匹配不足而效率低下的情况。沿用以上章节的思路，从供给侧量化研究无障碍的经济价值，为了不夸大无障碍的经济价值，我们选取资本要求最低的情况估算无障碍的经济价值。同样为了不夸大无障碍的经济价值，我们选取假设劳动力从事技术含量最低的工作，仅以国家法定最低工资标准作为劳动报酬，则根据马克思主义政治经济学剩余价值理论，劳动力产生的经济价值一定大于其工资报酬，则函数中的等号应被大于号代替。柯布—道格拉斯生产函数可变形为：

$$Y=PL$$

由该模型可知，无障碍使残疾人首次就业率增加，为我国增加更多的劳动力同样是一项长期变化，但这个变化在经历一个就业率缓慢爬坡过程后将不再影响经济增长率，而是长期占据 GDP 的一定比重。代入当前经济数据可进行初步估算。

假设无障碍环境建设到完美水平，真正做到了残疾人就业无障碍，那么残疾人就业率将与健全人就业率相等。改革开放以来我国失业率最高为 1979 年的 5.2%，劳动力参工率最低为 2019 年的 68%。8600 万残疾人中刨去重症残疾人 2088 万，剩余有就业能力残疾人约 6500 万，如达到健全人就业率水平，则将有 4190 万残疾人实现就业，与当前的 948.4 万人相差约 3200 万人。2019 年我国城镇单位就业人员平均工资为 90501 元 / 年，全国最低工资标准表中最低的安徽第四挡最低工资标准为 14160 元 / 年（1180 元 / 月）。以最低的农林牧渔业平均工资计算，则每年残疾人工资增加 4531.2 亿元。考虑到工资收入一定比创造出的经济价值低，按照企业获得 10% 水平的剩余价值进行初步估算，残疾人创造的经济价值将达到 4984.3 亿元以上。2019 年我国 GDP 约 99.1 万亿元，残疾人创造价值将拉高我国 GDP 约 0.503 个百分点。2019 年全国税收约 15.8 万亿元，GDP99.1 万亿元。按照这个比例，每年多产出的 4984.3 亿元可带来约 794.7 亿元的税收。即便认为残疾人获得的最低工资 4531.2 亿元不需要缴税，企业雇用残疾人获得的利润也可带来约 79 亿元的税收。

三、老年人劳动价值的增加

我们假定老年人就业的主要领域是简单体力劳动类职业。这样的假定一是因为无障碍主要是在简单体力劳动上减轻老年人身体负担，二是因为简单体力劳动创造的经济价值是各类劳动中最少的，可以防止无障碍的经济价值被高估。此外，需要指出的是，简单体力劳动并非是对老年人就业能力的歧视，而是在比较优势原理作用下而产生的自然分工，这种分工有利于人才梯队建设，也有利于劳动效率的提高。脑力劳动复杂程度远高于体力劳动，其学习需要在特定的年龄和相应的训练。在一定程度上给予年轻人更多的历练机会才能够避免人才培养青黄不接的危险。老年人与年轻人相比，脑力与体力均有所下降，老年人从事脑力劳动和体力劳动创造的价值也均不如年轻人。但由于脑力劳动的价值创造效率更高，老年人反而在体力劳动上具有了比较优势。

简单体力劳动需要的最重要的劳动力禀赋是体力，体力分为力量与耐力。以快递行业为例，长距离货物运输依靠汽车等交通工具，对于快递员耐力无任何要求。在小区内，电梯作为基本的无障碍设施省去了快递员上下楼所需要的体力，仅在货物上下车和进入小区后最后一百米的搬运过程中需要快递员短暂出力，而该短暂力量要求可以被无障碍坡道降低。快递员职业是一个简单体力劳动的缩影，其上下坡道搬运重物的劳动内容是各种简单体力劳动无法回避的。也许各行各业对这项劳动内容的需求频次有所差异，但只要偶尔会用到且老年人无法胜任，则必须浪费一个青壮年劳动力。

转向简单体力劳动的老年人虽然体力不因无障碍环境建设而下降速度减慢，但无障碍使简单体力劳动所需的力量要求下降，年龄更大的老年人依旧可以达到要求。这就等同于劳动力寿命得到了延长。为了方便计算，我们假设完美的无障碍能够使有效劳动寿命增加 5 年。

我国当前 65—69 岁年龄段健全老年人总数 6684 万，与有就业能力残疾人数 6500 万相近。理论上也可以以类似于估算残疾人劳动价值的方式进行估算，由于人数接近，经济拉动效果也应近似——提高我国 GDP 约 0.5%。但需要指出的是，因为健全老年人身体状态不同、职业类别各异，全部按照我国最低工资标准计算可能和事实差异较大，所以该部分估计的准确度较低。

第三节　无障碍就业对经济增速的影响

一、计量思路与模型选取

无障碍使更多的老年人和残疾人有能力加入到就业市场中贡献自己的劳动，这无疑将对我国劳动力供给产生正面影响。从老年人方面看，无障碍必然使我国工人生命周期内平均工作时间有所增长，其与延迟退休有类似的效果。从残疾人方面看，无障碍必然使大量轻中度残疾人加入到劳动力市场中来，相当于增加了我国工人基数。但受限于无障碍环境建设尚未完全成熟，工人平均工作寿命因其得到的延长尚难以具体计量，残疾人能获得的工作也尚未有实际统计数据。因此，我们假设无障碍战略能使工人工作寿命延长 5 年，轻中度残疾人全部获得工作机会。在计算出假设情况下我国经济增速后，与不实施无障碍环境建设——工人工作寿命延长 0 年，残疾人无法获得工作机会——情况下我国 2025 年经济增速做对比。通过这种方法，我们就可以计量出无障碍对我国经济发展的影响。

对柯布—道格拉斯生产函数进行微分，则有：

$$\Delta A/A+\alpha\Delta K/K+(1-\alpha)\Delta L/L=\Delta Y/Y$$

其中，$\Delta A/A$ 为全要素生产率增长率，$\Delta Y/Y$ 为产出增长率，$\Delta K/K$ 为资本投入增长率，$\Delta L/L$ 为劳动投入增长率。

全要素生产率增长率代表技术进步、生产和要素配置效率改善、经济规模效应以及政策红利等因素带动的经济增长。它只能通过其他变量和经济增长结果反向算出。假定其他条件保持不变，我们可以把 GDP 增长率变化等同于劳动力供给变化乘劳动产出弹性。

二、模型参数估计

（一）资本和劳动产出弹性估计

要素份额的确定主要有两种方法：一是收入份额法。根据国民经济核算中劳动者报酬占国民收入或 GDP 的比重确定劳动份额，使用“1- 劳动份额”作为资本份额。二是计量法。在规模报酬不变假设下，使用柯布—道格拉斯生产函数构建人均产出与人均资本存量的计量模型，通过回归得到资本份额。《OECD 生产率测算手册》推荐使用收入份额法，但其缺点是工资刚性会导致测算结果与劳动的实际贡献存在偏差，中国市场经济体制不完善，这种误差必然更加明显；计量法则由于存在技术限制，测算结果也可能存在误差或无法体现资本份额变化。本节对计量法进行改进，分别运用自回归（VAR）模型和滚动回归（ROLLING）模型进行回归运算，并综合考虑二者的回归结果动态设定资本份额。VAR 模型可以规避模型的内生性问题并考虑变量的时间惯性从而提高测算质量，ROLLING 模型可以反映资本份额随时间的变化趋势。本节基于柯布—道格拉斯生产函数，对人均经济产出和人均资本存量两个变量进行回归运算，综合考虑两种模型的回归结果设定资本份额，在有效提高测算质量的同时，合理反映资本份额的动态变化，突破了计量法的技术限制，优化了测算结果。

为比较收入份额法和改进的计量法的差异，所得结果的比较如图 2-3-1 所示。

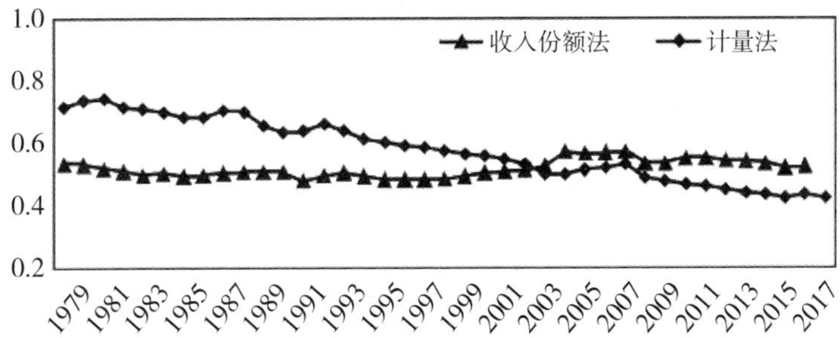

数据来源：《中国统计年鉴》（2017）。

图 2-3-1　不同方法的资本份额比较图

计量法测算结果显示，资本份额平稳下降趋势明显，从改革开放初期的 0.7 左右下降至 0.45 左右，平均值为 0.58；收入份额法显示，资本份额变化趋势不明显，基本维持在 0.5 左右，1979 年和 2016 年均为 0.53。从实际情况看，改革开放以来中国经济高速发展，经济体制和产业结构发生重大变革，资本份额应不断下降，逐渐向成熟的市场经济体靠拢，因此有理由相信改进的计量法比收入份额法更能反映中国经济的真实发展状况。因此，最终选取值见表 2-3-1 所示。

表 2-3-1　资本和劳动的产出弹性

α	β
0.45	0.55

数据来源：《中国统计年鉴》。

（二）资本增长估计

资本存量与资本投入水平具有较强的相关性，且数据的可得性较强，因此常常使用资本存量作为资本投入的代理变量。永续盘存法是资本存量测算最常用的方法，对其原理不再赘述，针对目前资本存量测算存在的问题，本节进行了如下改进及相关数据更新。一是对资本类型进行较为细致的划分。根据投入产出表将固定资本分为农业资本品、家具体育娱乐设施、金属制品、机械设备、交通设备、电器设备、计算机及通信设备、仪器仪表、建筑物及房地产和无形资产十个大类，通过考虑每类资本的初始资本存量、折旧率、资本形成额和价格指数，分别展开计算。二是改进资本折旧率的估算方法。将折旧率分为固定折旧率和可变折旧率两部分，同时设定可变折旧率与经济增速正相关，在增强折旧率算法客观性的同时加强资本投入与经济增长的关联性。测算结果如图 2-3-2 所示，中国不变价固定资本存量从 1978 年的 5814 亿元增长至 2017 年的 26.2 万亿元，平均年增长率为 10.3%。

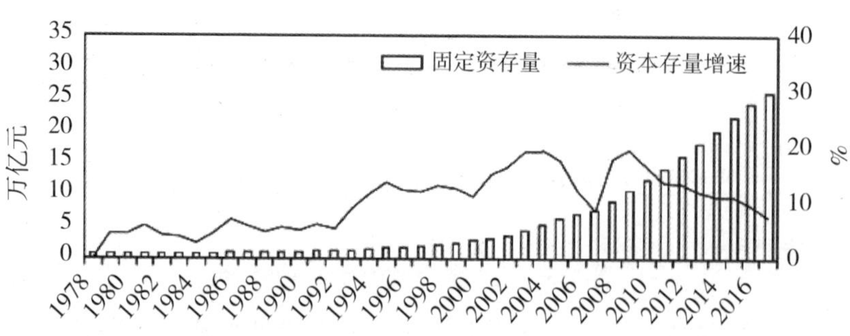

数据来源：《中国统计年鉴》（2017）。

图 2-3-2　1978—2017 年中国固定资本存量及增速图

（三）全要素生产率估计

将资本投入、劳动投入、资本份额的测算结果代入计算方程，可得出中国改革开放以来至2017年共39年的全要素生产率，结果如图2-3-3所示。

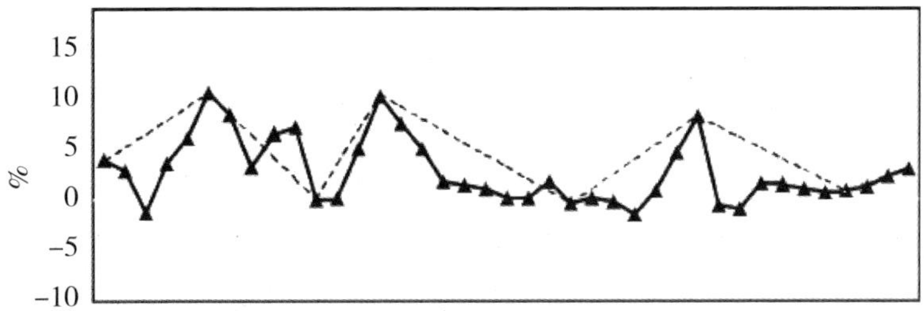

图2-3-3　中国全要素生产率测算结果及变化趋势图

1979—2017年，中国平均全要素生产率为2.85%，对经济增长的平均贡献率为25.6%，其中2017年全要素生产率为3.14%，贡献率为45.5%。纵观近40年来中国TFP（全要素生产率）变化趋势，除个别年份发生短暂偏离外，总体呈现较清晰的阶段性特征。这种阶段性变化与体制改革、结构变动、政策调整、外部冲击、技术进步等因素密切相关，根据其发展态势大致可分为七个阶段。第一阶段：1979—1984年。TFP整体上升，平均值为4.39%。十一届三中全会后，中国开始实施改革开放，逐步推行家庭联产承包责任制、允许非公有制经济发展和扩大国有企业自主经营权等经济体制改革，要素市场趋于活跃、资源配置效率逐步提高，TFP整体快速提高，1984年升至10.66%。第二阶段：1985—1989年。TFP波动下行，平均值为5.17%。1985年中国开始进行"混合价格体制"改革，出现严重通货膨胀和"抢购风"，1989年CPI涨幅超过18%，经济秩序受到较大影响，生产效率和经济效益下降，1989年TFP降至0.11%。第三阶段：1990—1992年。TFP迅速回升，平均值为5.25%。面对经济波动，党中央国务院实施一系列治理整顿措施，经济秩序得到恢复，特别是1992年邓小平同志南行讲话进一步激发了各地政府和企业生产建设积极性，党的十四大召开正式确定了中国经济体制改革的目标是建立社会主义市场经济，改革红利释放带动经济运行效率大幅提升，TFP在1992年回升至10.42%。第四阶段：1993—2000年。TFP逐渐放缓，平均值为2.45%。进入"八五"后，中国加大基础设施和基础工业开发力度，投资规模大幅增加，引发物价上涨、产能过剩、产业结构扭曲、社会供需失衡、居民边际消费倾向下降等负面效果，拉低经济产出效率，特别是经济运行还受到1997年亚洲金融危机的冲击，导致TFP放缓。第五阶段：2001—2007年。TFP逐步回升，平均值为1.75%。2001年后，随着中国加入WTO，日益深度融入全球经济体系，技术引进步伐加快，产业升级发展势头明显，尤其是通过参与国际竞争，管理水平、技术能力大幅提高，开放红利不断显现，带动中国生产效率明显提升，TFP在2007年达到8.39%。第六阶段：2008—2014年。TFP总体下行，平均值为0.64%。2008年全球金融危机爆发，世界经济持续深度调整，中国发展的外部环境严峻复杂，国内经济发展进入新阶段，结构调整转型升级任务艰巨，经济下行压力持续加大。外部冲击与内部转型压力导致TFP持续低位徘徊，2010—2014年平均值为1.19%。第七阶段：2015—2017年。TFP呈现改善回升态势，平均值为2.29%。进入新常态以来，中国经济发展加快从要素驱动向创新驱动转变，随着全面深化改革持续深入推进，尤其是供给侧结构性改革效果显现，新动能加快成长，经济运行效率出现较明显提升，带动TFP连续三年回升，2017年达到3.14%的较高水平。

三、经济增长影响估算

本节利用柯布—道格拉斯生产函数估计劳动力供给变化对我国经济增长的影响，假设模型其他参数不因劳动力供给变化而改变。因此，把无障碍战略实施前后劳动力供给数据分别代入模型，比较后即可估计出无障碍对我国经济增长的影响。对于退休后老年人不能再从事以往工作因此失业率将升高生产效率将降低的质疑，本节认为不会影响模型适用性。在国家不出台延迟退休政策的状态下，老年人退休后因为身体健康且有无障碍设施的辅助，脑力劳动者（教师、医生、科研工作者等）和轻体力劳动者（保安、收银员、环卫工人）可继续利用以往职业技能在社会机构再就业。重体力劳动者（建筑工人、农民等）可转为体力要求较轻的工种（保姆、保安、收银员），从而替代从事该类工种的年轻劳动者。在我国人口增长由正转负的过程中，这种工种的转换不会使失业率增高生产率降低。

本节按照不同的标准对人口年龄结构进行划分。首先，按照国际标准，把总人口划分为1—14岁少儿人口、15—64岁适龄劳动力人口和65岁以上老年人口。其次，由于我们假设无障碍战略的实施对劳动力有效劳动年龄可以有 5 年的延长作用，所以我们把 15—69 岁作为劳动人口，假设 70 岁以后老年人退出劳动力市场不再工作。表 2-3-2 为我国当下人口基数与年龄结构情况下劳动力人口数据和实施无障碍战略建成无障碍国家后的劳动力人口数据。

表 2-3-2　无障碍国家与一般国家劳动人口增长数据对比

年份	2012	2013	2014	2015	2016	2017	2018
总人口（万人）	135404	136072	136782	137462	138271	139008	139538
增速		0.4933%	0.5218%	0.4971%	0.5885%	0.5330%	0.3813%
15—64 岁人口	100402	100571	100466	100347	100260	99822	99337
15—64 岁占比	74.15%	73.91%	73.45%	73%	72.51%	71.81%	71.19%
增量		168.749	−104.436	−119.12	−86.958	−438.66	−484.543
增速		0.1681%	−0.1038%	−0.1186%	−0.0867%	−0.4375%	−0.4854%
15—69 岁人口	104925	105347	105541	105832	106040	106077	106021
15—69 岁占比	77.49%	77.42%	77.16%	76.99%	76.69%	76.31%	75.98%
增量		422.3828	194.0488	291.0026	208.0361	36.9749	−56.0324
增速		0.4026%	0.1842%	0.2757%	0.1966%	0.0349%	−0.0528%

数据来源：《中国统计年鉴》（2019）。

由表 2-3-2 数据可知，自 2014 年起我国劳动力人口已呈现下降趋势，且减少的速度呈现加剧趋势。2018 年劳动力人口较上一年减少了约 0.49%，自 2012 年其年均减少约 0.18%。相比之下，如果我国提早实施无障碍战略，按 15—69 岁人口计算，我国劳动力人口则从 2018 年起才开始减少。2018 年 15—69 岁人口减少约 0.05%，自 2012 年起年均增长 0.17%。由此可知，无障碍国家与一般国家长期劳动力人口增速相差约 0.35%。

根据不同劳动力人口数据，通过柯布—道格拉斯生产函数计算不同情况下的潜在经济增长率可知，我国在建成无障碍国家后，长期潜在经济增长率将增加约 0.19%。2019 年我国经济增长 99.1 万亿，如我国经济增速增加 0.19%，则国内生产总值将增加约 1883 亿元。如以该增长速度继续增长 6 年，至 2025 年，我国国内生产总值将多增长 15258 亿。

本节所得出的无障碍对我国经济增速的影响仅仅考虑了扩大劳动力供给这一个方面。无障碍在资本投入增长和技术创新方面对经济增长的贡献远不止于此，但限于相关数据和模型较少，本书暂不做定量分析。

第四节 残疾人就业的难点与对策

以上章节以无障碍能够增加有效劳动时间为量化研究经济价值的突破口，数据样本用的是我国总人口，相当于仅仅研究了障碍群体中人口数量最庞大的老年人群体。至于人口数量第二庞大的残疾人，因为其参与到劳动力市场并增加劳动供给的难点与老年人差异较大，沿用相同的量化模型并不合适。因此，本章专门研究如何解决残疾人增加劳动力供给的难点，以使残疾人与普通人有同样的劳动力参工率，从而发挥无障碍的经济价值。

一、扩大残疾人就业的难点

自中华人民共和国成立以来，我国政府与社会对于残疾人就业问题日益关注，随着经济、社会的发展残疾人就业事业也取得了质的飞跃。但就残疾人目前的就业状况而言，由于种种原因，其就业水平与生活水平与我国整体社会的经济、精神文明发展成果之间仍存在较大的差距。残疾人整体就业状况呈现出就业歧视、社会排斥、信息不对称、沟通成本高以及整体就业质量不高的诸多问题。残疾人就业的特殊弱势性使得政府必须作为促进残疾人就业事业的主体，协同各方努力完善残疾人公共就业服务来促进残疾人就业状况的改善。我国目前残疾人公共就业服务存在的问题，主要表现在以下几方面。

（一）政府、社会、残疾人本身的意识亟待改善

残疾人就业问题的本质并非仅仅是让残疾人独立地生存，更不是将残疾人作为国家、社会、家庭的负担给予经济补贴等消极政策来减轻负担。我们应该认识到残疾人只是有部分身体障碍的普通人、正常人，如同我们学习人文类专业和学习自然科学类专业毕业的人无法胜任彼此的工作岗位一样，他

们只是需要从事适合自己身体条件的工作岗位，同样具有融入社会的需求，有被尊重的需求，有社交的需求，有实现自身发展价值的需求。我们应该认识到，残疾人面临的困境，虽然有很大原因来自于自身功能的障碍，但更多的是社会环境的限制。

对于政府而言，在制定促进残疾人就业的公共服务政策中更应该关注残疾人如何更好地融入社会，正常地工作生活，更积极地适应劳动力市场的需求，挖掘自身潜力，更好地适应社会、工作、生活。政府衡量残疾人就业状况的指标仍然停留在以数量为主上，尚未形成既具有价值理性又具有工具理性的衡量指标体系，重数量轻质量的指标指导，将会使各级政府在落实相关政策时不重视残疾人就业质量、就业水平，仍然停留在“从无到有”的过程。

对于用人单位而言，不应仅仅限于完成政府规定的“用人单位安排残疾人就业的比例不得低于本单位在职职工总数的1.5%”，有相当数量的用人单位为了敷衍此项规定而形成残疾人挂职工作的假象，即招录残疾人，为其发放基础工资但并未实际安排工作岗位、工作内容，更有一些企业甘愿缴纳残疾人就业保障金，而不愿意招录残疾人员工。用人单位此般行为表面是企业缺少勇于承担社会责任的表现，缺乏履行扶助残疾人就业义务的主观自觉性，但根源仍然是将残疾人当作负担，没有正确认识各类不同情况的残疾人的职业技能水平，将所有残疾人统一视为没有工作能力的群体。事实上，挖掘企业各类岗位的特性，再有针对性地寻找身体条件适合的残疾人，也同样会为企业的运营发展贡献一份力量，甚至一些优秀的残疾人在合适的岗位上更能发光发热。

对于残疾人本身而言，相关调查显示，先天的残疾人相比于后天因种种原因导致残疾的人而言，更乐观积极，心理也更健康。后天形成残疾的人与自身过往经历相比较总是会产生消极、自卑甚至厌世的情绪。部分残疾人将自己视为家庭、社会、国家的负累，没有自食其力的能力而终日消沉度日。有一小部分残疾人认为自己有残缺，怨恨家人、社会，理所应当地认为家庭和国家应该承担其所有生活所需，形成“等、靠、要”的不良习惯。任何事物的发展都离不开内因与外因，内因又起决定性作用，因此如果残疾人自身的观念意识不转变，任何国家、社会、用人单位做出的努力都将无法落地。值得欣喜的是，由于医疗水平的提升，目前年青一代的残疾人有很多克服身体上的残缺，他们更愿意积极融入社会，平等享受就业权。

（二）各类残疾人公共就业服务实施效果堪忧

随着残疾人公共服务多年来的发展，我国已初步形成了“政府主导、社会组织、用人单位参与、家庭支持”的公共服务体系架构。但在具体运行过程中，各个参与主体并未形成协同配合的运行机制，落地效果多有折扣。主要原因如下：

1. 残疾人就业服务机构功能不完善、从业人员专业性不够

各级残疾人就业服务机构隶属于中国残疾人联合会，其承担了残疾人职业介绍、职业指导、职业能力评估、失业登记及职业培训等职能，组织实施残疾人按比例就业，管理残疾人就业保障金；举办残疾人福利企业；帮助残疾人个体就业；为农村残疾人参加生产劳动提供服务。但事实上，各地因具体条件及实施人员的不同导致其所提供的服务项目多少不一，服务质量参差不齐。

因缺乏激励机制和晋升通道，残疾人就业服务机构从业人员整体呈现流动性大、技能性专业性不足的特点。人才队伍整体质量不高直接导致服务质量达不到预期效果，职业介绍、职业培训等效果部分地区不尽如人意。

2. 职业培训服务模式固化、针对性、市场化较弱

一方面，目前对于残疾人的职业培训多聚焦于使其获得一技之长，经常呈现出短暂、紧急的快餐式培训，称不上一种人力资本投入，更忽略了残疾人职业生活的多元发展需求，培训目标忽视残疾人潜能发展需求。残疾人职业技能培训主要依据残疾人现有能力而设置多种培训项目，帮助他们在已有能力基础上掌握技能。然而，残疾人虽然存在各种残缺，但也具有各种潜在的能力，需要不断发掘。因此，在残疾人开展职业技能培训时，培训目标不应只是帮助残疾人在已有能力上获得一技之长，更应帮助他们发掘潜在的能力，获得更多、更大的发展，最终更好地适应社会生活。

另一方面，一些职业培训课程固化，想当然地设立一些培训课程，而没有进行市场调研，密切关注市场需求，先让残疾人具备一些技能再让企业因人设岗，对于残疾人就业产生不利影响，也使得部分企业安置残疾人如同完成任务的感觉更甚。课程的设置一定是跟随市场的需求、残疾人知识文化结构及身体状况而不断变化的，职业培训的固化必然导致残疾人就业整体趋同

性，就业水平质量无法提高，多是集中于一些较低要求、较低水平的就业。

3. 就业公共服务的相关配套服务严重缺失

职业能力评估服务，可以用科学的方法，对残疾求职人员自身的知识水平、能力与技能、兴趣倾向、人格特征和发展潜力等进行综合评估，帮助其鉴定职业技能水平，进行职业选择。作为残疾人进入就业领域之前的职业指导类服务，目前主要由各地残联部门来承担，而我国幅员辽阔，残疾人众多，各地残联工作人员专业知识缺乏，职业评估能力参差不齐，很难提供专业的职业能力评估服务。残疾人职业能力评估在减低盲目就业、勉强就业等方面意义非凡。然而，我们目前此项残疾人就业公共服务处于刚刚起步、严重缺失的阶段，从而导致部分残疾人无法认清自己的职业能力与技能，过高或过低地评估自己的能力，造成了不必要的后果。用人单位没有正确认识不同的残疾人具有不同的工作能力，从而将其统一认为缺乏工作能力而不愿响应国家政策，逃避社会责任。评估工具缺乏、评估内容不全面、专业的评估机构和评估人员严重不足，这些问题都使得我国难以像国外那样建立完善的残疾人职业评估服务体系，所以我国急需建立大量的残疾人职业评估机构。

无障碍设施建设滞后，我国无障碍环境建设开展比较晚，在很长一段时间内得不到应有的重视，公众对这一概念的接受程度不高。残疾人走出家门，融入社会工作生活，先决条件是社会环境准备好了让残疾人无障碍生活、工作的基础设施，而这些基础设施不仅仅是街道旁的一小段盲道、卫生间里的一个扶手。社会是多元的，每一个人都应该分享到社会经济、精神文明的发展成果，做到爱护无障碍公共设施、不随意占用无障碍设施，支持拥护完善无障碍设施的修建与改造。无障碍设施化不高也是阻碍残疾人就业的重要原因之一，无论是用人单位还是残疾人自身，都会考虑残疾人工作环境是否可以无障碍行走、吃饭、去卫生间等，否则便谈不上无障碍工作了。

（三）残疾人各类就业形式仍需完善

目前，我国残疾人分散按比例就业、集中就业、公益性岗位、自主创业与灵活就业等多种就业形式主辅相存，相互补充，农村与城镇残疾人事业同时发展的就业服务基本体系已初步形成。

1. 福利企业保障功能下降

福利企业是残疾人集中就业的主要形式，尤其在计划经济时代福利企业是安置残疾人就业的主要渠道。进入20世纪80年代，随着市场经济取代计划经济，计划特征显著的社会福利企业受到了市场经济大潮的剧烈冲击，导致福利企业利润空间不断被挤压，效益不断下滑，加之社会福利企业本身经营模式陈旧落后，破产、倒闭的现象频频发生，近年来安置残疾人吸纳残疾人就业的数量逐渐减少，可提供的工作岗位薪酬也逐渐下降，甚至导致原先在厂的残疾人工作福利下降，或下岗失业，因此几种安置残疾人至福利企业就业的方式在逐渐萎缩，在新增就业方式中也低于个体就业及其他形式灵活就业方式。造成这一困境的主要原因有以下几点。

第一，福利企业自身的缺陷。福利企业是在计划经济体制下成长起来的，普遍存在着诸多问题，例如粗放式经营、体制不活、设备简陋、缺乏科学管理等。而且福利企业大多是从事传统的工艺生产工作，技术和资金有限，劳动者素质不高，大多为劳动密集型企业。

第二，国家关于福利企业税收优惠政策弱化。实施的税收优惠政策主体限制过于严格，导致一部分福利企业享受不到税收优惠政策，而且国家相关政策关于企业退税政策的粗放型规定，一些企业为了享受免税、退税只是让残疾职工在企业挂名，实际上未提供真正的工作机会，每月只领到很少的名义工资。

第三，外部大环境的冲击。目前，我国实行的是社会主义市场经济，市场经济体制必然要求价值规律、经济效益，以及优胜劣汰。在此背景下，行业之间、企业之间的竞争日益加剧，福利企业不仅受到内部企业的冲击，还要面对外部市场的竞争，加之福利企业本身的不足，导致其在市场竞争中不断受到冲击。

2. 分散按比例就业执行力度差

我国《残疾人就业条例》第八条、第九条规定，用人单位应当按照一定比例安排残疾人就业，并为其提供适当的工种、岗位。用人单位安排残疾人就业的比例不得低于本单位在职职工总数的1.5%，具体比例由省、自治区、直辖市人民政府根据本地区的实际情况规定。用人单位安排残疾人就业达不到其所在地省、自治区、直辖市人民政府规定比例的，应当缴纳残疾人就业保障金。但在实际执行过程中，按比例就业方式问题颇多。目前残疾人按比例就业形式中，残疾人就业密集的地方为私企或外企，且多出现“空挂”现象，更多的企业并未执行该条例，也未按规定缴纳残疾人就业保障金，每年城镇新增残疾人员就业形式按比例从2011年的7.5万人减少到了2015年的6.6万人，同样出现萎缩现象，且还不包括“空挂”现象。按比例就业形式的设置初衷既有利于残疾人融入社会，又有利于企业增加一定的劳动力，但政策落地尴尬，其原因主要体现为以下几点。

按比例就业相关法律、法规不够完善，尤其是监督检查机制不完善用人单位是否真实雇用残疾人，在雇用残疾人之后是否安排至合适的工作岗位，是否签订正规劳动合同、依法缴纳社会保险，都没有相应的监督检查依据与机制，造成《残疾人就业条例》相关规定落地困难。各级残联承担了推动落实按比例就业的工作，按比例就业政策落实的程度，一定程度上取决于当地残联的协调、推进工作力度。但是，从组织功能看，残联作为由残疾人及其亲友和残疾人工作者组成的团体，现行法规、规章没有赋予其执法主体资格，但是也没有确定其他的执法主体，因此有关残疾人就业的政策在执行时一遇到阻力就会停滞下来。即便残联想进行就业管理，但是他们缺少行政权威，职业指导和就业服务专业手段也是严重不足。同时，现行法律法规对残疾人就业的属地管辖不明确，导致各地残联常因为跨地区管辖问题发生分歧，这也给按比例安排残疾人就业工作的开展带来了一定影响。

我国城乡发展不均衡，按比例就业形式在农村、乡镇地区很难实现。从残疾人事业统计公报中可以看出，农村残疾人就业形式主要是农产品的养殖、加工等方式。农村、乡镇本身的经济发展滞后，企业数量不足直接导致此类残疾人就业方式无法在农村、乡镇落地。而我国在农村的残疾人数量庞大，且近四成处于贫困线以下，探索适合农村残疾人就业的方式亟待解决。

残疾人就业保障金收缴不到位。残疾人就业保障金的计收依据规定为本单位上年度的平均工资，在执行过程中，一些单位以本单位职工工资收入低于上年度社会平均工资为由拒缴就业保障金，而一些用人单位因为效益不错，又用缴纳保障金的方式“理直气壮”地拒绝接收残疾人；在管理方面，许多地方对就业保障金的使用存在“有钱不敢花”的现象，所有地市都有大量的资金结余。

（四）公益性岗位开发不足

所谓公益岗位，指的是政府出资扶持或社会筹集资金开发的，符合公共利益的管理和服务类岗位。目前，各地公益性岗位主要有三类：社会管理与公共服务类，如计算机录入员、公路收费员、爱心超市分拣员、环境卫生与园林绿化协管员、市场导购协调员、养老助残服务员；残疾人事业类，如残联系统政府聘用的专职理事成员、街道或社区残联专职干事、负责残疾人事务的专职委员、残疾人就业扶贫服务员等；机关事业单位定编以外的工勤服务类岗位，如后勤保障员、保洁员、设施设备维护员、学校公寓管理员等。但残联相关数据显示，新增城镇残疾人就业安置至公益性岗位的数量也在逐年减少，2011 年 2.1 万人，2012 年 1.8 万人，2013 年 1.5 万人，2014 年 1.2 万人，2015 年 1.2 万人。可见公益性岗位的新增开发不足，加之面对当地困难群众的公益性岗位，剩余岗位吸纳的残疾人数量在逐渐减少。

（五）残疾人创新就业形式处于探索中

目前，我国残疾人个体就业、灵活就业及自主创业的就业形式正在逐渐兴起，在新增残疾人就业比重中呈现上升趋势。但此种形式在我国目前还处于初级阶段，且实施起来对多方面均有客观要求，如对残疾人自身的知识要求以及沟通要求、原始资金要求等，对就业指导服务机构的针对性培训课程、职业辅导等，对政府为其在政策上如何保障，如何优惠，如何畅通残疾人自主就业、创业渠道等，我们都仍处于探索阶段，相关公共服务的供给、政策的制定都不完善。

二、扩大残疾人就业的对策

（一）完善“一主多元”的残疾人公共就业服务体系

解决残疾人公共就业服务问题，应遵循“政府主导、社会参与、统筹兼顾、突出重点、整体推进”原则，构建政府主导，社会组织、社区、家庭企业和个人参与的“一主多元”残疾人就业服务体系。

残疾人就业群体在就业市场仍然处于弱势地位，所以政府对残疾人公共就业服务的根本扶持与帮助是不可或缺的，但残疾人有数量庞大、分布较广且情况多种多样的特点，使得仅仅依靠政府的力量是远远不够的。非营利性社会组织、社区、用工企业、家庭以及残疾人个人都是残疾人就业政策、效果落地的重要参与主体，哪一个主体的缺失都会影响残疾人就业的水平与质量。

1. 政府占据残疾人公共就业服务体系的主导地位，主要职能体现在相关政策的制定与执行

政策制定方面，源头制度设计意味着政府负责制定就业政策与就业发展规划，包括国家残疾人就业的法律法规、政府的残疾人就业政策与就业行政调整和管理的规章制度、残疾人就业保障金的征用规则等。目前我国已基本实现残疾人就业有法可依，政策方面的主要缺失是监督检查机制与政策，所有政策制定范围内提出的给残疾人提供的公共就业服务，如何制定监督检查机制与政策，持续跟进政策的实施情况与效果，根据实际实施情况不断地进行修订。进入信息化大背景下，信息无障碍是残疾人信息化时代实现就业的重要条件。尽管我国在 2012 年颁布了《无障碍环境建设条例》，但我国包括信息无障碍在内的无障碍设施建设与国外发达国家相比还有很大差距，包括信息无障碍标准体系的提升，如残疾人移动终端、应用软件的标准建设等。

残疾人支持性就业服务体系的制度化，使支持性公共就业服务成为残疾人就业的重要形式之一，政府应积极研究落实残疾人支持性就业，包括残疾人自主创业的诸多难题，出台相关法规或条例，让残疾人在社会经济高速发展的今天，能共享经济发展成果，且在科技化信息化知识上提升自我，不掉队。

政策执行落地方面，好的政策需要好的落地执行，但由于具体实施主体水平参差不齐，对政策的理解与执行力度也不尽相同，因此笔者在此提出政策执行时需提升完善的几大问题。

第一，寻求残疾人公共就业服务机构的运营体制机制的改变，探索可持续的人才发展机制，找来人才，留住人才，形成一支专业化、稳定性高的残疾人公共就业服务群体。提升各地残疾人公共就业服务机构的服务质量与水平形成在标准化、规范化基础上的因地制宜方式。

第二，根据社会经济及劳动力市场变化，做好残疾人职业培训服务。认真做好残疾人培训宣传工作，政府应当通过各种宣传手段树立积极舆论导向营造扶残助残的良好社会氛围，充分动员全体社会成员共同履行扶残助残的社会责任与义务。改变残疾人的观念，积极就业，主动接受职业培训。各级残疾人就业指导服务机构积极探索新的职业培训方式与内容，与时俱进，打破老化的、不合时宜的培训方式与培训课程。

2. 社会组织积极参与残疾人公共就业服务，辅助政府更好地促进残疾人就业

多渠道就业是残疾人实现就业的必然选择，仅靠政府部门的职业介绍与指导，以及职业培训，远远满足不了广大残疾同胞的需求。社会组织作为残疾人集中就业的安置单位，同时担负着提供职业培训与指导的职能。

3. 社区发挥平台服务作用

社区在优化残疾人就业服务中起到平台支持作用。社区是残疾人融入社会的第一环，社区需要营造残疾人就业的良好氛围，积极开展残疾人就业宣传与咨询服务，淡化残疾人与健全人之间的差别，从而弱化直至消除社会排斥，建立和谐互助的人际关系，提升残疾人就业的信心。社区服务中心应开展职业技能培训与岗前实习，提供公益性就业岗位，建立多功能残疾人就业网络资源共享系统等，不断优化与拓宽残疾人就业的思路与渠道。

4. 用人单位履行社会责任

企事业单位在优化残疾人就业服务中需要承担起相应的社会责任，按照相关规定，积极吸纳残疾人分散按比例就业。国企、机关及事业单位积极开发公益性岗位，安置残疾人公益岗位就业。如因种种原因未按比例吸纳残疾人就业，应主动缴纳残疾人保障金。正式进入工作岗位的残疾员工，用人单位有义务完善公司的无障碍工作环境，如办公环境、进出坡道、厕所等，与其签订正式的劳动合同并依法缴纳社会保险。鼓励企业对在职的残疾员工开展岗前或转岗培训，争取做到人岗匹配，使残疾人、用人单位和政府多方共赢。

5. 残疾人个人及家庭转变观念

广大残疾人个人及家庭摒弃“等、靠、要”的依赖意识，树立自信心和竞争意识，转变择业观，积极努力地提升自身各方面综合素质，以适应劳动力市场企业对残疾劳动力的需求。树立正确的人生观、价值观、就业观，积极融入社会，享受与健全人一样的平等的就业权。残疾人家庭要为残疾人提供温馨的家庭环境，促进其身体和心理的健康发展，为残疾人就业提供最大程度的支持和帮助。此外，已经就业的残疾人可以利用业余时间为暂时尚未就业的残疾人传授就业经验，在为其树立就业信心的同时帮助其提升就业能力，实现助人自助。

（二）完善并创新传统残疾人就业方式

1. 推进福利企业的改革，稳定残疾人集中就业方式

福利企业的衰落一方面是政府对其在诸多领域的限制，另一方面是扶持以补贴为主，造成其缺乏市场竞争力。建议放宽对福利企业投资主体的限制，由过去的国家办转变为国办民助、民办国助或是有资质的私企独自承办，政府的优惠政策从税收及补贴方向向产品输出端倾斜，使福利企业努力提高自我竞争力，在管理创新、技术引进、金融支持等方面采取有力措施，抓住经济发展方式转变、产业结构调整的机遇，寻求在市场环境中竞争运行，完善利润获取方式，在市场条件下更好地体现出竞争中的“保护”政策。帮助福利企业实现产能提升改造，逐步摆脱福利企业的依赖惯性，为残疾人集中就业提供可持续的保障。

2. 加强宣传、监督，提高按比例就业质量

按比例就业政策的初衷是调动一切社会资源，使残疾人真正融入社会，从可持续发展上来看，只要每个企业积极响应政策，开发相应岗位吸纳残疾人就业，未来将会成为最有效的残疾人就业方式。然而目前政策落地困难，建议通过政府、社会的不断宣传，转变企业吸纳残疾人就业就一定会为企业带来负担的观点，通过有效的宣传循序渐进地改变部分企业的企业文化，增强其对于承担社会责任的使命感。同时增强强制性监督手段，对不愿为残疾人提供就业岗位、不公正对待残疾职工的用人单位给以行政处罚。另外，政府劳动服务部门特别是残疾人就业服务机构要免费为残疾人提供准确、及时的信息，搭建残疾人与用人单位之间的沟通桥梁；残疾人就业服务机构及时进行就业和失业统计以及职业技能鉴定。杜绝部分企业“空挂”残疾人在职工作名额，以及逃避缴纳残疾人就业保障金等现象的出现。

3. 信息化背景下支持性就业与自主灵活性就业创业模式兴起

我国已开始探索支持性就业，但还未规范化、制度化、流程化。对于前面介绍的美国与瑞典的支持性就业，都在其国家取得了一定的成效，不但使残疾人收入水平得到提高，而且为企业带来了经济效益，为政府减少了开支。建议我国借鉴美国、瑞典相关经验，尽快建立起一套规范化的支持性公共就业服务体系，为一些残疾人，尤其是智力与精神方面存在障碍的残疾人提供更加专业化的就业方式。可以依托各级残疾人就业指导服务机构，根据

不同类别的残疾人设立专门的辅导老师，在残疾人进入工作岗位的初期为其提供职业培训与指导，直至其胜任此项工作为止。持续性的支持对于残疾人胜任此项工作，并完成社会融合效果显著。

自主灵活就业、创业是互联网时代下的又一新变革，通信、沟通的便捷使越来越多的残疾人选择自主就业、创业，尤其是偏远地区、经济不发达、企业较少的乡镇。但我国在公共就业扶持服务上并未对自主就业、创业的残疾人形成规范化的措施。建议依托政府及残联等机构的研发团队，总结研究针对各类不同身体状况残疾人开展试验项目，为有意愿自主就业、创业的残疾人提供开展项目指导与建议，避免残疾人盲目地投资创业而造成损失。用好残疾人就业保障金，制定统一的残疾人保障金保管与使用管理办法，确保专款专用，实行公开监督，让残疾人保障金成为想自主创业的残疾人的初始启动资金。

（三）完善配套措施

残疾人就业服务配套政策涉及相关制度建设、完善残疾人职业评估鉴定、无障碍设施改造指导等多方面。虚拟网络资源共享通过建立统一的多功能残疾人就业信息交流与共享平台，利用平台优势将残疾人力资源与用人单位劳动力需求相匹配，在解决残疾人就业问题的同时，也为用人单位提供快捷方便的服务，实现双赢。无障碍设施改造为残疾人就业提供便利的物质条件和就业环境，最大限度地减弱与避免环境、设施障碍对残疾人就业造成的排斥。

1. 完善残疾人社会保障制度

目前社会保障制度已实现制度层面的全覆盖，然而部分残疾人仍未进入社会保障体系，政府需要进一步完善城镇残疾人参加社会养老、医疗等保险的优惠措施，推动农村残疾人参加社会养老保险；进一步完善低保分类救助制度，确保重度残疾、老残一体和一户都能得到救助。

2. 完善残疾人职业评估鉴定

残疾人职业评估工具作为一种辅助性工具，不可作为鉴定残疾人在没有接受残疾人职业培训前是否适合某项工作的依据。发展残疾人职业评估鉴定，但应合理使用鉴定结果。2010 年，中国残联残疾人就业服务指导中心开发的“残疾人职业能力评估系统”正式上线，该系统在全国得到了较好的信效度，认为该评估系统在实施职业测评以帮助残疾人更好地实现就业方面有重要作用且被广泛认可，但仍然存在不适合每一类残疾人身心特点、基于ICF的功能评估不明显、提供的职业分类与我国现有的行业与职业种类有所差异等问题，建议不断完善修订此评估系统，并形成一套规范的评估鉴定使用的政策，使职业评估鉴定结果得到准确运用。

3. 推进无障碍设施建设，强化公民构建无障碍环境的意识

继续推进无障碍环境的改进，为残疾人就业提供系统的环境支持。通过加强宣传，使公众和残疾人更加重视公共领域的无障碍设施，更好地使用、爱护，做到不占用不损毁，为残疾人提供无障碍就业环境。同时，大力推进信息无障碍建设，建立完善的适合残疾人浏览的网络环境，通过培训让残疾人掌握信息化技术，拓宽就业信息获取渠道与就业方式，共享现代化、信息化发展成果。

三、扩大残疾人就业的国际经验

扩大残疾人就业是各国都需要考虑且不断完善的难题。在人权运动的影响下，大多数国家对残疾人就业的理念从保障残疾人生存、收入转向了残疾人通过就业进行社会融合的趋势。美国残疾人数量约5700万，占全国人口总数的19%。其残疾人总数规模在发达国家中与我国最为接近，其经验最值得我们借鉴。

（一）较为完善的残疾人就业的法律法规

自20世纪初期以来，美国不断完善促进残疾人就业的法律法规，目前已形成了一系列较为完善的残疾人就业促进与就业保护的法律。美国对残疾人的就业促进和保护颁布了一系列法律，形成了较为完备的残疾人保障法律体系。

1917年美国国会颁布了《职业教育法案》（Smith-Hughes-Act of 1917）该法案规定，残疾劳工和退伍军人的康复与培训计划的资金由私人部门承担，管理和监督费用由联邦政府承担。这次法案仅仅是为了帮助进入工业社会产生的大量机器致残劳工和一战中产生的大量伤残士兵恢复独立生活的能力，1920年6月20日美国颁布了世界上第一部残疾人就业方面的《职业康复法案》（Civilian Vocational Rehabilitation Act of 1920），规定为伤残军人提供职业指导、培训和技能开发服务，此时联邦政府承担50%的资金，但该法案从此

成为联邦政府向残疾人提供社会服务的主要法律依据。后经过1965年及1968年两次修订，联邦政府和州政府的出资比例调整为0，并建立了判断严重残疾者是否从康复法案中受益的评估制度（评估期为18个月），1986年的修正案设立了一系列由政府提供资金支持残疾人就业的服务项目，残疾人获得了一些与就业相关的服务，范围也较以前得到扩大。1935年颁布的《社会保障法》开始为残疾人提供福利；1943年的《巴登拉佛列特法案》进一步将职业重建服务涵盖范围扩大到精神障碍者及智障者，并成为第一个联邦与州政府为盲人职业重建服务的法案。1975年通过的《救助发展中的残疾人法及人权法》要求接受政府援助的受益人承担雇用和扶持残疾人的义务。1990年6月通过的《1990年美国残疾人法》（American with Disabilities Act of 1990，简称ADA），为残疾人提供了一系列保护措施，实现了由提供福利和现金为主的政策导向转向促进残疾人在各个方面与健全人拥有平等的权利，促进残疾人融入社会的方向转变。1994年通过的《从学校到工作机会法》（School to Work Opportunities Act of 1994），旨在提供资金与服务，使残疾学生顺利从学校过渡到工作岗位。1998年的《辅助科技法》（Assistive Technology Act of 1998）显然是在科技化现代化时期，为了使残疾人更好地融入社会而为其提供与科技相关的服务支持。此后在不断的修订中，美国国会努力使残疾人分享社会经济发展成果，更好地获得平等的就业权、人权。

（二）支持性残疾人就业

支持性就业，旨在倡导残疾人的社会融合，肯定残疾人的能力与潜能，主张为残疾人提供融合的工作环境以及更多样化的就业机会，根据残疾人自身和工作岗位特点，持续帮助残疾人自立。美国发展支持性就业已经30年，目前成为残疾人较为主流的就业方式。1984年，美国联邦政府特殊教育和康复服务办公室提出了三种从学校到工作的转接服务方式，后在持续支持的转接服务基础上发展成为支持性就业模式。特殊教育和康复服务办公室鼓励州立机构从对残疾人的日间照护和庇护工场的就业方式上转向支持性就业，实行先安置，再在岗位中训练，然后持续不断地支持。支持性就业具有提供竞争性工作、融合性工作环境以及持续的支持与指导特征，以零拒绝、职业康复、精神疾病治疗同时进行、竞争性就业持续支持服务及尊重残疾人意愿等为原则。此类就业模式适合各个类别的残疾人士，但实践中占比最大的还是精神类疾病残疾人，随后是智力方面存在不同级别障碍的人士。

1986—1995年美国以支持性就业模式就业的残疾人从不足1万人上升到了14万人，由于是竞争性就业机会，一旦残疾人可以稳定且基本胜任此岗位上的工作，那么不但能提升残疾人自身的收入水平，同时也减少了政府对残疾人的持续支出。美国康复服务局相关数据显示，尽管在支持性就业初期政府投入资金较多，但支持性就业服务实施一段时间后，经济收入独立的残疾人依赖联邦补助的比例在逐渐减少。对于企业而言，经过培训的残疾人士具备忠诚度、勤恳度以及稳定度，并且明显高于普通员工，超出企业的预期，在承担社会责任的同时也获得了一名合格的员工，达到双赢。对于残疾人自身而言，更愿意通过支持性就业真正融入社会，实现自我价值甚至为家庭提供一定的经济来源。虽然支持性就业模式为美国残疾人就业提供了一种更好的选择，但在具体实施中仍然存在就业岗位不足、就业质量不高的困境，因此我国应总结其优势与存在的问题，辩证地对此经验学习借鉴。

（三）残疾人自主就业

1973年的美国《康复法案》第一次提出残疾人自主就业的概念，但并没有相应的政策支持。直到20世纪90年代，美国政府开始资助残疾人自主就业试验项目，随着大量自主就业成功案例的出现，社会各界才开始认识到自主就业也是残疾人就业的一种形式。《1998年职业康复法案修正案》明确了职业康复机构必须积极主动地参与残疾人自主就业的全过程。美国2011年残疾人选择自主就业方式的比例达到历年最高，为11.8%，此后多年均在10%左右浮动，2016年残疾人自主创业人数占所有残疾人总数的10.6%，其中男性占12.2%，女性占8.6%，同年非残疾人自主就业的比例为6.2%。目前信息化网络化的发展为残疾人自主就业创业提供了便利，尤其在偏远、经济不发达的地区，由于就业机会相比于经济发达的城镇更少，所以选择自主性就业的残疾人更多。

自主就业模式同样也不完美，启动资金的来源就是最大的问题之一，银行更愿意贷款给一个身体健全的创业者，而担心残疾人自主创业失败。其次就是合适的项目，政府和残疾人服务机构有责任为有自主就业意愿的残疾人提供适合他的项目选择，然而在此方面，却并非十分容易。

* * *

本章基于无障碍能够增加我国劳动力供给进而提高我国国内经济总产出的逻辑对无障碍的经济价值进行量化研究。第一节研究了无障碍对经济总量的影响，经过估算，残疾人创造的经济价值将达到 4984.3 亿元以上，将长期拉高我国 GDP 约 0.503 个百分点，每年可带来 794.7 亿元以上的税收。即便考虑针对残疾人就业的税收减免，企业雇用残疾人获得的利润也可带来约 79 亿元以上的税收。我国 65—69 岁老年人数量与残疾人数量相近，理论上也能有类似经济总量扩大的影响。第二节研究无障碍经济增长速度的影响，经过估算，我国在建成无障碍国家后，长期潜在经济增长率将增加约 0.19%。第三节对第二节中关键假设的合理性进行解释，证明了无障碍对有效劳动寿命的延长确实可以达到预想效果。第四节探讨残疾人就业现有问题和解决对策。

一直以来，无障碍的相关研究关注的都是“如何为无障碍立法”“如何设计建造无障碍基础设施”“如何设计无障碍辅具”“如何发展无障碍文化”这些具体操作问题。诚然，这些研究能给予障碍群体关爱和保护，在决定为无障碍投入资源后，必须按照这些研究成果来实施。但是我们不能忘记，我国依旧是一个发展中国家，很多事业亟须资源投入。因此，有限的资源是否应该优先投入到无障碍建设上是需要考虑投资的成本收益问题的。本章开创性地从经济学角度研究无障碍环境，量化估算了无障碍的经济拉动效果，为政府投资无障碍环境提供了决策依据。本章研究无障碍的经济价值专注于供给侧，需求侧方面无障碍的经济价值仅限于总体消费的扩大，对于各种类别消费的具体影响没能细致分类。更加遗憾的是，受限于目前数据还不够丰富，建设无障碍环境所需的投入成本也未能研究。未来，在数据进一步丰富的条件下，将补足这方面的缺憾。

第三章

无障碍对扩大需求的作用

从十一届三中全会实行改革开放以来，中国的工作重心转到经济建设上来。这一现代化进程说到底是为了提高人的物质和文化生活水平，满足日益增长的物质文化需要和对美好生活的需要。按照十九大报告所提出的发挥消费的基础性作用的要求，为彰显8500万残疾人、2.5亿老年人和2.5亿儿童市场容量的重要性，无障碍在需求侧方面对于稳经济具有不可忽视的作用。它不仅提升了整个无障碍产业的水平，有助于现代化经济体系的形成，而且在更高水平更新了消费结构，推动经济的增长。无障碍将把“扩消费、稳增长、调结构、促创新和惠民生”融为一体，实现高质量经济发展。

无障碍的实现与我国经济发展同步，同样需要两个阶段的努力。第一阶段，无障碍在全面建成小康社会的实践中地位日益突出，要做好的是8500多万残疾人特别是其中贫困残疾人的生活和2.5亿老年人养老的战略安排。新时代，随着社会主要矛盾的变化，人们对美好生活的新期待，障碍人群的新期待也随之而来。它们包括对无障碍物质环境的新需求，对无障碍创新产品产业的新需求，对无障碍制度建设的新需求，对无障碍文化硬件和软件普及的新需求。与此同时，随着无障碍发展到新的水平，便利的交通设施、舒适的生活居所、便捷的办公环境以及人性化的社会保障成为人类的普遍追求，成为人类经济社会发展的新标志。无障碍产品不再局限于老年人、残疾人等障碍群体使用，健全人的需求也将进一步因之扩大。

现在，这两阶段的无障碍环境建设在现代化的实践中已经展开，但仍落后于我国整体发展水平。第一阶段中，2020年我国将全面建成小康社会，对于贫困的残疾人和老年人提出要力争“一个都不能掉队”，这一点我们有信心完成，但更多的是依靠转移支付等手段完成，无障碍所期许达到的为残疾人、老年人创造条件，使其自发脱贫的情景尚难以完全实现。在第一阶段落后的基础上，新时代的愿景——顺应人民群众对美好生活的新期待，进一步激发庞大障碍人群的新需求，在更高水平上实现惠及所有人的无障碍发展——也就将随之拖延。

因此，当代中国必须进一步夯实第一阶段成果，做到真正的无障碍脱贫，使障碍人群的新期待有其相对应的支付能力，从而扩大我国消费。这就要求政府首先扩大自身需求，建设好高质量的无障碍设施。这也正是本章第二节的主要内容。在这个基础上，为了更好地发展无障碍，更好地推进我国高质量经济发展，我们应细致拆分老年人需求、残疾人需求、健全人需求三个方面，保证无障碍大群体中各个群体的需求都能得到激发。这也正是本章第三、四、五节主要内容。此外，本章第一节利用边际消费倾向模型量化估算了无障碍对我国消费的影响。

第一节　无障碍对消费的影响

上一章量化研究了无障碍对我国经济总量的影响和对经济增速的影响，估算了无障碍的经济价值。这些研究均是从无障碍能够增加我国劳动力供给这个事实出发做出的，偏重于整个经济系统的供给侧。这些无障碍给供给侧带来的变化创造出了新的价值，这些新的价值由社会各经济主体共同分配，各经济主体收入均会因此提高。收入提高的部分使过去没有支付能力的渴望转化为了有效的需求，进而形成消费，又一次拉动了经济增长。量化研究消费引发的这部分经济增长正是本节的研究目的。

一、计量思路与模型选取

无障碍环境包括物理环境、信息环境、文化环境、制度环境等多方面。它有助于障碍人群像健全人一样畅行无阻地融入社会，这无疑对他们创造价值、减少社会负担大有益处。无障碍环境使更多的老年人和残疾人有能力进入劳动力市场中，对我国劳动力的有效供给产生正面影响。这些增加的劳动力进入到劳动力市场后必然会获得工资作为其提供劳动时间的经济补偿。因此，无障碍群体随着无障碍环境发展得更加完善而获得了收入的增加。这部分增加的收入中必然有一部分会用于购买商品或者服务以满足障碍群体的需求，形成了消费从而拉动经济。在上一章前几节已经量化研究了无障碍带来的劳动力供给增加的基础上，想要研究这部分消费有多少，则应当估算出收入转化为消费的比例，即边际消费倾向。

边际消费倾向是消费增减量与可支配收入增减量之比值，表示每增加或减少一个单位的可支配收入时消费的变动情况。通过平均消费倾向可以知道不同时间内可支配收入如何在储蓄与消费之间分配，但是，却不知道收入水平的任何已知变动如何在消费变动和储蓄变动之间分配。通过边际消费倾向则能观察到。根据凯恩斯消费理论，边际消费倾向具有递减规律。学者们从不同角度对边际消费倾向和人均可支配收入之间的关系进行论证，对边际消费倾向递减规律进行实证检验。学者们所用数据类型包括截面数据、时间序列数据和面板数据，所用分析方法主要集中在参数模型回归方法，已经充分证明了边际消费倾向呈现递减规律，即消费和收入之间的关系不是固定不变的而是负相关。

无障碍带来的收入增长来源于残疾人充分就业与老年人延长有效劳动寿命所获得的收入增加两个部分，因此本章在估算无障碍对我国消费的影响时应分别选取两个对应不同收入水平的边际消费倾向作为估算依据。为此，本章基于中国居民边际消费倾向的变动情况，使用非参数固定效应模型对我国城镇居民的消费行为进行实证分析，并估算我国不同收入水平人群边际消费倾向。

面板数据固定效应非参数估计方法的基本公式为：

$$y_{it} = \alpha_i + m(x_{it}) + \mu_{it}$$

其中，y_{it} 表示因变量，本文中指第 i 期 t 地区居民的可变消费倾向，其中 i=1,2,…,n，t=1,2,…,T。x_{it} 是影响居民可变消费倾向的因素，y_{it} 和 x_{it} 属于独立同分布。α_i 表示个体效应，μ_{it} 表示随机扰动项。对上述模型中的自变量 x 进行泰勒展开后可得：

$$y_{it} = \alpha_i + m(x) + (x_{it} - x)\beta(x) + o(|\rho|) + \mu_{it}$$

其中，$o(|\rho|)$ 表示余项，$\beta(x) = \mathrm{d}m(x)/\mathrm{d}x$，对泰勒展开式求均值可得：

$$\overline{y}_i = \alpha_i + m(x) + (\overline{x}_i - x)\beta(x) + o(|\rho|) + \overline{u}_i$$

其中，$\overline{y}_i = 1/T\sum_{T}^{t=1} y_{it}$，$\overline{x}_i = 1/T\sum_{T}^{t=1} x_{it}$，$\overline{\mu}_i = 1/T\sum_{T}^{t=1} \mu_{it}$

上述公式相减可得：

$$y_{it}-\overline{y}_i=(x_{it}-(\overline{x}_i)\beta(x)+\mu_{it}-\overline{\mu}_i$$

利用核函数对上述公式的离差平方和求最小化值，可得城镇居民的可变消费倾向 $\beta(x)$ 的估计形式：

$$\widehat{\beta}_{FE}(x)=(X^{'}M_DK(x)M_DX)^{-1}X^{'}M_DK(x)M_DY$$

其中，$K(x)$ 属于对角矩阵，$M_D=I-DD^{'}/T$。

面板数据随机效应的非参数估计方法的基本公式可以表述为：

$$y_{it}=\nu_i+m(x_{it})+\mu_{it}$$

其中，ν_i 表示随机模型中的个体效应，具有独立同分布性质。μ_{it} 为随机扰动项，其他字母的含义同固定效应。对上述模型中的自变量 x 进行泰勒展开后可得：

$$y_{it}=v_i+m(x)+(x_{it}-x)\beta(x)+o(|\rho|)+\mu_{it}$$

把上述公式中余项去除可得：

$$y_{it}=v_i+m(x)+(x_{it}-x)\beta(x)+\mu_{it}\equiv Z_{it}\delta(x)+\varepsilon_{it}$$

其中，$Z_{it}=(1,x_{it}-x)$，$\delta(x)=[m(x),\beta^{'}(x)]^{'}$，$\varepsilon_{it}=v_i+\mu_{it}$。

把上述公式转化为矩阵形式可以表述为：

$$Y=Z(x)\delta(x)+\varepsilon$$

恒等变形后：

$$\sigma_{it}\Omega^{-\frac{1}{2}}Y=\sigma_{it}\Omega^{-\frac{1}{2}}Z(x)\delta(x)+\sigma_{it}\Omega^{-\frac{1}{2}}\varepsilon$$

其中，$\Omega\equiv E\varepsilon\varepsilon^{'}=I_n\otimes Q_T$，$Q_T=\sigma_{it}J_T+\sigma_{it}I_T$。

利用核函数对上述公式的离差平方和求最小化值，可得城镇居民的可变消费倾向 $\delta(x)$ 的估计形式：

$$\hat{\delta}_{RE}(x)=[Z^{'}(x)\Omega^{-\frac{1}{2}}K(x)\Omega^{-\frac{1}{2}}Z(x)]^{-1}Z^{'}(x)\Omega^{-\frac{1}{2}}K(x)\Omega^{-\frac{1}{2}}Y$$

二、样本数据与实证估计

本节对我国城镇居民的可变消费倾向进行估算，根据凯恩斯消费理论，收入是消费的最重要影响因素，由于西藏的统计数据严重缺失，因此选取我国除西藏外的 30 个省级行政单位作为实证分析样本。因变量消费用我国各省级行政单位的城镇居民人均消费支出表示，自变量收入用我国各省级行政单位城镇居民的家庭人均可支配收入来表示，数据均来自《中国统计年鉴》

（1997—2018），实证分析年限选定为 1997—2018 年，为了消除通货膨胀对分析结果的影响，对因变量和自变量以 1997 年为基期进行平减。

验证家庭人均可支配收入和边际消费倾向之间的关系，对家庭人均可支配收入进行分点估计函数值和导数值。找出 30 个省级行政单位人均可支配收入的最大值和最小值，在该区间把家庭人均可支配收入分为 100 个等分点，分别进行估计。由于非参数估计具有边界效应，为了保证结果的正确性，把前面 30 个点和后面 30 个点删除，使用中间 40 个点的数值进行分析，分析结果见表 3–1–1。从估计结果来看，参数模型的边际消费倾向在所有收入点的估计值均为 0.581，即参数估计模型的边际消费倾向为常数。而非参数固定效应模型和随机效应模型则表现出家庭人均可支配收入在不同的等分点估计值存在差异，随着家庭人均可支配收入的增加边际消费倾向呈递减趋势，即边际消费倾向和家庭人均可支配收入是反函数关系。

表 3-1-1　家庭人均可支配收入第 31—37 等分点边际消费倾向估计值

等分点	人均收入（万元）	非参固定	非参随机	等分点	人均收入（万元）	非参固定	非参随机
31	3.672	0.580	0.571	51	4.190	0.517	0.507
32	3.690	0.579	0.568	52	4.196	0.516	0.506
33	3.702	0.577	0.565	53	4.218	0.513	0.503
34	3.719	0.571	0.560	54	4.227	0.510	0.500
35	3.722	0.571	0.561	55	4.239	0.509	0.499
36	3.738	0.570	0.561	56	4.301	0.508	0.498
37	3.742	0.569	0.558	57	4.372	0.507	0.497
38	3.762	0.569	0.557	58	4.390	0.506	0.496
39	3.779	0.569	0.557	59	4.409	0.504	0.494
40	3.792	0.568	0.556	60	4.462	0.502	0.492
41	3.803	0.567	0.555	61	4.503	0.500	0.490
42	3.829	0.567	0.555	62	4.558	0.498	0.488
43	3.848	0.566	0.555	63	4.690	0.496	0.486
44	3.902	0.564	0.554	64	4.782	0.489	0.479
45	3.947	0.563	0.553	65	4.902	0.485	0.475
46	3.982	0.562	0.552	66	5.187	0.483	0.473
47	4.109	0.561	0.551	67	5.208	0.480	0.470
48	4.117	0.560	0.550	68	5.229	0.472	0.462
49	4.119	0.559	0.549	69	5.240	0.461	0.451
50	4.128	0.551	0.541	70	5.286	0.460	0.450

三、障碍群体消费增长量估计

无障碍对我国消费总量的影响包括健全人和残疾人两方面。健全人因无障碍增加了有效劳动寿命，残疾人因无障碍而有了和健全人同样的就业率。在增加他们劳动力供给的同时，他们也获得了相应的劳动力报酬。这引发了他们对过去渴望得到但苦于没有支付能力的商品或服务的消费。

（一）残疾人增加的消费额

根据我国残疾人联合会最新统计数据显示，我国所有的残疾人总人数为8500多万，全国城乡持证残疾人就业人数为948.4万，就业人数仅占总人数的11%，这离“全面建成小康社会，残疾人一个不能少”的目标相距甚远。剩余的7551.6万残疾人中，刨除重症残疾人2088万，剩余有就业能力的残疾人尚有约4500万，初步估算，残疾人“失业率”约52.3%。假设无障碍环境建设到完美水平，真正做到了残疾人就业无障碍，那么残疾人就业率将与健全人就业率相等。改革开放以来我国失业率最高为1979年的5.2%，劳动力参工率最低为2019年的68%。8500多万残疾人中除去重症残疾人2088万，剩余有就业能力残疾人约6500万，如达到健全人就业率水平，则将有4190万残疾人实现就业，与当前的948.4万人相差约3200万人。2019年我国城镇单位就业人员平均工资为90501元/年，全国最低工资标准表中最低的安徽第四挡最低工资标准为14160元/年（1180元/月）。以最低的农林牧渔业平均工资计算，则每年残疾人工资增加4531.2亿元。

因为完善的无障碍才第一次进入到劳动力市场的残疾人群体无疑是我国经济社会中收入较低的一批人。他们过去没有工作岗位，依靠居民最低生活保障维持基本生活。对于纳入最低生活保障的家庭，政府给予补助每年最高2560元。如能通过就业劳动增加收入，获得法定最低工资每月1180元，则年收入将达到14160元，比政府补助高了11600元。增加3200万残疾人就业，则总共增加了约3712亿元的收入。这部分人收入离我国收入最低的30%人口的收入线36720元还有很大差距，以边际消费倾向0.580进行估算绝不会高估其增加的消费数额。增加3712亿元收入，对应增加的消费约2153亿元。

（二）老年人增加的消费额

世界各国老龄化形势日益严峻，老年人口比例大幅攀升。老年人消费已成为居民消费的重要组成部分，该群体的消费行为受到世界各国政府及学者的高度关注。新时期，随着中国经济结构调整和供给侧结构性改革的推进，消费对经济增长的贡献率不断增大，居民消费在经济发展中的作用日趋重要。大力促进养老服务产业供给侧结构性改革、老年人消费增长和消费结构升级，促使老年人消费的潜力得到充分释放，这将有效带动我国经济高质量发展和培育新经济增长点。

残疾人老龄化将使退休人口大幅增加，老年人口在居民消费中的地位举足轻重。研究无障碍对老年人消费的影响是个复杂的问题。相比第一次进入劳动力市场获得充分就业的残疾人，老年人延长有效劳动寿命虽同样获得了工资酬劳，但其涉及了“退休消费之谜”的学术问题，边际消费倾向有可能因为退休出现断崖式下跌。许多国外研究表明，家庭消费支出在退休冲击下会大幅下降，该现象在学术界被称为“退休消费之谜”。

目前，国内关于退休对消费影响的文献集中在检验中国是否存在“退休消费之谜”。如张克中和江求川（2013 年）基于中国城市居民食物消费数据，采用线性回归和工具变量法研究发现，中国存在“退休消费之谜”现象。由于数据限制，该文仅分析了退休对居民食物消费的影响。Chen 等（2017 年）使用中国营养与健康调查数据研究发现，中国存在“退休消费之谜”，退休导致老年男性的食物消费支出减少 49%—55%。然而，张彬斌和陆万军（2014 年）发现，退休并没有显著降低家庭消费总量，但是对分类消费项目的影响存在差异，并认为中国不存在“退休消费之谜”。由于结论尚不统一，为了不高估无障碍对老年人消费的影响，本章选择认为劳动力有效寿命的延长引发的消费增加不会受到“退休消费之谜”的影响。

无障碍使我国劳动力平均有效劳动寿命延长了 5 年，因此应把我国 65—69 岁老年人口计入适龄劳动人口。我国当前 65—69 岁年龄段健全老年人总数 6684 万，改革开放以来我国失业率最高为 1979 年的 5.2%，劳动力参工率最低为 2019 年的 68%，相应的就业人口最低为 4309 万人。为了不高估无障碍对拉动消费的影响，依旧以法定最低工资 1180 元 / 月作为无障碍带给老年人收入增加标准，则每年我国劳动人口总收入增加 6101 亿元。理论上老年人消费增长也可以以类似于估算残疾人消费增长的方式进行估算，只需要选用不同的收入人口分位数。由于我国幅员辽阔，人口众多，老年人收入情况千差万别，因此选取 50% 分位数对应的边际消费倾向 0.541 是合理的。因此，无障碍使我国老年劳动力总收入增加的 6101 亿元将转化约为 3300 亿元消费。

第二节　无障碍扩大政府需求的途径

无障碍发展对于中国的城镇化战略、乡村振兴战略关系重大，关系到全面建成小康社会的扶贫工程，关系到涉及千家万户的养老工程，关系到社会保障和社会稳定，关系到我国的开放发展和国际形象，关系到人权意识的提高和现代文明程度的提升。总之，无障碍是这些战略和工程的共有部分，是进一步实施这些战略的综合抓手之一。如果说中国在现代化进程中实现了 7 亿人口的脱贫，占同期全球减贫人口的 70%，可以视为中国当代最大的现代化工程，那么到 2035 年，中国基本完成惠及 14 亿人的国家无障碍幸福工程。到 2050 年完全实现国家幸福，成为世界上惠及人口最多的无障碍国家，则是另一个更大的现代化工程。在这个意义上，我国政府必须加大投资，购买无障碍基础设施建设服务，努力推进无障碍环境建设。

我国无障碍基础设施需求存在着扩大的空间。我国无障碍环境建设工作起始于 1986 年，但是主要集中于城市地区，且主要集中于城市道路和城市建筑的无障碍改造。农村地区无障碍环境建设工作起步较晚，目前主要集中于对农村贫困重度残疾人的家庭无障碍改造上，尚未能够系统推进农村地区无障碍建设中的出行无障碍、信息无障碍与社区无障碍建设。除此之外，无障碍环境建设的地区差距也较大。2015 年底，东部地区系统开展了无障碍建设的县占县总数的 67.88%，其中，北京、上海、河北、广东等地系统开展无障碍建设的县的比重达到了 100%；中西部地区系统开展无障碍建设的县的比重不超过 50%；东北地区比重最低，仅达到 13.19%。另外，大城市和中小城市的发展不平衡程度也在拉大。北京从 2016 年开始开展无障碍环境建设，并将建设无障碍环境列为年度工作计划，积极开展宣传工作，出台了地方无障碍标准。到 2015 年底，16 个区县都系统地推进了无障碍建设工作。然而，辽宁、吉林等东北省份的下辖城市的无障碍环境的建设发展则较为缓慢，不仅出台无障碍建设相关法规较少，在立法上也相对滞后，而且系统开展无障碍建设的城市也较少，进行家庭无障碍改造的贫困残疾人数量也较少。这意味着无障碍环境建设与我国经济发展存在着相同的不均衡、不协调的问题。发现问题的同时，我们也应看到无障碍环境建设所预留的可投资空间相当巨大，为我国依靠基建短期拉动经济提供了战略空间。

为了推进无障碍，政府应在建筑无障碍、交通无障碍、信息无障碍等三方面扩大需求、增加投入。

一、建筑无障碍

建筑无障碍分为家庭无障碍改造、社区无障碍改造和公共场所无障碍改造三大部分。每部分政府、企业等各类组织机构都有一定的支付负责比例，这些不同来源的投资共同成为建筑无障碍基础设施需求。

（一）家庭无障碍改造

首先是家庭无障碍改造。按照"十三五"规划纲要关于"贫困残疾人家庭无障碍改造"的要求，2022 年前重点解决两类情况：一是贫困残疾人家庭无障碍改造。2016—2017 年通过中央资金带动全国 23.46 万户贫困重度残疾人家庭进行了无障碍改造，项目实施成效明显。截至 2017 年底，中央累计支持 160 万户贫困残疾人家庭改造了危房，改造户均补助标准从 2013 年的 7500 元大幅提高到 2017 年的户均 1.4 万元。目前全国还有 331 万户贫困重度残疾人家庭急需进行无障碍改造。为此，要将这项工作纳入打赢脱贫攻坚战三年行动中，通过纳入脱贫攻坚、危房改造、异地扶贫搬迁、争取地方财政加大支持力度、引导社会力量参与等"五个一批"解决措施，切实扩大贫困重度残疾人家庭无障碍改造覆盖面。二是贫困老年人家庭无障碍改造，重点解决居家生活基本需要，优先安排病残、高龄、独居、空巢、失能等特殊困难老年人家庭。对老年人住宅室内设施中存在的安全隐患进行排查和改造，建立社区防火和紧急救援网络，完善老年人住宅防火和紧急救援救助功能，鼓励发展老年人紧急呼叫产品和服务，鼓励安装独立式感烟火灾探测报警器等设备。对开发老年公寓、老少同居的新社区和有适老功能的新型住宅提供相应政策扶持。鼓励发展通用住宅，注重住宅的通用性，满足各年龄段家庭成员，尤其是老年人对居住环境的必要需求。

家庭无障碍改造的内容一般因人而异、因地制宜采取个性化改造方案。一般情况下，老年人和肢体残疾人家庭的无障碍设施改造至少包括以下五项基本内容。

（1）出入口改造：台阶改坡道或设置轮椅斜坡板；楼梯、过道加设扶手；地面平整硬化；铺设提示性盲道。

（2）户门改造：户门加宽便于轮椅通行；剔除门槛；加设扶手、门把手、地位窥视镜；户内实现无障碍通行。

（3）卧室改造：入门加宽；加设扶手、低位电源、呼叫铃。

（4）卫生间改造：入门加宽；洗脸台地位改造，安装拨杆式或单阀式水龙头；地面防滑改造；蹲便器改坐便器；安装扶手抓杆、淋浴椅、紧急呼叫装置、拨杆式淋浴阀。

（5）厨房改造：入门加宽，灶台、橱柜、水池等低位改造，方便坐轮椅者使用；设置呼叫铃、拨杆式或单阀式水龙头。

对于听力、言语残疾人家庭，无障碍设施改造内容还制定了专门的改造方案。一般包括以下六项内容。

（1）安装闪光门铃或可视门铃。

（2）配置闪光报警水壶。

（3）为有需求的听力残疾人配置助听器。

（4）为有需求的言语残疾人配置交流班。

（5）对有需求和符合安装条件的听力、言语残疾人家庭，为其改装坐便器。

（6）为听力、言语残疾人家庭配置专用电磁炉、压力锅、电饭煲。

对于视力残疾人家庭，无障碍设施改造内容也制定了专门的改造方案。一般包括以下七项内容。

（1）在楼梯口、单元门口铺设盲道或提示盲道。

（2）为卫生间（浴室）安装抓杆、扶手。

（3）安装语音对讲门铃。

（4）为浴室内安装浴凳或配置沐浴椅、防滑垫。

（5）配置多功能语言报时钟、语言电子盲表、盲人专用电话和语言电子计算器。

（6）对于有需求和符合安装条件的视力残疾人家庭，为其配置坐便椅或改装坐便器。

（7）为视力残疾人家庭配置专用电磁炉、压力锅、电饭煲。

（二）社区无障碍改造

其次是推进社区无障碍设施改造。2013年9月国务院《关于加快发展养老服务业的若干意见》提出实施社区无障碍环境改造。各地区要按照无障碍设施的改造，加快推进坡道、电梯等与老年人日常生活密切相关的公共设施改造。2014年住房和城乡建设部、民政部、财政部、中国残联、全国老龄工作委员会办公室下发《关于加强老年人家庭及居住区公共设施无障碍改造工作的通知》，对各地加强老年人家庭及居住区无障碍改造工作提出具体的要求。这些要求包括：居住区公共设施无障碍改造应严格执行无障碍设施建设相关标准规范，提高无障碍设施安全性和系统性；重点推进居住区缘石坡道、轮椅坡道、人行通道及建筑公共出入口、公共走道、地面、楼梯、电梯候梯厅及轿厢等设施和部位的无障碍改造；居住区公共设施无障碍改造资金应列入地方政府财政预算；加大对住宅小区消防安全保障设施建设力度，完善公共消防基础设施建设。

部分发达地区如广州、上海在以上基本社区无障碍设施改造的基础上提高了标准，配备了更多新型自动化无障碍产品。如低位收费桩、智能控制按钮、电动爬楼机。低位收费桩可分为电子泊车收费桩和凭票泊车收费桩。采取国际通行的收费桩计时刷卡收费的方式，既方便乘坐轮椅等辅具的残疾人，也方便坐在车中的使用者。智能控制按钮为智能控制平开门、侧推门等门体的开关控制按钮，一般距离门体一定距离设置，可依附于墙体设置或单独设置控制桩，控制按钮应位于低位且便于触及。电动爬楼机可以帮助人们轻松地搬运重物上下楼。载人爬楼机适用于需要上下楼梯的残疾人和老年人，使其在没有合适的上下楼梯设备的建筑物楼梯上无障碍通行。

对于我国广大的农村地区，虽然不能不切实际地照搬广州、上海这类发达地区的无障碍标准，但其由于起点低，无障碍基础设施建设拉动内需的潜力也不容小视。推进农村无障碍环境村镇建设，至少要做到村委办公室、卫生室、健身点和便民服务点的无障碍设施全覆盖，完善宅基地外道路坡化，加装扶手栏杆及雨棚，补齐农村地区无障碍环境建设的短板。

（三）公共场所无障碍改造

再次是推进公共场所无障碍改造。2017 年 1 月，国务院将“加快推进公共场所和设施的无障碍改造”纳入《“十三五”推进基本公共服务均等化规划》。为此，须按照无障碍设施工程建设相关标准和规范要求，对新建、改建设施的规划、设计、施工、验收严格监管，加快推进政府机关、学校、社区、公共交通等公共场所和设施的无障碍改造，结合老（旧）居住（小）区整治、棚户区改造、建筑抗震加固等专项工作以及创建无障碍环境市县工作统筹安排。鼓励综合利用城乡社区存量房产、设施、土地设立养护机构、日间照料中心、无障碍活动中心等各类型生活服务设施。

建设新的公共场所的以适应我国老龄化、高福利社会的到来本身就是无障碍基础设施建设的目的，是高质量经济发展的应有之义。我国敬老院、康复中心、残疾人服务机构、特殊教育学校数量与西方发达国家相比严重不足，即便在我国内部不同区域间也分布极不均匀。因此，建设这类整体无障碍公共场所是高质量经济发展过程中“补短板”的一大部分内容。

对于政府机关、银行、医院等办事场所的无障碍改造，要同时考虑到业务与障碍群体两方面因素。以目前发展较好的银行无障碍改造为例，中国银保监会要求未建设残疾人坡道的营业网点和离行自助银行须设有无障碍坡道；在营业厅外部设置求助电话或呼叫按钮，当残疾人需要帮助时，确保网点工作人员第一时间做出反应并及时赶到提供服务；有停车条件的营业网点须预留无障碍停车位；营业网点内须配备有定位点的键盘式密码输入器、助盲卡、盲人版业务指南、语音报数点钞机等设施；在提供语音叫号系统服务时，为听力障碍客户提供电子显示屏叫号服务或相应功能的服务措施；配置低位柜台、爱心窗口、爱心座椅等设施。

截至 2015 年底，中国银行业营业网点数量达到 22.4 万个。其中，设置轮椅坡道的网点 5.86 万个，设置盲道的网点 0.95 万个，设置呼叫按钮或服务电话的网点 6.38 万个，安放爱心座椅的网点 10.37 万个，设立爱心窗口的网点 8.71 万个，配备盲文业务指南的网点 1.47 万个，配备助盲卡的网点 3.69 万个，投放低位自助设备的网点 1.34 万个，配备语音叫号系统的网点 11.54 万个，配备叫号显示屏的网点 11.6 万个，配备盲文密码输入器的网点 4.33 万个，配备语音播报点验钞机的网点 3.45 万个，设立无障碍卫生间的网点 0.43 万个，合理无障碍车位的网点 2.94 万个。从数据上看，无障碍基础设施建设需求，即便是在做得相对较好的银行业，也存在着巨大的待满足空间。

对于城市特殊区域的无障碍改造，需要有特别的要求。如历史街区、公园古迹等。这些特殊区域的公共卫生间应根据人流量设置无障碍厕位数量，女厕所应设立母婴室，街区道路、院落空间出入口、社区配套服务设施的改造应注重在保护街区风貌的前提下，保证主要通行道路、开放参观的院落、老年人居住的院落出入口无障碍通行，高层场地主要出入口应保障至少一部无障碍电梯。

对于专门的旅游度假区，场馆内除了要设置无障碍出入口、无障碍通道、无障碍电梯、无障碍厕所厕位外，还要设置无障碍预约设备、低位服务台、低位电话机、低位饮水机、无障碍导向标识、无障碍停车位、无障碍信息设备、无障碍休息等设施。为满足障碍参观者的参观需求，还应设置电子信息屏，播放展示内容的手语翻译录像、语音讲解等传媒形式。所有的曲线墙壁上和较窄的通道都安装有扶手栏杆，所有的墙角都进行圆角处理。除了固定设施外，旅游度假区还应配备为行动不便的残疾人、老年人提供的免费轮椅、专门的手语导游，为儿童游览提供的免费借用婴儿车。

二、交通无障碍

交通无障碍是指任何人在任何情况下都能平等、便捷、无障碍地出入法律许可的地方。如果说，建筑无障碍是从静态结构保障无障碍，那么交通无障碍则是从动态过程保障无障碍，使障碍人群能够“动起来”，走出家门，平等地融入社会生活。

交通基础设施建设是传统基础设施建设的最主要方面之一，历来也是各级政府最常动用的拉动经济的手段之一。我国经济继续发展离不开交通基础设施的更新与扩建，尤其是高质量经济发展，更应该体现出新型交通基础设施建设中的公平性、通用性，这就要求在新型交通基础设施的规划、设计、施工、验收各环节更加注重无障碍。

交通无障碍需要在以下方面努力，增加投资，释放需求。

（一）社区无障碍通行设施建设

首先，社区是障碍人群出行的开端。目前有大量的社区道路、过街天桥的坡道和出行设施需要进行无障碍改造。要做好居住小区交通无障碍使障碍人群舒畅地进入公共场所，就要全力做好社区内道路和设置的无障碍改造工作。如坡道建设，建筑底层候梯大厅至室外路面间台阶与坡道的设置，包括所需的盲道、出入口设施、扶手的安排等。构建社区步行路网，对社区道路、休憩设施、标识系统进行无障碍改造，清除步行道路障碍物，保持小区步行道路平整安全，严禁非法占用小区步行道，保障残疾人和老年人自主安全通道。积极推进社区无障碍停车泊位的设置和规范。同时推进与出行相关的无障碍设施建设。

其次，推广和发展辅具，帮助障碍人群出行也是无障碍交通的一部分。爬楼机、座椅电梯、无障碍升降平台这类固定放置的公用辅具自然是无障碍交通基础设施的一部分，其他私用智能化辅具的推广也需要与无障碍交通基础设施建设通盘考虑。对于许多障碍人士来说，他们对于辅具的知识仅仅停留在轮椅与拐杖层面，对于外骨骼、无人驾驶汽车、智能轮椅、导盲机器狗、智能移动机器人等现代智能化背景下新诞生的高端辅具，他们要么没有了解渠道，要么对高昂的价格望而却步。因此，政府在建设交通无障碍基础设施时要考虑适应这些高端辅具，帮助高端辅具降低制造成本，如建设更多的坡道使高端辅具可以用成本更低的轮子代替成本更高的机械腿，又如增加更多道路关键节点传感器使辅具减少自身周边环境感知器件的配备。政府还应给予制造企业厂房建设等补贴性投资。

（二）交通无障碍系统化建设

居住小区是无障碍交通的微观系统，道路交通无障碍则是其宏观系统，都是障碍人群实现社会化的基本环节。交通无障碍必须系统设计规划，务实推进。

第一，设施升级。2018 年 1 月 8 日，中国残联、交通运输部、住建部等七部门制定《关于进一步加强和改善老年人、残疾人出行服务的实施意见》，提出系统提升、铁路、公路、水运、民航、邮政、城市客运等领域无障碍设施建设任务，包括加强城市道路、公路、水运、民航、邮政、城市客运等领域无障碍建设与改造，公共交通工具逐步配备无障碍设备，发展适老公共交通等。上述设施升级计划需列出清单、实施线路图和时间表。如公共汽车的无障碍设施何时普及，障碍人群的安全提醒标志何时设置完毕，大型交叉路口的安全岛、隔离带何时完成无障碍改造，城市主要道路的人行道何时按照国家标准完成盲道设置，盲人通行路段人行道信号灯何时设置声响提示装置，都应具体落实。

第二，提高标准，修订和严格执行交通无障碍法规。可能有很多北京、上海等一线城市的居民会认为自己所在城市的交通无障碍已经做得很好，没有提升的空间，不需要大规模无障碍基础设施建设。但事实上，看似“有”盲道、电梯等无障碍交通基础设施并不意味着其数量、质量就达到国家标准，甚至当前的国家标准也存在执行无强制、标准过低的问题。如《中华人民共和国残疾人保障法》第五十五条：“有条件的公共停车场必须按照国家标准为残疾人设置专用停车位。”这一表述标准过低，难以保障执行。应当提升该标准，改为“公共停车场必须按照国家标准为残疾人设置专用停车位，并禁止其他用途占用”。需要继续实施《城市道路路内停车泊位设置规范》（中华人民共和国公共安全行业标准 GA/T850—2009），设置残疾人专用停车泊位，其数量应不少于停车泊位总数的 2%，以及城市公共停车场工程项目间宿舍标准（建标 128—2010），规划城市公共停车场应设置一定比例的无障碍停车位，其标准为：特大停车场无障碍停车位总数为总车位的 1%，大型停车场为 4 个，中型停车场为 2 个。同时，执行道路交通标线（中华人民共和国国家标准 GB5768.3—2009）的规定，其他车辆不得占用残疾人车位。要通过法规进一步明确执行主体，加强日常维护管理和监督使用。又如，我国虽然于 2010 年 4 月 1 日正式实施修改后的《机动车驾驶证申领和使用规定》，允许五类残疾人报考驾照，但真正能接收残疾人学习驾驶技术的驾校却少之又少。目前，全国已有 16 万残疾人考取汽车驾驶证，离 8500 万残疾人的总数差距甚大。对于这方面的基础设施建设，也存在相当大的空间。

第三，改善出行服务。完善航空、铁路等交通方式的订座、购票、安检、乘机、乘车、空中服务、助残设备运输等环节服务措施，保障残疾人航空运输权益。执行《视力残疾旅客携带导盲犬乘车若干规定》，细化保障导盲犬乘车的具体措施。继续落实障碍人群的乘车优惠政策，改善乘车环境，按规定设置“老幼病残孕”专座。进一步改善老年人、残疾人出行服务，机场、火车站、汽车站、港口码头、旅游景区等人流密集场所为老年人、残疾人设立等候区域和绿色通道，提供专项服务。这些都有进一步投资的空间。

三、信息无障碍

信息无障碍是指任何人在法律许可的任何情况下都能平等、方便、无障碍地识别、获取、交流和利用信息，不断提升信息无障碍服务水平。尤其注重对障碍人群的特别信息服务的升级。信息无障碍需要在扩大无障碍信息服务范围、提升信息识别服务水平、发展信息传输和交流服务三方面增加投资，建设相应无障碍基础设施。

（一）扩大无障碍信息服务范围

见表 3-2-1 所示，目前《无障碍环境建设条例》中已有的信息服务包括以下内容。

表 3-2-1　中国《无障碍环境建设条例》中有关无障碍信息的内容

序号	实施主体	信息内容	提供的信息产品或服务	约束程度
1	县级以上人民政府	重要政府信息和与残疾人相关的信息	为残疾人提供语音和文字提示等信息交流服务	应当创造条件（非强制性）
2	国家	升学考试、职业资格考试和任职考试	为视力残疾人提供盲文试卷、电子试卷，或者由工作人员予以协助	应当（一定强制性）
3	设区的市级以上人民政府	自己设立的电视台播出的电视节目	在播出电视节目时配备字幕，每周播放至少一次配播手语的新闻节目	应当创造条件（非强制性）
4	设区的市级以上人民政府	公开出版发行的影视类录像制品	配备字幕	应当（一定强制性）
5	设区的市级以上人民政府	自己设立的公共图书馆	开设视力残疾人阅览室，提供盲文读物、有声读物	应当（一定强制性）
6	设区的市级以上人民政府	其他图书馆	开设视力残疾人阅览室	应当逐步开设（非强制性）
7	残疾人组织	自己设立的网站	提供无障碍网站，达到无障碍网站标准	应当（一定强制性）
8	设区的市级以上人民政府	自己设立的人民政府网站、政府公益活动网站	提供无障碍网站，达到无障碍网站标准	应当逐步达到（非强制性）
9	公共服务机构和公共场所	信息交流服务	为残疾人提供语音和文字提示、手语、盲文等信息交流服务，并对工作人员进行无障碍服务技能培训	应当创造条件（非强制性）

续表

序号	实施主体	信息内容	提供的信息产品或服务	约束程度
10	听力残疾人集中参加的公共活动的举办单位	信息交流服务	提供字幕或者手语服务	应当（一定强制性）
11	电信业务经营者	电信服务	为有需求的听力、语言残疾人提供文字信息服务，为有需求的视力残疾人提供语音信息服务	应当创造条件（非强制性）
12	电信终端设备制造者	电信终端设备	提供能够与无障碍信息交流服务相衔接的技术、产品	应当（一定强制性）

可以看出，这些项目可以归纳为信息识别服务、信息传输服务、信息交流和信息使用服务，大体十二个项目，包括语音提示、文字提示、盲文试卷、电子试卷、播出电视节目时配备字幕、配播手语的新闻节目、盲文读物、有声读物、无障碍网站、与无障碍信息交流相衔接的技术和产品、手语及盲文等，其中一些是随着科学技术和社会的进步而发展出的产品或项目。这说明，随着创新战略的实施和新一代信息基础设施水平的提高，信息无障碍服务项目还会不断扩展。它要求我们在扩展现有项目的实施范围的同时，继续开发新的产品和服务项目，而前提就是建设更好的信息基础设施。

（二）进一步提升信息识别服务水平

关于政务和一般公共信息的识别，2015 年 1 月，国务院《关于加快推进残疾人小康进程的指导意见》提出："完善信息无障碍标准体系，逐步推进政务信息以无障碍方式发布、影像制品加配字幕，鼓励食品药品添加无障碍识别标识。鼓励电视台开办手语栏目，主要新闻栏目加配手语解说和字幕。研究制定聋人、盲人特定信息消费支持政策。"2016 年 8 月，国务院《"十三五"加快残疾人小康进程规划纲要》又提到："推进政府信息以无障碍方式发布，公共服务机构、公共场所和公共交通工具提供语音和文字提示、手语、盲文等信息交流无障碍服务。鼓励省（区、市）、市（地）电视台开设手语栏目，推进影视剧和电视节目加配字幕。加快推进食品药品信息识别无障碍。扶持导盲犬业发展。特殊教育、托养等残疾人集中的机构和相关行业制定自然灾害和紧急状态下残疾人无障碍应急管理办法，加强残疾人无障碍应急救助服务。"

还有特别的交通信息识别。2018 年 1 月中国残联联合交通运输部、全国老龄办等 7 部门共同出台《关于进一步加强和改善老年人残疾人出行服务的实施意见》(交运发〔2018〕8 号),要求扩展信息识别服务项目,包括根据相关标准完善场站、枢纽、车辆设施的盲文标志标识、残疾人通信系统、语音导航和导盲系统建设;在铁路客运站、汽车客运站、客运码头、民用运输机场、城市轨道交通车站、城市公共交通枢纽等场所以及交通运输工具上提供便于老年人和残疾乘客识别的语音报站和电子报站服务。此外,逐步完善街区、景区等场所语音提示、盲文提示等无障碍信息服务。

(三)发展信息传输和交流服务

完善交通信息传输服务。2022 年实现城市出行信息(语音和导盲)系统和手语播报系统的整体覆盖。2012 年以来交通运输部先后在全国 87 个城市开展公交都市建设示范工程,推动各地加快智能公交建设,鼓励各地通过语音和文字提示、盲文等多种方式,为残疾人、老年人等群体提供出行信息服务。目前,全国大部分城市均配备了车载 LED 显示和语音报站系统,一些城市公交车安装了车载导盲系统,为视障人士配送导盲终端机。下一步的任务是实现所有城市的全覆盖。同时推广应用新的信息技术产品为老年人、残疾人提供多样化、便利化的无障碍出行信息服务。各地结合实际情况进一步制定推进无障碍出行信息服务体系的建设方案。同时,为增强与残疾人沟通服务的能力,开展无障碍出行人员服务培训,进一步增加公交车乘务人员手语基本会话培训,提升运输企业、青年志愿者的服务能力,为障碍人群出行提供更好的服务。

改善邮电传递信息服务。2017 年 7 月,国家邮政局、中国残联联合下发《关于进一步加强邮政行业无障碍环境建设等相关工作的通知》,要求加强邮政设施无障碍建设和改造、加快信息交流无障碍建设。其中包括快递行业为聋人客户提供短信服务、盲人读物免费寄递、邮政企业安排残疾人就业、重大节日以残疾人事业为主题发行纪念邮资凭证或纪念封、履行企业社会责任及完善无障碍环境建设监督机制。促进电信业务经营者、电子商务企业等为残疾人提供信息无障碍服务。实现新闻、天气预报等信息的手语全覆盖。对于一个听障患者来讲,他们对于无障碍信息传输的最初认识来自于手语播报员。中央电视台新闻频道每天直播的《共同关注》栏目、全国两会等重量级会议的直播现场都有手语播报。为实现上述目标，在继续培养手语播报员队伍的同时，进一步研发和利用智能机器人的手语播报。重点做好无障碍网站的平台建设。2016年2月，中国残联会同国家互联网信息办公室于《关于加强网站无障碍服务能力建设的指导意见》中提出加强政府和社会公共服务网站无障碍建设的任务。同年7月，《国家信息化发展战略纲要》提出加快政府网站信息无障碍建设，鼓励社会力量为残疾人提供个性化信息服务。目前已形成以地方政府门户网站为中心、各职能部门网站为支点的政务信息无障碍体系，160多家政府机关及事业单位完成了信息无障碍公共服务平台建设，7000多个政务服务和公共服务网站实现了无障碍服务和互联互通，直接受益人数超过1亿人次。下一步要逐步实现无障碍网站的全方位和全覆盖。

构建面向特殊人群的信息服务体系。2016年10月，中国残联与国家部委12个部门联合发布《无障碍环境建设“十三五”实施方案》，提出提升互联网网站等通信设施服务老年群体的能力和水平，消除老年人获取信息的障碍。同年12月，国务院《“十三五”国家信息化规划》更加具体地提出：“构建面向特殊人群的信息服务体系。针对孤寡老人、留守儿童、困境儿童、残障人士、流动人口、受灾人员、失独家庭等特殊人群的实际需求，整合利用网络设施、移动终端、信息内容、系统平台、公共服务等，积极发展网络公益，统筹构建国家特殊人群信息服务体系，提供精准优质高效的公共服务。”

第三节　无障碍扩大老年人需求的途径

随着我国经济爆发式发展与计划生育政策的推行，我国具有了特殊的人口出生年份分布情况，未来几年我国老龄人口比重即将迎来急剧的扩张。从传统经济学意义上讲，老年人口急剧扩张代表着劳动力供给的减少、国家财政的负担。毋庸讳言，这对于我国高质量经济发展必然是一个重要的不利影响因素。但“危”与“机”总是并存的，我们只要妥善处理人口老龄化在供给上的不利影响，努力发掘其可利用的需求扩大作用，一定能化“危”为“机”，使人口老龄化助力我国高质量经济发展。

在研究我国老龄人口总需求的同时，我们还要认识到除了增加养老资源供给外，我们还需考虑如何将养老资源精准地投放到老年群体中。若是采取“一刀切”的做法，不仅效率很低，老年人也未必真正受用。无障碍能够降低养老市场的交易成本，使老年人需求更容易、更精准地对接到各类养老市场的供给，这就给充分挖掘老年人需求奠定了基础。不同老年人有不同的养老服务需求，有的老年人需要医疗资源，有的需要长期护理，有的需要日常陪伴和感情交流等。因此，只有先找准老年群体需要什么，才能将养老服务做精做细。开展必要的调查研究，了解农村老年人的养老服务需求，是激发老年人需求的前提和必要准备。

养老产业中最重要的部分是为老年人提供养老服务，主要指日常的生活照料和护理服务，此外还包括提供医疗健康、文化娱乐、旅居养老、智慧养老相关产品等。本节首先研究老年人整体需求潜力的变化，随后对老年人养老服务与产品、旅居养老、老年文娱等具体细分需求进行研究，以证明无障碍对老年人需求具有扩大作用。

一、老年人整体需求潜力变化

障碍人群增加的一个直接背景是老龄化的加剧。有关数据显示，18 世纪以前，人类的平均寿命只有 18 岁。牛痘的成功研制使人类平均寿命发生首次飞跃，提高到 40 岁。20 世纪初，青霉素的问世又挽救了千万患者，人类平均寿命出现第二次飞跃，上升到 65 岁左右。在中国，随着经济社会发展和医疗卫生水平的提高，人口的平均预期寿命也直线上升。以北京市为例，1951 年，北京市男性的平均预期寿命为 50.9 岁，女性为 49.2 岁。1964 年，北京市人口平均预期寿命超过 70 岁。1999 年，北京市男性平均预期寿命为 72.1 岁，女性为 75.8 岁。在这样的背景下，社会人口老龄化现象越来越突出。据联合国相关标准，65 岁以上人口占总人口的比例超过 7%，或者 60 岁以上的人口超过 10% 的国家，被称为“老年型”国家，老年人逐渐形成庞大的社会群体。

从未来发展的趋势看，2025 年，全世界的老年人将达到 12.1 亿。2050 年，60 岁以上的老年人将接近 20 亿，占总人口的 21%，并将首次超过 14 岁以下儿童的人数。100岁以上老人将从2002年的约21万增长到接近320万。到2050年，亚洲的老龄人口将从3.38亿增加到12.27亿，美洲的老龄人口将从9600万增加到3亿，非洲的老龄人口将从400万上升到2.05亿，欧洲的老龄人口将从1.48亿增加到2.21亿。到2050年的时候，世界上总人口的三分之一将会步入老龄人之列。为了应对世界各国的老龄化问题，联合国于1982年在维也纳举行了第一届老龄问题世界大会。此后连续十六年的历届大会都对老龄化问题进行了专门研究和讨论，先后做出了《维也纳老龄问题国际行动计划》《十一国际老人节》《联合国老年人原则》等决议。1992年第47届联合国大会通过了《世界老龄问题宣言》，决定将1999年定为"国际老人年"。

我国老年人口基数大且增长速度较快，到2016年底，我国有65岁以上的老年人15003万，占全国人口总数的10.8%。2017年我国65岁以上人口15831万，占人口总数的11.4%。2018年末，我国60周岁及以上人口24949万，占人口总数的17.9%，65周岁及以上人口16658万，占人口总数的11.99%。我国老龄人口类型复杂，独居、失独、特困、伤残、失能、失智、高龄的老人数量较多，根据"第四次中国城乡老年人生活状况调查"的统计结果，我国失能老人约有4063万人，80岁以上高龄老年人口有3067万人；2015年，我国"空巢老人"占老年人总数的一半，独居老人占老年人总数的10%。在我国老龄化程度加深、独生子女赡养压力增大、城乡空巢老人结构性问题凸显的背景下，家庭提供养老服务能力显著下降，老年人养老服务需求快速增长。目前，我国养老产业存在着诸多挑战。从养老机构床位数缺口巨大，到老年医护资源紧张，再到社会无障碍适老设施建设、居家养老设施不健全，应对老龄化社会的到来，国内养老产业尚待在诸多方面进行改善。与此同时，随着老龄需求总量增长，加之第一批中产阶级积累的财富，可以预见，我国养老产业潜在市场需求相当可观。根据中国社科院2016年发布的《中国养老产业发展白皮书》的预计，中国养老产业规模将达到13万亿元。

二、养老服务与产品需求

"四二一"的家庭代际格局使得家庭养老压力日益沉重。对于高龄老人以及失能、失智老人而言，家庭日常养护更是一大难题。同时，城镇化和国际化带来的人员流动使得空巢老人的数量日益增多，对子女亲自赡养提出了现实挑战。基于上述两点事实可以看出，我国老年人最核心的养老诉求在于能够得到及时、到位的照料和看护，老有所依。对于大多数老人而言，他们会希望能在自己熟悉的环境中生活；而另一面，养老机构则能够提供最全面的专业服务。根据不同的需求偏好，产生了三大类核心养老需求：居家养老、社区养老和养老机构。

（一）居家养老

由于人类有着把自己拥有的房子等同于家的心理特征，居家养老始终是养老的主战场。但随着子女与老人分居日渐成为主流，老人独自居住在家的照护就需要通过购买服务进行。然而，居家养老并不便于集中医疗、照护、保洁、餐饮等相关资源，这就使得居家养老的成本无法有效降低。因此，为了降低居家养老成本，居家养老就需要相应的远程医疗、社区健康、家政服务、运输供给膳食、照顾起居等服务为其提供支撑，这就给无障碍大显神通创造了机会。

无障碍智能家具设备为老人远程养老。无障碍智能养老设备可以提高有限的专业养老人员对庞大的老年人群的覆盖效率。设备能够借助信息技术手段，远程完成实时定位、家政服务呼叫、健康监测、紧急救助呼叫等服务内容，同时帮助老人的子女远程实时了解老人的最新生活状态。

无障碍适老居家改造助老人自主生活。家中进行适合老年人的改造，将极大方便老年人在家的自主活动能力，同时减少老年人的独居在家的风险。目前国内老年居家改造仍然没有引起足够重视，但随着老龄化的日益深入，居家养老中的适老居家改造必定将成为一片新的蓝海。老年居家改造从工程的简单到复杂，可以分为如下几个类别：加装扶手和防滑装置、地面防滑处理、减少落差处理、便利轮椅改造、适老家具改造。

居家养老护理将是新蓝海。家政住家阿姨 24 小时照护目前仍是主流观念和选择，但其并不能够完全承担起安全照顾老人的责任，仅能够照顾一般的饮食起居。从事养老照料的家政人员典型画像是 45—55 岁、女性、文化程度低，未受过老年人照护的专业训练。考虑到该群体学习能力有限，也正在面临返乡照顾老小及自身养老问题，因此未来的 5—10 年会面临一线城市的养老看护阿姨荒。未来居家养老的供给缺失是行业先见者的机遇所在。一方面，在“医养结合”的背景下，需要更多懂得老年健康知识和护理知识的专业护工持证上岗，中介公司和劳务公司必定在其中大有可为；另一方面，护工培训时长市场也将是前景广阔之地。未来老年人支付能力逐渐增强，护工的时薪将会逐步提高，更有利于专业性强的高技能护工获得青睐，这将强有力地推进老年照护行业和更上游的培训行业的发展。当上门居家照护不断兴起，护工按需上门和互联网的结合也将是一大看点。老年人能够在紧急情况下自动出发，或者自主申请护工上门服务，能够更好地提高护工服务效率，避免目前多数的24小时照护的不必要浪费。

（二）社区养老

社区养老是居家养老和机构养老二者的平衡。在现代扁平化大社会宏观背景下，依托社区服务网络实施养老计划，成为现代社会化养老服务体系建设的核心内容。社区养老服务模式，既能迎合老年人“家舍难离”的精神需求，强化家庭基础性养老智能；同时也能体现社会养老和社区服务“以人为本”的现代理念，从而有效整合了传统家庭养老与新兴机构养老的综合优势，是一种融合了传统家庭养老和社会养老各自优点的养老模式。这就要求社区提高无障碍设施建设水平，增加小型医疗、餐饮、保健、娱乐等的无障碍供给。只有供给质量与获取便利性同时得到提升，社区养老才能真正实现。

但是，目前中国居家社区养老服务的多元化不足。根据北京大学2014年的“中国老年健康影响因素跟踪调查（CLHLS）”数据显示，居家社区养老人群对医疗保健类社区服务需求最高，精神慰藉类服务其次，对日常生活照料类的养老服务需求相对较低。而目前大部分中国居家社区养老服务提供者并没有能够匹配这样的需求，反而把重点放在了生活照料上，对于医疗保健类服务的细分和差异化程度不足。

（三）养老机构

从平均意义上讲，我国养老产业面临着“未富先老”的局面，但实际上，拥有支付能力的老年人或家庭已大有人在。进行差别化的养老机构的运营，能够帮助各个阶层的老年人，在养老机构中获得自身需要的服务，同时养老机构能够获得丰厚的收益。另外，老年人对价格的敏感性将随着养老服务的升级而逐步下降。能否在老年人群中形成口碑和信任一直都是养老机构获取老年用户的关键因素。因此，当老年人能够享受到养老机构提供的优质服务时，在接受范围内老年人愿意为其支付费用。

从中高端养老院的运营情况来看，能够支付起每月5000—10000元养老费用的老年人或家庭并不罕见。其优质的服务能够吸引足够的客户为其埋单。未来5—10年内养老机构将迎来大量高净值客户，富人变老将为养老机构创造福音。我国60—70岁的老年人口占老年人口总量的近60%，未来5—10年内的这部分人将从“50后”和“60后”中产生。这部分人群将是养老机构的福音：一方面他们是生育高峰的人口，规模庞大；更重要的一点在于，他们中的不少人在改革开放后获取了足够的财富，能够支撑他们相对高额的养老费用，是养老机构的第一批高净值客户。中高端养老机构通过其品牌优势，容易在市场上站稳脚跟、长期运营，从而获得稳定的收入。

三、旅居养老需求

旅居养老是定位于健康老年群体的高端需求。“候鸟一族，有钱有闲”。近几年，老年人旅游成为热点，逐渐成为被关注的对象。旅居养老定位的人群往往需要有雄厚的家庭经济基础，老年人绝大多数年龄偏低，有配偶，健康状况良好，有支付能力，文化程度较高，生活能够完全自理；同时，这种新业态的异地养老，对气候等自然环境有特殊的要求，一般是冬无严寒、夏无酷暑、风景秀丽的阳光地带或度假胜地，而且具备医疗服务设备齐全、通信交通便利等因素。季节性休闲养老、旅游度假式养老和健康养生性养老，成为标志中国养老产业流动性发展的新业态和新趋势。此外，还有温泉养生、森林养生等利用旅游目的地的自然环境优势开发出的有益于老年人身心的旅游产品。而这些旅居养老产品，无一例外都需要配备无障碍设施，使老年人旅行过程中得到方便，免受危险。

中国老年人渴望去异地旅居养老的消费者意愿强烈。据2016年中国养老产业协会与同程旅游发布的《中国中老年人旅游消费行为研究报告》调查显示，70%的中老年受访者认同旅游消费在保持健康的身心、增长见闻等方面的积极作用。有81.2%的受访者表示，若条件允许，愿意去旅游。在旅居养老中，性价比和安全问题成为老年人在旅游中最关注的因素。同时，老年人消费能力还处在逐渐释放的过程中，目前来说价格也算是老年人关注的重点。无障碍的发展既能提高老年人旅行中的安全性，也能减少旅行社服务人员配置数量，在扩大老年人消费群体的同时可以使旅行社达到薄利多销的目的。如图 3-3-1。

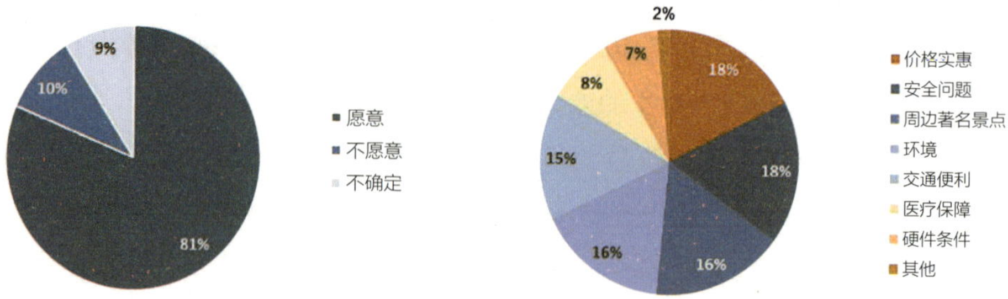

数据来源：《中国中老年人旅游消费行为研究报告》。

图 3-3-1　中老年人旅游消费意愿调查与最关注的因素

同程旅游的老年旅游品牌“百旅会”中，“较年轻”的老年人是消费主力。根据“百旅会”的数据，62% 的消费者为 51—60 岁的人群，也有 33% 的人群在 61—70 岁之间。未来的 5—10 年内，这 62% 的人群很有可能仍然是老年旅游市场的主力。“百旅会”的中老年用户在邮轮旅游、极地旅游等细分市场将表现活跃，尤其是在线用户、对于非标住宿等新鲜事物的接受程度甚至较年轻群体更高。如图 3-3-2。

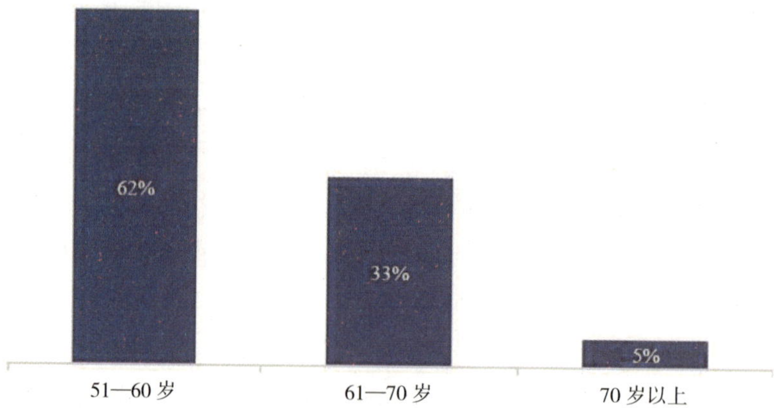

数据来源：36Kr。

图 3-3-2　同程“百旅会”参与者年龄分布

四、老年文娱需求

老年人退休后需要新的兴趣支撑起生活，随着老年人接收信息渠道越来越多元，老年人退休后的兴趣消费也将成为老年人养老产业的重要一环。例如众多大妈大爷喜欢跳的广场舞、老年大学、老年旅游团等，激发起老年人在兴趣环节的消费活力，将会为养老产业注入新的增长。这些场所的无障碍设施如果配备到位对挖掘老年人文娱需求必然有很大作用。

老年人在休闲娱乐上的消费潜力不容小觑，未来5—10年内，随着第一代中产退休变老，其娱乐消费值得养老产业的从业者重视。从出国的老年旅游团大规模在免税店购物的场景就可以看出，拥有消费能力的老年人不在少数。

这一代老年人接入互联网，接收信息更为丰富，乐于尝试新鲜事物。目前的老年人接收信息与年轻人相差无几，多数都可以从互联网和社群中获知信息，且这一代老年人能够接受新鲜事物、热衷学习。相较于以往信息获取能力较为闭塞的老年人，新一代老年人更加乐于尝试他们信任的娱乐消费项目。从2016年微信公布的数据来看，55岁以上的微信用户使用微信红包的比重达到了64.6%，每月平均发送微信红包次数为25次，与微信的典型用户的28次不相上下。老年人春节发送红包的金额平均为380元，与“95后”发红包的金额几乎相同。如图3–3–3。但老年人由于视力听力下降，对于网络信息的获取依旧存在障碍，无障碍信息环境如能到位，老年人的互联网活跃寿命将大大延长。

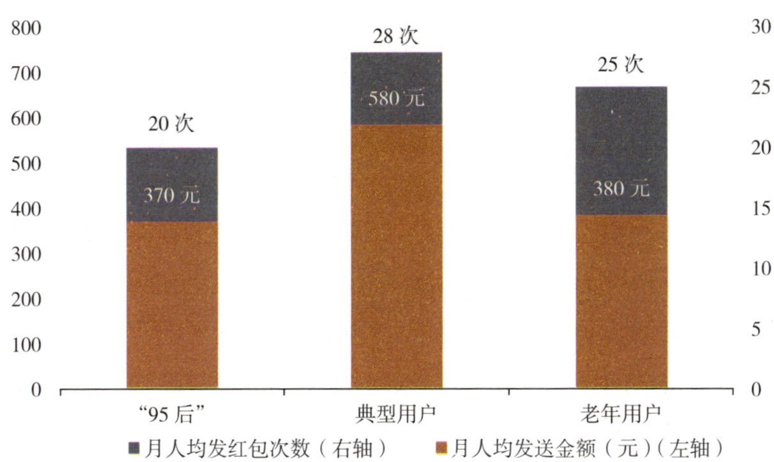

数据来源：36Kr。

图3–3–3　老年人互联网支付能力

第四节　无障碍扩大残疾人需求的途径

无障碍之所以在20世纪30年代提出并在此后逐步强化，与社会残障人士的大量增加密切相关。第一次世界大战从1914年8月4日全面爆发到1918年11月11日结束，卷入人口15亿以上，直接死亡的军人达900万，伤残2120万人。第二次世界大战蔓延欧、亚、非三大洲，先后有60多个国家和地区的17亿人卷入战争，死亡人数达5000万人，是第一次世界大战的五倍。世界大战所带来的残障人数如此之多，灾难和伤害如此触目惊心，成为社会关注伤残人士的直接背景。因缺乏辅助设施和无障碍社会环境，大量残障人士生活难以自理。残障人士急需辅助设施和无障碍的社会环境，以平等、自由地参与社会活动。残障人士所面临的社会问题、生活问题逐渐被相关国家和政府所重视。

我国残疾人数超过8500万，且在老龄化的影响下，人数呈现快速增长的趋势。我国残疾人的城乡分布极不均衡，76%以上的残疾人是农业户口，超过一半以上的残疾人居住在农村，居住较为分散，集中居住的残疾人人数比重较低。从年龄结构来看，我国残疾人的年龄主要集中在40—69岁之间，属于中年人群体，期待有更广阔的活动空间和更广泛的社会参与。从残疾类别来看，我国有超过一半的残疾人属于肢体残疾，在生理状况受到限制的状态下，他们对于摆脱空间束缚、融入社会生活、创造生活价值的需求更为迫切。随着生活水平的提升，残疾人对美好生活的向往日渐强烈，尤其是在解决了基本生存之后，追求发展，展示个性，成为残疾人需求的焦点。面对如此庞大且需求多样化的残疾人群，如何为残疾人创造全面的无障碍环境是各级政府面临的重大挑战。

本节将对比国外无障碍发展程度，研究我国残疾人需求的可开发空间，具体可分为残疾人基本生活需求、特殊教育需求、康复医疗需求、社会保障需求四大方面。

一、残疾人基本生活需求

我国是世界上残疾人最多的发展中国家。根据我国 2010 年进行的第二次全国残疾人抽样调查数据推算，我国各类残疾人总数 8502 万，这类人口对于参与社会行为的渴望是巨大的，参与社会过程中产生的需求渴望也将是巨大的。残疾人基本生活需求主要分为两类：一类是与健全人相同的衣、食、住、行等需求；另一类是健全人没有的辅具需求。

（一）残疾人衣、食、住、行等需求

我国居民家庭平均消费支出远远高于残疾人家庭平均消费支出，这意味着在无障碍发展水平提高后，残疾人家庭的消费与健全人家庭的消费差距有望缩小。这就给我国扩大内需留下了巨大空间。表 3–4–1、表 3–4–2 是我国居民家庭平均消费性支出与我国残疾人家庭消费性支出的历年变化情况。对比之下可以从中看出两者间的差距巨大。

表 3–4–1　我国居民家庭分项人均消费性年支出（单位：元）

	2007 年	2008 年	2009 年	2010 年	2011 年	2012 年	2013 年
合计	5484.4	6257.0	6206.2	6576.0	7585.2	8730.2	9674.5
食品	2400.8	2954.6	2774.4	3051.2	3706.2	4244.1	4683.7
衣着	257.4	293.1	292.4	306.1	383.7	449.2	502.7
设备用品	122.7	113.6	119.8	146.7	153.6	166.1	207.9
医疗保健	1127.2	1150.0	1241.3	1333.9	1512.7	1590.7	1789.4
交通通信	327.0	346.3	359.9	355.1	420.4	544.2	550.1
教育文化	390.0	374.1	352.3	335.6	328.2	420.4	455.8
居住	746.8	882.7	932.8	904.8	922.9	1127.8	1267.7
杂项商品	112.4	142.8	133.3	142.7	157.4	187.7	217.2

数据来源：2013 年度残疾人状况及小康进程检测报告。

表 3-4-2　我国残疾人家庭分项人均消费性年支出（单位：元）

	2007 年	2008 年	2009 年	2010 年	2011 年	2012 年	2013 年
合计	2791.6	3225.4	3584.5	4051.5	4595.6	5203.6	5788.8
食品	1332.4	1660.2	1686.4	1918.8	2313.6	2521.6	2809.7
衣着	141.8	154.9	171.4	184.1	230.9	253.7	281.6
设备用品	40.4	47.5	54.7	69.4	75.3	74.4	75.8
医疗保健	465.1	449.1	551.1	602.0	771.0	884.4	1032.8
交通通信	177.2	198.3	221.8	248.5	271.8	305.2	326.4
教育文化	176.0	158.8	182.7	181.6	201.2	208.6	230.0
居住	402.2	492.0	645.6	772.2	648.0	860.1	926.4
杂项商品	56.6	64.6	70.7	75.0	83.9	95.4	106.4

数据来源：2013 年度残疾人状况及小康进程检测报告。

（二）残疾人辅具需求

残疾人需要借助科技的力量使用辅助器具的功能补偿和改善自身机能，以达到类似于健全人的社会参与度。残疾人辅助器具功能基本有三项：预防、补偿和代偿。预防作用是指辅助器具能够预防二次伤害，或者抑制伤害的进一步发生和发展。补偿作用是指通过适当的辅助器具可以增强功能、克服活动障碍。代偿作用是指原有正常机能减弱或丧失时，如肢体缺失情况，使用辅助器具可以恢复部分技能替代损失、减弱的功能部分。

残疾人辅助器具是由实体、智能和工艺这三点组成，实体部分包括工具、机器、设备。残疾人辅助器具作为一种康复和功能性的工具机械，是一个跨学科跨领域的产品。它是由若干零部件设计、制作、安装来的，所以被包括在机械制造行业范畴内。但是随着人们需求的变化，残疾人辅助器具变得越来越智能，零部件会有感应器、微型处理器等元器件，随时上传每个部分的数据，让工具更智能、功能更多，所以也被包括在 IT 行业内。研发残疾人辅助器具的过程是复杂的和艰难的，跨学科和跨行业的客观事实让残疾人辅助器具的发展过程充满了挑战。

残疾人辅助器具是个异性的，由于残疾情况不同，所以残疾人群体对于辅助器具的需求极为不同，并且需求的功能性很具体。即使是手臂残疾，安装的手臂假肢的长度、形状、尺寸都不会相同。所以根据市场的需求，残疾人辅助器具变化方向越来越精细，尽量做到让每一个人都满意。残疾人的辅助器具是多样性的，按残疾类别分为肢体残疾、听力残疾、言语残疾、视力残疾、精神残疾、智力残疾六类，针对不同残疾群体分为肢体型、听力型、言语型、视力型、精神型、智力型不同种类的辅助器具。残疾人辅助器具还可以分为高技术和低技术两类，高技术辅助产品是指技术含量高、复杂的辅助产品，例如智能假肢、智能轮椅、增强和代替沟通产品；低技术的是指无电子的辅助器具，例如握笔器、轮椅等物品。但是高科技和低科技并不是评判辅助器具好坏的标准，无论科技含量高低都要做到适用技术、适用思路、适用质量的标准，为残疾人提供个性化的合适的辅助器具。

我国由于无障碍科技开展的时间比较晚，与其他健康康复领域比起来基础比较薄弱，另外我国人口数量多并且国土面积较大，导致各地发展不均衡。从2006年第二次抽样统计的结果来看，残疾人提出需求辅助器具的占比为38.56%，实际得到辅助器具的比例为7.31%。2009年的数据显示，我国城镇残疾人辅助器具配置率为11.5%，农村为6%。现状与需求的差距还体现在服务的质量上，辅助器具的适用性是保证残疾人是否能得到妥当服务的一个标准，若是辅助器具不适用，辅助器具会降低功能输出并且可能会造成二次伤害。中国辅助器具服务人员在为残疾人配备合适的辅助器具时存在着服务质量上的问题，无法准确地为残疾人提供恰当的辅助器具是一个无法忽视的现实问题。

残疾人辅助器具涉及多个专业，例如医学、教育学、工程学、社会学和心理学等，具有较强的专业性。但是目前除了助听器验配师、假肢技师和矫正师国家设定了专业证书，大部分的辅助器具专业从业人员都是没有标准来规定的。服务残疾人是需要专业教育的，但是在人才供给这个层面上目前差距和问题还是很明显的。我国目前还是缺少成熟的理论与知识体系，缺少国家持续的人才培养和相关行业的认证。一方面我国残疾人辅助器具发展起步相对较晚，国外一般从20世纪60年代开始发展辅助器具事业，而我国从改革开放后才开始发展残疾人辅助器具事业。除了经济和社会发展因素外，我国法律法规、运行体制等还不完善，例如尚未建立健全辅助器具配置的保障体系，也没有形成高新技术产业，这都导致辅助器具技术行业发展缓慢，供给和需求存在差距。另一方面，目前从事辅助器具事业的大多是20世纪七八十年代以后的从业人员，并且在我国大专院校并没有广泛建立辅助技术专业，目前现有的服务人员大多以师傅带徒弟的形式发展起来的，知识面相对较窄，基础较差，在实际工作中很难满足社会进步的发展对高层次人才的需要，具有专业素质的人才较为缺乏。

我国残疾人的需求和服务之间的差距也存在着很多问题。残疾人的需求首先有量的要求，同时还有质的要求。例如，深圳市抽样调查专业人员通过评估深圳市六个区928名新持证残疾人进行康复需求评估和数据分析，推算出不同残疾人对辅助器具的需求可能有所不同，从高到低依次为视力残疾78%、听力残疾76%、肢体残疾74%，言语、智力和精神残疾的需求较低，平均需求率约为44.5%。总之，我国残疾人对辅助器具的需求巨大。残疾人需求和服务之间存在差距，一部分原因是生产企业缺乏创新意识，随着社会的进步科技的发展，人们对辅助器具的功能需求日益提高，希望从各方面尽可能地恢复或达到健全状态，例如植入神经康复装置、与生物材料相结合的植入式骨整合假肢等及仿生制造等。但是我国现有的制造企业和研究中心为了维持企业的生存和良好经营效果，都把精力集中在基础建设上，对于科技的研发和产品的创新则关注度较低，技术上还主要依靠模仿学习国外的先进经验，缺乏创造力。一方面，科技创新需要投入较高的科研经费，这对于企业和研究中心来说存在着经营和生产风险，不利于短期利润的实现；另一方面，高校以论文为核心的评价制度，很难推动科研人员研发出具有科技竞争力的实用产品。

虽然残联已经初步建立了覆盖全国的辅助器具服务网络，但由于中国残疾人人口众多和分布较为广泛等原因，机构数量和辐射面积明显不足。并且机构人员的服务能力偏弱，服务内容比较狭窄。因为服务站的人员目前缺少行业经验，许多机构的服务人员需要通过培训来提高自己的服务能力，政府缺少适当的引导以及设立更多的行业资质标准来提高服务质量。

虽然我国已经初步建立了省、市、县三级的服务网络，但地级市和县级机构还是有相当大的缺口，基层服务机构尤其是社区辅助和偏远农村的服务，是服务环节中最弱的一部分。在专业服务层面上，专业素质好的服务人员一般工作在大中城市，很少有人到偏远地区或者是县级机构服务，这就导致了偏远地区的服务质量难以提高。

生产企业方面，目前我国辅助器具有生产企业约800家，其中具有良好规模的生产企业约有400余家，这些企业主要分布在人口多和经济发达的地区，例如珠三角地区和京津冀地区。目前国内市场中国企业生产的多为低层次和科技含量较少的辅助器具，中高端产品主要是国外的进口辅助器具。我国自主研发的产品缺少对于个性化的产品研发，产品种类、生产工艺、科技水平与世界上发达国家还有比较大的差距。我国企业在科技研发上普遍缺少人才，研发力量明显不足，全国具有科研能力的研究机构不超过30家，具有研发能力的辅助器具生产厂家很少，很多企业还是主要以模仿国外同类产品作为开发的主要手段。所以，研发体系和行业内的良性竞争一直没有形成，这就制约了我国残疾人辅助器具的发展。

我国残疾人辅助器具产业的规范化、标准化程度比较低，缺少行业上岗证件，只有更多的认证标准才可以提高服务质量和服务内容，这样产品的质量、价格指导和服务评估才能得到更好的监管。目前服务不规范、产品标准没有统一判定、缺少指导价格等因素，给残疾人带来了诸多不便，不但影响了辅助器具的健康发展，更影响了残疾人使用辅助器具的适合程度和舒适度。

二、残疾人教育需求

我国残疾人数量较多，根据第六次全国人口普查和第二次全国残疾人抽样调查数据结果推算，2010年末我国残疾人总人数为8502万，其中重度残疾人2518万，中度和轻度残疾人5984万。根据2006年全国第二次残疾人抽样调查数据显示，全国具有大专及以上学历的残疾人共94万，高中程度（含中专）学历406万人，初中程度学历1248万人，小学程度学历2642万人，文盲率为43.29%。教育是提高个人素质的主要途径，一个人接受的教育和培训程度越高，其生活能力越强，获得工作的机会越多。残疾人受教育程度低不利于其脱贫和改善生活状况。作为社会弱势群体的一部分，良好的教育对于帮助残疾人回归主流社会，促进残疾人提高参加社会活动的能力有重要意义。

残疾人教育需求存在着两个方面的特殊性，需要特殊对待才能得到满足。一是残疾人特殊的身体状况和信息处理方式决定着其对特殊教育的需求。二是残疾人就业特点和优势决定着其对职业教育的需求。

（一）特殊教育需求

特殊教育是运用特殊的方法、设备和措施对特殊的对象进行的教育。狭义的特殊教育是指身心缺陷的人，即盲人、听障人（聋人）、弱智儿童教育以及问题儿童教育所纳入的特殊教育范围，并从经济投资、科学研究、师资和设备等方面支持这类教育。各国实施这类教育的机构一般有：盲人学校、聋人学校、肢残和畸形儿童学校、语言障碍儿童训练中心、森林学校、疗养学校、特殊学校、低能儿学校、工读学校、儿童感化院，以及附设在普通学校的特殊班级。

我国经过 60 多年的发展，到 2016 年全国约 1.4 万余人次家庭经济困难的残疾儿童得到普惠性学前教育资助，全国共有特殊教育普通高中班（部）111 个，在校生 7686 人。高等教育也取得显著进展，全国共有 9592 名残疾学生被高等院校录取，1941 名进入高等特殊教育学院学习。在肯定我国无障碍教育成果的同时，我们还应看到我国特殊教育与发达国家对比还存在一些方面的不足，相当大的特殊教育需求还未得到满足。这些不满足主要体现在教育质量、教育公平性、资金投入不足。这些都需要通过不断地增加投入来满足。

一是特殊教育质量。教师是决定教育质量的重要因素，“违背教师意愿或无法提升教师能力的教育政策是不可能保证教育质量的”。美国残疾人教育发展过程中，提高教师的专业化水平一直是残疾人教育的重要战略的重要组成部分，美国对于残疾人教师的专业性要求非常严格。1992 年美国特殊儿童委员会提出了特殊教育教师任职资格标准，1995 年该委员会将这一标准命名为《每个特殊教育者必须知道什么——有关特殊教育教师准备和资格的国际标准》。美国对特殊教育教师首先要求高学历，最低标准是要获得学士学位。此外，还要具备较高的专业素养，不仅要有较高的特殊教育理论，还要有较高的专业能力和技能，以及熟知必要的法律知识和特殊教育政策。同样，日本也非常重视专业教师的培养，并形成了一套从培养到任用完善的运行体系。首先，特殊教育师资按照不同的专业进行培养，分为视觉障碍、听觉障碍、智能障碍、病弱和肢体障碍五种。为了提高教学质量，日本还规定特殊教育教师在本科毕业后两年内还应接受硕士课程学习，并且学分不得低于 20 分。其次，师资培养机构多元化。日本特护教育师资的培养以师范大学为主，同时还包括一般的公立大学、国立和私立大学，通过课程认定的方式来培养教师。日本目前有两百多个大学科系及研究所提供包括短期大学、专科、大学和硕士各个阶段的关于特殊支援教育的课程培养。对于那些持有普通教师资格证想要转为特殊教育教师的人群，日本还通过各都道府县教育委员会或大学共同开办的讲座帮助其学习并获得聋、盲、养护学校教师基础资格证。研究生院也是培养特殊教育教师的重要途径，从 1973 年开始取代过去的临时养护课程，而开设一年制的特别专科，并增加了特殊教育的硕士课程。多元化的师资培养模式为日本培养了高职业素质的特殊教育教师，为残疾学生获得较高的教育质量提供了保障。

目前我国新建特殊院校的教师大多来自上世纪末中等师范特殊教育人才培养基础上升格或并转而来，并没有高等师范特殊教育人才培养经验，例如绥化学院特殊教育系、南京特殊教育职业技术学院、南昌师专幼特教育系等。特教教师的学历整体偏低，其中专科毕业学历教师约占总人数的 48.96%，专科和高中及以下学历教师占总人数的 63.95%，具有本科及以上学历的教师只占总人数的 36.05%。这与我国师资培养机构有着密切联系，目前我国具有特殊教育硕士研究生培养点的高校只有 14 所，具有硕士研究生学历的特殊教师仅占总比例的 0.6%。同时，我国特殊教育展业起步较晚，培养的特殊教育教师数量有限，一些教师则是学习汉语言文学、物理、数学等专业出身，后通过职业进修、培训转岗从事特殊教育工作，并没有接受过严格的特殊教育训练。另一方面，特殊教育教师年龄结构失衡也是我国特殊教育的一大问题。以黑龙江省 70 多所特殊教育学校为例，35 岁以下的年轻教师不到总人数的 10%，50 岁以上的老教师占 30%，35 岁到 50 岁的中青年教师占比最高，达到 60%，一线教师平均年龄在 40 周岁以上，由于师资力量紧张，多数学校的教学管理者都亲自带班上课，工作任务繁重。

我国存在着巨大且仍在增长的特殊教育需求，但并未形成有效的特殊教育供给，一旦供给与需求同时能够匹配，无论从直接的教育产值上讲，还是从间接的促进残疾人就业、减少社会负担上讲，都是对我国高质量经济发展的重要推动。

二是残疾人教育公平性缺失。首先，在基础教育方面，残疾人的入学机会相对于普通孩子而言处于不公平的状态。较之普通儿童，残疾儿童入学率较低。第二次全国残疾人抽样调查数据显示：在 6—14 岁的 246 万名学龄残疾儿童中，正在普通教育或特殊教育学校接受义务教育的占63.19%，这一比例大大低于全国适龄儿童接受义务教育的平均水平（97%以上）。而且，完全未接受教育的残疾人仍有很大一部分，和1987年相比，15岁及以上残疾人文盲率虽有下降，但仍有3591万人，文盲率为43.29%，而全国人口的文盲率是6.72%。中国残联副理事长程凯在接受采访时也指出，与其他教育的投入相比，目前我国对残疾人教育的投入明显不足，残疾人教育投入和需求之间还存在明显距离。此外，残疾人接受高等教育的机会也远远低于普通学生，根据第二次全国残疾人抽样调查数据显示，具有大学程度（指大专及以上）的残疾人只占全部残疾人口的1.13%，不仅低于我国当前的高等教育毛入学率水平（2005年全国平均水平为21%），也低于全国人口中具有大学程度的比例（5.18%）。绝大部分残疾人还没有跨入大学的门槛。另外，即使残疾人考上了大学，也面临着被拒收、被歧视的情形。虽然《中华人民共和国残疾人保障法》中明确规定，高等院校必须招收符合国家规定录取标准的考生入学，不能因其残疾而拒收，但在实际中情形并不容乐观。一些高等院校在录取残疾考生时仍然瞻前顾后，拒收符合国家录取标准的残疾考生的现象仍层出不穷。2001年，国务院办公厅转发了教育部、国家计委、民政部等九部委颁布的《关于“十五”期间进一步推进特殊教育改革和发展的意见》，其中明确提出：“普通高等学校在招生录取工作中，不得拒绝录取符合规定条件的残疾考生。国家有关部门要研究并首先在若干普通高等学校进行放宽残疾考生录取体检标准的试点，进一步完善高等学校招收残疾考生的政策。”而也就在这一年，有关媒体报道了多起残疾学生考上大学却因为残疾的缘故被拒收的例子，最为典型的就是湖南考生谭里和在高考中取得了理科513分的好成绩，超出投档线7分，然而当他拄着拐杖询问自己的录取情况时，湖南中医学院却以“情况特殊，难以如愿”为由将他拒于大学门外。其实，通过相关新闻媒体，我们每年都会目睹像谭里和这样上线的残疾考生不被高校录取，即使被录取，大多也是降格录取。这些不公平的现象，违反了国家的相关法律，侵害了残疾人受教育的权利，损害了残疾学生的身心健康。

其次，残疾人教育城乡之间差距较大。城市6周岁以上残疾人口文盲率为27.68%，农村6周岁以上文盲率高达50.26%，农村各年龄段文盲比率均高于城镇，表明农村义务教育普及程度与城镇相比仍有较大差距。城市人口相对集中，因此特殊教育学校大多设在城市，城市残疾儿童进入学校学习的机会相比农村儿童更加便利，这也许就成为城乡间残疾人受教育差距大的原因。

最后，不同地域间残疾人教育发展差距大。经济发展水平是影响残疾人教育水平的重要因素之一，由于我国地域辽阔，地区间经济发展不平衡，各地方政府对残疾人教育的重视程度差异等原因，造成了残疾人地域间教育水平的差异。2010 年国家颁布的《国家中长期教育改革和发展规划纲要（2010—2020 年）》第二十九条明确规定，完善特殊教育体系，到 2020 年基本实现市（地）和 30 万人口以上、残疾儿童少年较多的县（市）都有一所特殊教育学校，全面提高残疾儿童义务教育普及率。但是在全国 1246 个符合条件的县中，目前仍有 496 个县没有建立起自己的残疾人学校，其中西部地区占比较高。全国 15 岁以上文盲比率较高的地区主要集中在西部，即云南、贵州、甘肃、青海、西藏和宁夏，而北京、浙江、江苏、重庆和湖北残疾人受教育水平高于全国平均水平，河北、山西、内蒙古、黑龙江、四川等地残疾人受教育水平处于全国平均水平。可以看出，残疾人受教育水平与经济发展水平大体呈正相关关系，但并不是完全同步，政府对于残疾人教育的关注程度对残疾人教育水平的高低有重要影响。

巨大的残疾人教育不公平是我国整体经济发展的又一个缩影，这不仅是我国推动经济高质量发展所要解决的问题，同样为拉动我国相关内需提供手段，也能促进我国高质量经济发展。

（二）残疾人教育经费投入不足

虽然我国特殊教育学校学生人均预算内经费在逐年增加，但是残疾学生的数量也在逐年增多，从特殊教育学校经费投入占国家教育经费投入比例来看，与发达国家相比，投入不足仍然是制约残疾人教育发展的主要原因。

美国特殊教育实行地方分权政策，美国学区制的一大特点是教育财政独立教育经费约 90% 来自州和地方财政，只有 8%—9% 来自联邦补助，有些地区部分经费来自私人捐助，大概占到 27% 左右。美国联邦政府从宏观上对特殊教育进行管理，法律规定各州可使用补助款 50%, 其余的则交由当地教育局管理，需要注意的是该款项必须专款专用，不得与州教育费混用。根据《中华人民共和国残疾人教育法》规定，特殊教育经费的使用对象为从出生到 21 岁的残疾人，残疾种类共包括学习障碍、听觉障碍、视觉障碍、聋盲双重障碍、智能障碍、言语语言障碍、多重障碍、外伤性脑损伤、重度情绪障碍、肢体障碍、自闭症和其他健康障碍与发育迟缓等共 13 类。因为特殊教育是为了满足残疾儿童的教育需求，且残疾儿童家庭是全免费的，所以要求美国的特殊教育资助范畴涵盖残疾儿童教育的所有方面。主要包括：评估和个别教育计划的费用；根据个别教育计划为残疾学生提供保障其接受特殊教育所需要的任何相关服务（交通工具、咨询、物理治疗等）和辅助技术（助听器、助视器等）；为在家、学校、医院或其他养护机构中的残疾少年提供适合他们发展需要的教育教学，例如改造校舍环境、为接受残疾学生的学校提供支持等；对于提供特殊教育的教师和学校其他管理人员的费用也来自特殊教育经费，并对残疾儿童家长提供相关培训和咨询。日本法律规定，残疾学生到普通公立学校就学不得拒收，即便是大学的入学体检不合格，只要是残疾学生的分数能够通过考试，就能入校读书。残疾人教育经费由国家负担 50%，县、市町村各负担 50%，日本对于特殊学生的教育经费投入力度要高于普通学生，1987 年特殊教育学校每名学生的平均教育费用是 516 万日元，相当于普通小学生 54 万日元的 9.5 倍，普通中学生的 9 倍。此外，学生的住校费用、交通费、吃饭等费用都由国家负担。特殊教育经费的使用对象除了残疾学生还包括家长、科研人员和教师。日本对特殊教育经费的使用范围做出明确规定，对公立学校新建的学生宿舍和室内运动场和养护学校的建设依法负担 1/2 到 2/3，特殊院校的全体教职工的薪资由国库负担 1/2，特殊教育所需要的设备特殊教育经费也给予补助，例如盲人教材制作设备、盲人阅读设备等。

与发达国家相比，我国特殊教育经费方面存在明显差距。首先，我国特殊教育经费来源仍以财政拨款为主，社会力量参与不足，这是违背福利多元主义理论的。2011 年，特殊教育经费收入 790438.5 万元，其中国家财政性教育经费 766926.5 万元，占总收入的 97%，社会捐赠经费 5220.7 万元，仅占总收入的 1%，事业收入 7732.9 万元，占总收入的 1%，民办学校投入经费 173.9 万元，其他教育经费收入 10384.5 万元，占总收入的 1%。显然，我国特殊教育经费来源渠道单一，主要依靠财政拨款，不利于特殊教育事业的长远发展。其次，政策缺乏刚性约束。2014 年颁布的《特殊教育提升计划 2014—2016》首次对义务教育阶段特殊教育学校在校生人均预算内的公用经费标准做出了规定，并考虑到残疾人学生多样化的需求，这一政策将随班就读、送教上门的学生覆盖在内，相比之前只说明“加大对特殊教育的投入力度”有了很大进步。但是，残疾人教育仍然存在着刚性约束不足的问题，对具体的实行措施没有明确要求。例如“安排一定比例的残疾人就业保障金”，这里对于一定比例是多少并没有明确标准，各地区政策灵活性较大。最后，对义务教育阶段投入的关注比例过高。残疾人教育涉及各个学龄段，不仅是基础义务教育需要重视，幼儿时期的早期干预和高等教育也是不容忽视的一部分，目前我国义务教育阶段形成了相对完善的投入机制，但是其他阶段的教育经费投入并没有引起足够的重视，既缺乏政策支持，又没有相应的长效保障机制。

残疾人教育经费投入不足的问题直接制约着我国残疾人教育需求的释放，但同时为市场化的教育机构通过无障碍方式进入这片空白市场留下了契机。只要无障碍发展到一定水平，公有制教育体系所不能满足的需求就会由市场化的方式满足。

（三）职业教育需求

残疾人职业教育不仅是我国职业教育的组成部分，也是国家教育事业的重要组成部分。从 20 世纪 80 年代发布的《中国残疾人事业五年工作纲要（1988—1992 年）》开始，30 年来我国残疾人职业教育一直处于不断的发展之中。特别是近年来，党中央、国务院高度重视残疾人职业教育发展：一方面，十九大报告中指出，要办好特殊教育和职业教育；另一方面，从 2015 年国务院发布《关于加快推进残疾人小康进程的意见》到 2016 年《残疾人职业技能提升计划（2016—2020 年）》、2017 年《第二期特殊教育提升计划（2017—2020 年）》，再到 2018 年《关于加快发展残疾人职业教育的若干意见》，从这一系列政策文件的密集发布可以看出，国家逐步将残疾人职业教育纳入教育总体发展框架之中，并提出了明确具体的要求。这不仅有利于更好地满足残疾人受教育的需求和权利，提升特殊人力资源转化的能力，而且有利于促进残疾人就业创业和脱贫增收，实现个体价值和社会融入，共享改革发展成果。截至第六次全国人口普查，我国已建成残疾人中等职业技术学校（班）118 个，在校生 1109 人，其中 2206 人获得职业资格证书。

在肯定我国无障碍教育成果的同时，我们还应看到我国残疾人职业教育与发达国家对比还存在一些方面的不足，有着巨大的发展空间。这些不足主要体现在资源配置结构性失衡、支持服务水平较低、师资水平有待提高三方面，这些都需要通过不断地增加投入来满足。

一是教育发展结构性失衡，教育资源配置有待均衡。虽然我国残疾人职业教育在整体上获得了长足的发展，但具体分析后就会发现，区域发展、城乡发展、类别结构的资源配置方面不均衡问题比较突出。首先，区域之间存在差异。因为我国各地区经济、文化、社会发展和人口分布的差异显著，所以各地区的残疾人职业教育水平也参差不齐。就残疾人职业教育分布学校来看，全国近三分之二的学校集中在北上广、江浙等东部地区，部分中西部地区的中高等残疾人职业教育院校分散而且少，甚至有些省份还没有残疾人中高等职业学校。其次，城乡之间存在差异。由于我国的城乡二元结构带来了资源配置方式的不同，导致我国城市和农村残疾人接受职业教育的机会也不尽相同。城市拥有丰富的教育资源，因而残疾人职业教育在城市开展得系统而又规范，而在农村地区因为资源的匮乏而显得相对散乱和无序。比如，我国目前还有 24 万左右残疾儿童没有接受义务教育，他们大多集中在农村偏僻地区，主要原因有家庭贫困、交通不便及无特殊教育学校等。再次，残疾类别之间存在差异。目前我国残疾人职业教育主要面向听力残疾和视力残疾，而像智力残疾、言语残疾和多重残疾等其他残疾类型职业教育发展的水平则呈现出明显的滞后性。

二是教育质量薄弱，支持服务水平有待提高。残疾人职业教育质量薄弱。一方面，我国残疾人职业教育的专业设置主要是根据社会需求和残疾人的生理特点进行设置的，为听力残疾学生设置的专业有服装设计、工艺美术、装潢广告设计以及园林设计等；为视力残疾学生设置的专业有针灸推拿学、音乐学、钢琴调律等；为智力残疾学生设置的专业有农林种植、家禽养殖、宾馆服务等。伴随着经济社会的发展，我国三大产业结构的比重发生了重大变化———第一产业明显下降，第三产业随之上升，但专业设置却没有随之发生相应的变化，许多专业设置缺乏必要的市场调查和科学预测，还大都停留在传统的产业和行业之中。另一方面，我国残疾人职业教育体系虽然从体系上看已经形成了从初职到高职的完整体系，但残疾人职业教育内部协同发展机制尚未建立，中高职衔接不畅。

三是师资水平不高，师资队伍建设水平有待提升。首先，作为残疾人职业教育，教师不仅需要掌握专业知识和特殊教育知识，还需要有丰富的实践操作经验，而这类“双师型”教师的数量远远小于实际需求量。截至2012年底，专门从事特教的教师已达到4.37万，这是一个令人欣喜的数字，但是与246万残疾学龄儿童接受特殊教育的需求相比较，这样的师资队伍尽管增幅巨大但仍显不足。其次，教师专业化程度较低，表现为学历层次偏低。残疾人职业教育教师的学历起点偏低，高中、中专毕业占比接近一半，本科学历较少，研究生则更是凤毛麟角。他们当中有相当一部分来自普通师范、职业技术师范和普通高校，未接受过系统的特殊教育专业理论学习和技能训练，因而专业素养也较低。再次，相关教师制度建设缺位。早在20年前的《残疾人教育条例》中就有实行特殊教育教师资格证的表述，但也只是原则性规定，并没有具体的实施要求。残疾人职业教育教师职业发展通道狭窄，职称评审没有单独的通道，需要和普通教师一起进行，但特殊学校教师对象的特殊性，使得教师在课程讲授、教学评比、论文发表等方面均不占优势，职称评审显得异常困难，这在一定程度上影响了教师工作的积极性。

为了满足残疾人职业需求，提高残疾人劳动生存能力，我国应大力发展残疾人职业教育。发展残疾人职业教育首先要通过法律法规对职业教育进行规范，明确办学条件、学生入学标准、教育考核指标等，这是残疾人享受教育的基础。除了法律的强制力外，国家还可以采取其他措施鼓励残疾人教育事业的发展，例如树立典型学校，对教学质量评估结果较高的学校给予表扬和肯定，以增加资金奖励等方式提高学校的办学积极性和竞争性，通过奖励和惩罚并举的方法来提高残疾人职业学校的教学质量。加大残疾人职业学校的资金投入，采取多元化的资金筹集方式，鼓励职业学校扩大规模进行质量升级。国家可以通过对接受残疾人对口实习的企业进行税收减免的方式来帮助残疾人进行实操训练，并为其以后就业打基础，保证其理论联系实际，能够学有所用。

我国残疾人职业教育机构单一，目前主要以公立学校为主，办学并不能满足市场多样化的发展需求，要提高残疾人职业教育质量，引入社会多方力量必不可少。政府要在政策上鼓励企业、社区、各级教育部门等各大机构通过多样化的形式参与或支持残疾人职业教育的发展。市场是对职业教育需求反映最灵敏的地方，因为职业学校的培训最终目的是以就业为导向的，而市场最清楚其需要什么样的人才，通过社会各界的力量可以帮助残疾人更好地明确职业方向，接受更好的职业训练。民间组织具有贴近公众和基层的优势，而这种优势让其对残疾人职业教育充满热情，其可以承担那些政府做不好而企业又未必适合的社会性事务，因此，在发展职业教育的过程中要积极发挥企业和民间组织的作用，丰富办学机构的多元化，根据残疾人身心发展的需要设置合理的残疾人职业教学课程，结合当地的资源和市场需求开办多样化的专业，例如针对残疾人的美容美发、花艺、茶艺、种植、面点、计算机等灵活性的专业，让残疾人职业教育更好地与市场接轨，让残疾人更好地接触先进的教育和科技，才能真正地改变其人生轨迹。在培训过程中与实习相结合，利用实习机会增强残疾人的社会责任感，学会如何与他人合作，并且通过实习让社会也更了解残疾人。良好的职业技能培训可以帮助残疾人不断地自我激励，提高其市场竞争能力，通过不断地学习和努力来追求高质量的生活，提高自身的社会价值。

三、残疾人医疗需求

我国残疾人数量众多，对康复医疗服务和医疗保障等需求强烈。医疗是残疾人重要的民生问题，重要的公共服务问题。“十二五”时期特别是党的十八大以来，残疾人权益保障制度不断完善，基本公共服务体系初步建立，残疾人生存发展状况显著改善。当前我国进入残疾人规模增大、结构变动、风险提高的关键时期，残疾人医疗卫生服务体系面临巨大挑战。残疾不仅是个体身心功能的受损，关键在于社会层面的排斥阻碍了残疾人社会资源的获取，进而影响医疗卫生服务的获取，有必要从社会层面打破残疾人医疗需求释放的障碍壁垒，使其积极融入社会，让残疾人像健全人一样享有医疗卫生服务，实现无障碍战略下残疾人医疗服务的目标。

当前我国残疾人医疗需求主要有两个方面：一是残疾人康复医疗需求；二是基本医疗需求。这两方面与发达国家相比都存在着显著不足，需求未能得到有效释放。

（一）康复医疗需求

我国残疾人康复医疗存在着五方面问题，这使得我国残疾人康复医疗需求未能得到有效释放。一是残疾人康复医疗供给缺口大；二是农村及贫困残疾人康复医疗覆盖面窄；三是残疾人家庭经济负担重；四是基层康复医疗进展缓慢；五是残疾人存在自卑心理。

1. 残疾人康复服务供给缺口大

（1）康复机构建设少且分布不均匀

我国残疾人精准康复机构还不能满足残疾人的康复需求，城市和农村、省会城市和各地市之间还存在一定的不均衡现象，南方城市的康复机构建设优于北方城市，东部优于西部。有些地方的精准康复无法推进最大的原因就是当地的康复机构建设为空白，当前全国有二十多个省市存在这样的问题。而属残联公办的康复机构在所有康复机构的总数中所占的比重还不到30%，如果仅仅依赖这样数量的公办机构，精准康复服务恐怕难以顺利高效地推进。这些都是因为当初在康复机构建设时，没有从长远的角度考虑，对于日后的运营、人员、资金、辐射范围都没有充分规划，导致这些机构建成后不能发挥应有的作用。

中部某省省康复研究中心主任曾说：“我们省现有的康复机构数量很少，有些县一级的残疾人想要接受康复服务，却没有就近的康复机构能满足这一需求。”这反映出我国现有的康复机构数量少且分布不均匀，无法满足残疾人的精准康复需求。

该省某县残疾人托养中心建成已有几年的时间，也开始投入使用了，但是没有运营资金，无法解决工作人员的编制问题，目前无法再继续运行了。民办康复机构由于其运行模式的原因，收取的费用较高，但大部分残疾人和残疾人家庭的收入情况并不乐观，这一矛盾制约民办残疾人康复机构健康运行。

（2）康复人才专业化水平低

残疾人康复工作不仅仅依靠康复医学这一领域，还涉及心理学等其他的学科，是多学科交叉的一项工作，要求康复工作人员要有很高的专业水平。而精准康复服务的项目种类很多，针对不同类别的残疾人有着不同的康复项目和补贴标准，社会对此的关注度也很高。这就要求康复工作人员要不断丰富自己的管理经验、充实康复专业知识，以提高自身的管理水平和专业水平。同时，为满足残疾人的康复需求，也为了能就近为残疾人提供康复服务，各省市建立了康复服务中心，但是很大部分康复服务机构缺乏专业的康复人员，残疾人培训和教育体系不健全，专业化康复服务人才数量较少且分布不均匀，难以满足残疾人的康复需求，制约了残疾人精准康复服务的发展。

（3）残疾人专门协会未能全覆盖

残疾人专门协会是残疾人事业发展的推动者，目前残疾人基层协会未能实现全覆盖是残疾人协会发展的薄弱环节。我国残疾人市级专门协会已实现了全覆盖，但是县级专门协会已建比例为 97.3%，还有少数县没有设立残疾人专门协会。而且专门协会机构还没有形成健全的组织结构，人员设置不合理，没有形成经常性、计划性的活动安排，因而未能在残疾人精准康复服务中发挥其应有的作用。

2. 农村及贫困残疾人的精准康复服务覆盖面窄

第二次全国残疾人抽样调查结果显示，农村残疾人数占全国残疾人数的 75.24%，有接近 20% 的农村残疾人家庭每户的全部收入都低于当地农村的平均收入。由于残疾人自身机能的缺失，加之受教育程度偏低，在就业或者创业方面面临很大的困难，导致他们的收入低且缺乏稳定性，脱贫难上加难又易于返贫，因此农村残疾人无疑是残疾人口中的重点关注对象。由于大部分农村位置偏僻，交通不便，信息流通性差，对残疾人康复知识和相关政策的宣传教育滞后，使一些残疾人对精准康复服务这一行动、康复项目内容、康复流程等的了解甚少。农村社区康复服务设施和康复机构少，康复人才缺乏等因素，造成了农村残疾人的精准康复覆盖面十分有限，多数残疾人尤其是农村及边远的残疾人难以得到精准康复服务。

3. 残疾人家庭经济负担重

部分民办康复机构不属于定点康复机构，因而没有专项资金补贴，收取的费用相对也较高，部分残疾儿童家长更倾向于选择这类民办康复机构，随之而来的就是康复费用的提高。某省残疾人联合会康复部主任介绍道："一些残疾儿童家长更倾向于选择民办康复机构，即使这些民办康复机构不在专项资金的补贴范围内。然而民办康复机构收费高，因此超过补贴范围的费用都要残疾人家属自己支付，这无形中加重了残疾人家庭的经济负担。"

就智力康复来说，0—6 岁儿童到公办康复机构参加认知及适应性训练，每人每年的经费补贴为 12000 元，这项经费足以支撑残疾儿童一年的康复费用。部分残疾人家属认为民办机构的康复技术等要优于公办康复机构，因而他们会选择费用较高的民办康复机构，这造成了一部分康复资源的浪费，而且增加了其经济支出，加重了整个家庭的经济负担。

4. 基层精准康复进展缓慢

在山西省残疾人精准康复服务行动中，有的县市没有认真落实残疾人动态更新工作，上级部门对残疾人数据的监测就存在误差。此外精准康复服务不是残联一个部门的工作，各相关部门应该协力合作，但是这一情况并不乐观，导致残疾人精准康复服务工作进展缓慢，有的县市甚至一年都没有一名重度聋儿接受国家人工耳蜗项目救助，这说明在各部门衔接的过程中出现了问题，既无法满足残疾人的康复需求，还导致了康复资源的浪费。

某省残疾人联合会康复部主任介绍道："有些残疾人家属会直接打电话到省残联康复部，让我们帮忙解决问题，有些是地市的，还有些是县区的，精准康复工作都是层层落实的，有些地方的康复部存在推诿的问题，有些甚至打不通电话。"正是这些基层的相关部门精准康复服务落实不到位，不能有效为有需求的残疾人提供精准康复服务，因此使得这项工作的进展比较缓慢。

听力残疾、言语残疾、肢体残疾、精神残疾等残疾类别所对应的康复项目中，有 29 项将被纳入医疗保险的报销范围，但是各地市在这一问题的推进上没有做到认真负责，有的县市甚至还没有开始执行。基层组织残疾人精准康复工作推进缓慢，未能按照流程严格落实，执行不力，阻碍了整个残疾人精准康复工作的进程。因此，无障碍制度环境建设成后可以大大释放残疾人康复医疗需求。

5. 残疾人存在自卑心理

不管是先天性残疾还是后天意外情况导致的残疾，都能在接受康复服务后得到不同程度的康复，可是部分残疾人却由于自卑的心理而不愿接受康复服务。在问及"残疾人接受康复服务最大的阻碍因素是什么"时，某省康复研究中心的一名工作人员回答："最大的阻碍就是自卑心理，这是他们在接受康复服务时最大的心理障碍，他们觉得自己和正常人不一样，会受到别人的轻视。最明显的表现是平时总是小心翼翼，走路时不愿意抬头，害怕别人异样的眼光。"自卑心理的阻碍，使得这些残疾人无法保持阳光乐观的心态，对生活失去信心，自暴自弃，心理健康问题严重，会直接影响精准康复效果。社会人员应该用平等、友爱的眼光去看待残疾人，从观念上消除社会排斥，同时康复机构在提供康复训练与治疗的同时，也要为他们提供心理康复培训。因此，无障碍文化环境也能促进残疾人康复医疗需求的释放。

（二）基本医疗需求

当前我国残疾人医疗卫生服务主要问题之一就是残疾人医疗卫生服务需求并没有得到满足。一方面残疾人和健全人相比，医疗卫生服务需求更大方面是残疾人医疗卫生服务可及性还有待提升。

残疾人和健全人相比，疾病发病率更高，更需要相应的医疗卫生服务。残疾人由于机体功能障碍等原因，无法像健全人那样接受教育、参与社会活动，残疾人活动范围、频率受限，心理负担重，生活自理能力较差，无法很好地保持健康的饮食生活习惯，残疾人老龄化问题，这些均导致残疾人疾病发病率比健全人更高。残疾人健康水平和残疾严重程度相关，对于多重残疾人而言，健康指标更不容乐观。不少研究对残疾人体检数据进行分析，发现残疾人是一些慢性疾病的高发人群。

医疗保健支出是残疾人家庭的较大开支，反映出残疾人医疗卫生服务需求很大。根据 2013 年度残疾人状况及小康进程监测报告数据显示，城镇残疾人家庭人均消费性支出排在前三位的依次是食品支出、医疗保健支出和居住支出，分别占 48.4%、18.5% 和 13.1%，比上年度分别增加了 439.6 元、198.7 元和 139.9 元。2013 年度，农村残疾人家庭人均消费性支出排在前三位的依次是食品支出、医疗保健支出和居住支出。食品支出占总支出的 48.5%，比上年度增加了 2881 元；医疗保健支出占总支出的 1.8%，比上年度增加了 148.4 元；居住支出占总支出的 16.0%，比上年度增加了 66.3 元。

残疾人医疗服务需求很大，但残疾人医疗卫生服务可及性还有待提升。一方面，残疾人经济较为困难，收入较社会平均水平而言较低；另一方面，残疾人医疗保险、医疗救助还需要进一步完善，残疾人医疗保险、医疗救助范围、水平还需提高，导致残疾人医疗卫生服务可及性还有待提升。无论是城镇残疾人，还是农村残疾人，参加康复服务的比例并不高，与“人人享有康复”的目标还有很大的差距，见表 3-4-3、表 3-4-4 所示。

表 3-4-3　城镇残疾人家庭救助需求情况（单位：%）

	2007 年	2008 年	2009 年	2010 年	2011 年	2012 年	2013 年
医疗救助	57.8	54.3	56.3	54.3	54.9	52.7	52.5
生活救助	41.4	40.6	49.5	48.7	50.3	45.2	41.8

续表

	2007 年	2008 年	2009 年	2010 年	2011 年	2012 年	2013 年
康复救助	30.1	27.9	26.5	24.1	24.8	25.6	26.0
教育救助	10.4	10.3	7.6	7.0	5.8	7.6	7.8

数据来源：2013 年度残疾人状况及小康进程检测报告。

表 3-4-4　农村残疾人家庭救助需求情况（单位：%）

	2007 年	2008 年	2009 年	2010 年	2011 年	2012 年	2013 年
医疗救助	69.1	66.8	66.2	63.5	63.6	62.3	59.7
生活救助	60.2	61.8	65.0	66.2	66.6	68.6	65.6
康复救助	37.9	35.6	32.0	30.5	29.4	29.8	27.5
教育救助	14.7	12.7	13.9	13.2	11.3	10.2	9.3

数据来源：2013 年度残疾人状况及小康进程检测报告。

此外，我国残疾人基本医疗保险与疾病负担也存在着如下几点问题，使得需求无法释放。

1. 残疾人基本医疗保险覆盖率较好，但保障程度偏低

经过十多年的建设，我国已经初步建成了医疗保障制度体系框架，基本医疗保险与各种形式的补充医疗保险相结合，并针对弱势群体建立了相应的医疗救助制度。基本医疗保险的高覆盖面一定程度上减轻了残疾人的疾病经济负担，缓解了看病难的问题，但保障水平有限，缴费多自行承担，报销比例偏低、报销范围较窄。

2. 残疾人对基本医疗保险满意度较低

基本医疗保险是残疾人社会保障体系的重要内容，但从收集的数据来看，残疾人对医保的满意度较低。原因是多方面的，可能涉及政府、个人、医疗机构等，残疾人就医相对更难，医疗费用上涨、收入不高，资金承受能力有限。具体而言，残疾等级越低、少年儿童和壮年、家庭成员较少或较多、非低保的残疾人往往对医保较不满意。其一般社会特征，可能在残疾人这一社会脆弱群体中易被忽视。在精准扶贫、健康扶贫的当下，既要针对性提高不同类型残疾人的医保满意程度，又要整体缓解残疾人疾病经济负担，

是一项综合性的系统工程，需引起重视。

3. 残疾人灾难性卫生支出风险较大

残疾人由于生理、心理、智力上的障碍，直接或间接导致其在受教育水平、就业率、在业等方面与一般人群有较明显差距。残疾人的低文化水平、低就业率及较低的收入水平对其医疗消费产生了抑制作用，潜在的医疗需求无法有效转化。同时，身体状况往往导致常见病多发，抵御疾病风险能力弱。一旦发生医疗费用，有更大的可能性发生灾难性卫生支出。如果没有政府和社会的帮助，大多数情况下难以主动改变，陷入贫困、疾病的恶性循环。

四、残疾人体育文艺需求

（一）残疾人体育需求

据相关数据显示，我国残疾人总数超 8500 万，占全国总人口的 6. 21%，残疾人口以每年 70 万—80 万的速度增长，背后涉及庞大的残疾人家庭，关乎我国超过 2 亿人民的生活幸福。自 2016 年“残疾人体育健身计划”推行以来，“平等”的理念和“共享”的实践，保障了残疾人体育参与的权利。随着《“十三五”加快残疾人小康进程规划纲要》和《残疾人文化体育工作“十三五”配套实施方案》两大政策的颁布，残疾人群众体育得到前所未有的重视。残疾人群众体育的蓬勃发展、完善是重要的民生工程，多层次、多元化地开展相关体育活动，着实对残疾人生活和康复等具有极其重要的价值及意义。我国在政府主导和重视下，投入了大量的人力、物力、财力，取得丰硕成果。但是残疾人体育需求的满足任重而道远，目前看来还存在以下现象和问题。

1. 残疾人参与体育活动的需求与现实社会环境之间矛盾突出

残疾人体育公共服务体系是指体育公共服务的供给主体能充分满足残疾人在特殊体育公共发展的需求，包括内在心理和外在行为方面提供特殊的基本要素和条件的公共产品和服务所构成的有机整体。据研究报道，我国残疾人体育服务体系与发达国家相比，还有很大差距。近年来，国家关于残疾人体育出台了很多法规、文件和政策，特别是在国家《“十二五”发展规划纲要》中明确提出了：“要加快残疾人事业发展，健全残疾人社会保障体系和服务体系。”但是，由于受经济、文化等条件的制约，体系还很不完善，全国残疾人体育公共服务体系处于不平衡性发展。

在所有被调查的残疾人中，按照“每周锻炼 3 次以上，每次锻炼 30 分钟以上，每次中等强度以上”的标准，残疾人体育人口为 7.4%，与我国群众体育人口比例 33.9% 相差甚远。每周锻炼 3 次以上但未达到 30 分钟、偶尔参加体育锻炼、从不参加体育锻炼、每周锻炼在 1 到 3 次的比例分别为 14.8%、58.2%、21.5%、5.5%。

由此可以看出，残疾人体育活动的现状很不乐观，由于残疾人生理和心理方面的缺陷，大多数在运动方面自卑心理较强，有些由于肢体的残疾，活动功能受限等原因制约了体育活动的参与。但是，现状的不乐观，不能说明残疾人体育需求的低下。如果当社会能够以平等的视角关注残疾人，给予残疾人参与体育活动的各项权利得到保障和支持，为其提供多元化的体育公共服务利益补偿和便利时，残疾人坚持参加体育活动也会成为一种习惯。调查中，当问到不参加体育活动的原因时，没有适合残疾人体育锻炼的场地器材、没有适合残疾人体育锻炼的项目、没有指导者而不会锻炼、没有兴趣、身体受限的比例分别为 33.2%、28.1%、17.3%、24.2%、48.2%，由结果可以看出，大多数残疾人有参加体育活动的愿望，并且与现实社会环境之间矛盾较为突出。

2. 残疾人参与体育活动动机多元化，多集中在强身健体和康复医疗方面

调查结果显示，残疾人参与体育活动为提升自身的生存和身体健康需要的占 48.4%，保健康复的占 44.7%，缓解生活压力的占 37.5%，娱乐消遣的占 35.6%，人际交往的占 24.2%，提高技能的占 15%，由此可以看出，残疾人体育动机首先满足生存，再衍生到康复、解压、娱乐、交往等，也符合马斯洛层次理论学说。为鼓励和确保残疾人参加体育活动，在残疾人体育公共产品的配置时，应做到因地制宜，因残疾类型和残损程度而异，所提供的场地、器材、用具、辅助设施必须考虑到残疾人的便利性、功能性和多样化。

3. 三类残疾人体育公共服务体系需求认知偏低，表现出明显的差异性

由于受残疾的影响，大多数残疾人受教育水平偏低，他们不能理解体育公共服务平台的真实意思，对创造残疾人体育公共服务平台表现出无所谓态度，调查中女性选择“没必要”和“无所谓”的高于男性。不同的残疾类型，视残者“无所谓”的态度高于听残者和肢残者，这与残疾程度对生活、

学习、工作影响程度不同而表现出不同。但当他们通过讲解，了解了公共体育服务后，表现出了强烈认知和迫切愿望，有78%以上的残疾人希望政府能够为其提供适合的体育公共服务和公共产品，促其身体康复和增进健康。

满足我国残疾人需求，促进我国经济高质量发展可以调动以下要素。

一是物质要素。从调查来看，适合普通残疾人参加群众体育活动的专用场地设施较少。各社区、街道、县区均无专门的残疾人体育场（馆）、器材设施和残疾人群众体育健身活动示范点。在公共体育场（馆）设施或社区周边学校体育场（馆）中，部分体育公共设施不符合无障碍要求，不便于残疾人使用。目前，社区内仅有的残疾人体育健身器材或特殊体育用品用具是康复类的器材，这些康复器材安放在活动室，无人管理，少有残疾人使用。另外，残疾人的专用体育器材存在品种少、价格贵、配件缺等诸多问题。

二是经费要素。经费支持是残疾人体育公共服务体系得以顺利发展的重要保障。根据公共产品的需求弹性理论，随着社会发展，公众对公共产品与公共服务的需求随着收入水平的提高而增长，要求政府及时增加公共支出。调查显示：目前各社区尚无专项残疾人体育经费。可见，残疾人的体育公共服务经费几乎为零。从各县区残疾人协会调查可以看出，每年政府仅为各协会拨款经费也很少，远远不够维持活动运转。

三是人力资源要素。人力资源要素主要包括特殊社会体育指导员、体育志愿者等。目前，我国的社会体育指导员队伍日益壮大，到2011年已达到60多万人，其中，国家级社会体育指导员4000多人。但遗憾的是，我们所调查的社区中，特殊体育指导员的比例尚不足1%，特殊体育指导员的规模、数量、结构、质量和服务作用全然没有满足残疾人日益增长的体育健身服务需要。

四是制度资源要素。制度资源要素包括残疾人体育公共服务的组织管理体制、政策法规等一系列制度的制定与完善。从调查来看，残疾人体育组织仅有市残疾人体育协会，县区、街道、社区均未建立残疾人体育组织，如残疾人体育协会、残疾人体育社团或残疾人体育俱乐部等。目前，残疾人体育活动组织依托于各县、区残疾人协会。社区残疾人协会主要配合社区居委会做好本社区的各项残疾人工作，如康复、提供帮扶服务等，并未明确进行专项残疾人体育组织和管理的工作要责。

五是信息资源要素。据调查，85% 的残疾人认为，社区没有为残疾人提供相应的公共服务信息，也没有为残疾人参加体育活动进行必要和积极的宣传。部分贫困和偏远山区的残疾人，因基本生活保障尚无落实，提供体育公共服务信息的物资条件尚不具备。

（二）残疾人文艺需求

我国现有 8500 万残疾人、2.5 亿残疾人家庭，这是一个相当庞大的特殊群体，如果忽略了他们，就不能建成真正的和谐社会。残疾人在社会文明进步中付出了沉重代价，作为弱势人群，他们和健全人的需求大体是一致的。在社会大家庭中，尽管部分重度残疾人有特殊需求，需要特殊服务外，残疾人还渴望学习和工作的机会，渴望在社会精神文化领域获得一份食粮，开辟一片创造的天空，这样的愿望，无论是残疾人的优秀代表还是普通残疾人，都是同样强烈与迫切的。因此，推动文化大发展大繁荣，特别是满足残疾人日益增长的多样化精神文化需求，就显得特别重要。然而，我国残疾人的文化需求的满足还有很长的路要走，当前残疾人文化需求满足现状存在如下几点问题。

1. 残疾人文艺主要内容和表现形式比较单一

《残疾人权利国际公约》第 30 条规定，缔约国保障残疾人参与文化生活、娱乐、休闲和体育活动。《中华人民共和国残疾人保障法》（以下简称《残疾人保障法》）第 41 条规定："国家保障残疾人享有平等参与文化生活的权利。各级人民政府和有关部门鼓励、帮助残疾人参加各种文化、体育、娱乐活动，积极创造条件，丰富残疾人精神文化生活。"目前，残疾人文艺内容，主要表现为简单的生活娱乐活动，并无实质的主题和内容指向，残疾人平等而广泛的参与权也没有得到全面落实。不利于残疾人文艺的全面发展。《中华人民共和国残疾人保障法》第四十三条明确规定了五种形式丰富残疾人的精神文化生活。但是实际当中也主要局限于几种常见的形式，更多的形式无法得到实现，离法律的这些规定还有很远的一段距离。毛泽东主席最早对文艺提出了"百花齐放，百家争鸣"的方针，这不仅仅是对内容的要求，更是对形式的要求。多元的文艺形式可以使内涵得以生动的体现，并得到进一步的升华。表现形式的多样化目的还在于使残疾人文艺的价值得到全面充分的发挥。

2. 残疾人文艺的文化价值内涵相对肤浅

从残疾人目前涉及的主要内容和表现形式来看，由于内容和形式的单一性，导致了残疾人文艺所体现的价值内涵不深刻，也没有发挥出文艺对残疾人这个特殊群体的独特功能。各地方所开展的一些小范围内的活动目的和宗旨并不是十分明确，仅仅局限于形式上的动作，不能够满足广大残疾人更深层次“精神食粮”的需求，也没有发挥出残疾人应有的创造力。

3. 残疾人文艺的需求与满足开发不足

残疾人文艺的发展必须具备两个先决的条件：一是残疾人文艺的需要；二是对残疾人文艺需要的满足。只有这两个条件同时得到满足的时候，残疾人文艺才可能得到长足的发展。目前残疾人文艺在发展上存在动力不足的原因也就是这两个方面条件开发不足。首先，要开发残疾人对文艺的需求，就必须激发出残疾人对文艺创造的活力和热情、对生活的坚定信仰，激发出残疾人自尊、自强、自立、自信这种生命顽强的精神，激发出残疾人在自身条件限制下对艺术和职业执着的追求。其次，要满足残疾人对文艺的需求，就必须加强理论指导和组织建设，必须开发新的项目、培养优秀的文艺队伍，必须加大对残疾人文艺的财力物力支持，发展残疾人文艺产业也成为必然。

满足我国残疾人文化需求，促进我国经济高质量发展可以从以下几方面入手。

1. 立足核心价值体系，定位多元化取向

未来残疾人文艺的发展，应当紧紧把握住时代思想发展的潮流，紧跟当前我国社会主流价值观。坚持以科学发展观为指导，定位于社会主义核心价值体系，把社会主义核心价值观作为残疾人文艺建设最根本的价值衡量标准和任务，努力在全残疾人领域形成共同的精神文化支柱。同时，残疾人文艺的发展应当坚持为人民服务，为社会主义服务，“百花齐放，百家争鸣”的“二为”和“双百”方针，让残疾人文艺成为丰富多样、具有包容性的文艺。

2. 丰富残疾人文艺内容和形式，构筑残疾人共有精神家园

树立起残疾人的精神支柱，对帮助残疾人心理健康以及增强残疾人的生活动力和勇气非常重要。残疾人虽然身体残疾，但应当努力做到精神不残疾，特定的条件下他们往往比正常人更执着，更有耐力，更崇尚追求。因

此，未来发展残疾人文艺事业，在内容上，应当更加注重文艺内涵的表达，更加注重残疾人价值观的宣扬；在形式上，应当更加体现多元化，更加体现出残疾人的精神表达，以此不断丰富残疾人的精神食粮，建立起残疾人共有的精神家园，让更多的残疾人在精神生活上更加丰富、更加坚强。

3. 改革残疾人文艺体制，加强残疾人文艺组织创新

残疾人文艺的发展和全面繁荣，首先是离不开残疾人文艺组织建设。组织建设是残疾人文艺发展的保障条件，组织是残疾人文艺的主导者。组织建设一方面可以为文艺的开展提供物质保障，另一方面，完善的组织建设可以为文艺工作提供指导和方向性指引。积极改革和完善现有的文艺体制是势在必行的。从制度设计和安排的角度，可以成立专门性组织以负责开展文艺工作，从而增强文艺工作的目的性，保障文艺工作在组织的指导下规范、有序地开展，并顺利实现转型、升级。

4. 壮大残疾人文艺队伍，培养残疾人文艺领军人才

残疾人是残疾人文艺的主体，而队伍和人才则是残疾人文艺建设的关键。因此，残疾人文艺要实现突破式和跨越式发展，必须在文艺的创造主体上下功夫。一是加强残疾人文艺队伍建设。只有把残疾人文艺队伍壮大，才能使残疾人文艺的开展成规模化，上升到专业化。二是培养一批残疾人文艺领军人物。优秀的领军人物不仅能够对残疾人文艺的发展起到个人独特创造性贡献，而且可以有效地影响并带动他人积极从事、参与文艺工作和创作，对残疾人文艺的发展具有积极的推动作用。

5. 促进残疾人非遗就业

自 2001 年中国昆曲列入世界级“非物质文化遗产名录”以来，非物质文化遗产逐渐被社会重视，非物质文化遗产（以下简称“非遗”）保护传承工作成为我国当前文化发展的重中之重。近年来，非遗保护与传承事业在学者们努力探索发展之下已基本步入正轨，但事实上，非遗保护与传承工程还有很长的路要走，非遗面临的诸多实际性问题还没有得到解决，非遗正面临传承困难后继无人的发展状况，即当前非遗事业急需大量人才的投入。在非遗保护与传承后继无人、残疾人口基数庞大，就业困难这一双重背景下，残疾人从事非遗相关行业似乎可行，即残疾人有望成为非遗艺术的传承者和发扬者。

其实，早在2012年，国内就有残疾人尝试从事非遗工作的例子，到了2015年，残疾人非遗就业进入萌芽阶段，许多手工艺类非遗，如剪纸、刺绣等传承人通过政府组织开始进行残疾人非遗教学，诸多“残疾人学习非遗改变人生”“残疾人传承非遗”此类新闻报道如雨后春笋般出现。这样的现象暗示着“残疾人+非遗”的可行性，对残疾人就业发展也起到一定程度的鼓励性作用。综合各类报道，并结合当前非遗传承现状，我们可以发现：残疾人就业率低、就业层次低、职业单一、薪资不高等问题，都可以在残疾人非遗就业中得到解决和发展的办法。从非遗传承角度来说，非遗传承困难、缺乏创新等问题也可以从残疾人非遗就业中得到缓解。

据中国非物质文化遗产网统计，截至2015年，各省市申报的国家级非遗已达1000多项，而手工艺类非遗仅仅为其中一小部分，在这1000多项非遗中还有很多非遗的项目可以与残疾人就业结合起来，例如，占我国非遗总数目一半的音乐类非遗就因其多样化和本土化的性质深受人民群众的喜爱，残疾人就业问题在音乐类非遗中也可以得到很好的解决，且因音乐类非遗具有与其他非遗艺术不同的独特性质，如娱乐性、舞台即时表演等，残疾人甚至可以在音乐类非遗的工作中获得更多的自信心、自尊心及人生价值。且经研究显示，部分残疾人已经从事非遗的一些门类工作，他们不仅能够胜任，甚至在某些艺术、技艺学习方面较普通人更具有优势，这些方面极大提高了残疾人音乐类非遗就业的可行性，让我们看到残疾人非遗就业还存在很大的提升空间。总而言之，残疾人非遗就业对于残疾人就业问题与非遗传承问题都存在很大的互益性，具有一定的发展意义。但目前残疾人非遗就业发展规模较小，社会关注度也较低，残疾人非遗就业应多尝试其他可能性，以取得最大的发展空间。

第五节　无障碍扩大健全人需求的途径

无障碍的内涵大体经历了从狭义到广义的发展。狭义的无障碍即所谓免于障碍的设计、产品和服务，英文原为 Barrier-Free Design（无障碍设计）。广义的无障碍是今天所说的通用无障碍，英文原为 Accessibility Design（可及性设计）。

在无障碍发展的初期，为了满足残障人士的正常的生活需求和社交活动，社会和政府开始设计和提供专门的产品和服务以解决残障人士所面临的不同程度的、不同类型的障碍问题。起初集中于无障碍设施（Barrier-Free Facilities），即方便障碍者使用的安全便利性设施。这时，无障碍的服务对象主要包括肢体障碍者、视觉障碍者、听觉障碍者、言语障碍者和智力障碍者。后来，无障碍的外延扩展于无障碍环境，指为了保障障碍人群在居住、出行、工作、休闲娱乐和参加其他社会活动时能够自主、安全、方便地通行和使用各类设施及环境，更强调可及性设计（Accessibility Design）。

狭义无障碍向广义无障碍的转变与两方面的因素有关。一是，在实践中如果仅为残障人士进行特殊设计，不仅要付出大量的科研成本和设计费用，还难以适应不断发展变化的社会状况。二是，人们逐步认识到，不仅老年人、儿童会面临障碍的情况，到一个陌生的环境或者健康人在特定的情况下也会遭遇障碍。老年人随着年龄的增长，出现器质性衰退，表现出视觉、听觉以及其他身体功能的衰退，带来行动的迟缓和不便，造成他们在日常生活和社会生活中经常处于不便利的境况。随着人口寿命的增长和老龄化的不断加速，老年人功能衰退的人数不断增加。儿童的各项身体结构和机能相对成人而言较弱，他们还不具备完整的认知和应对能力。

随着市场经济的繁荣和发展，城市中的人口流动越来越大，快节奏的生活和便利的交通给人们的出行提供了可能。人们常常去一些不熟悉的地方工作、学习和交流。如果陌生环境缺乏恰当的引导标识，无法帮助外来人士较快熟悉环境和使用设施，会造成他们的行动障碍。改革开放以来，随着中国开放程度的不断深化，来华工作、生活、学习、游览的外国人越来越多，由于语言的限制和无障碍环境建设的滞后，造成诸多不便，增加了工作、学习和交流的成本。针对这些人群，需要在无障碍建设中设计易懂的语言标识，采用易于理解和记忆的国际标准化图标。同样的，中文标识和恰当的引导图标等无障碍设计和服务，也为国人走向世界提供了便利。

除上述人群外，普通健康人士在特定时期或者特定处境，也需要无障碍设施。如携带重物时、手推婴儿车时、受伤或患病期间、疲劳时、怀孕时，无障碍设施将提供很大便利。无法读懂文字标识的文盲或半文盲、无法辨别某类色彩的色弱人士等特殊需要人群，都需要更人性化的无障碍环境。所以，在无障碍建设过程中，对于健全人士的无障碍需求的考虑同样具有重要意义。

我国健全人除上述所提到的临时性的对无障碍设施的需求外，在以远程医疗、远程教育为代表的在线科技，和以机器人、网购配送为代表的增加商品服务可及性的创新商业模式等方面也有着强大的需求。这些商业模式体现着无障碍理念，也可视为无障碍设计。

一、在线科技

以远程教育、远程医疗为代表的在线科技是我国挖掘健全人对无障碍教育、无障碍医疗需求的主要潜力空间。远程教育、远程医疗都是残疾人获得教育、医疗资源的常用方式，但由于健全人在出行方面成本较低，这种高效的教育与医疗资源获取方式却并未得到大范围推广。经过 2020 年初的新冠肺炎疫情，远程教育和远程医疗逐渐受到了国家重视，未来极有可能在健全人市场中引发需求的爆炸式增长。

（一）远程教育

我国拥有 960 万平方公里的陆上领土，幅员辽阔、地形复杂是我国的重要国家禀赋。然而，这种独特的国家禀赋也使我国在对偏远山区提供义务教育的问题上遇到了难题。我国广大的农村地区教育教学资源匮乏、师资短缺、教育质量不高，即便政府想投入更多资源提振山区义务教育，也因学龄儿童人口过少且分布过于分散无法找到合适的投放地点。我国有3.75万所农村初中，38.4万所农村小学，3109万农村初中在校生，8142万农村小学在校生。我们至少应使他们具备卫星教学收视点，具备教学光盘播放设备和成套的教学光盘，每所农村中小学要培训1—2名熟悉教学、懂网络技术的管理人员。在5G建设的大时代里，有条件的地区应给农村中小学配备更先进的可实时互动的网络设施，链接大城市优秀的教学资源。

（二）远程医疗

远程医疗是特殊应用场景刚需应用，未来市场空间巨大。远程医疗之所以会成为解决2020年新冠肺炎疫情的重要推力之一，主要在于远程医疗的核心优势。远程医疗能免除面对面地接触或集聚高危人群，在流行性传染病暴发期能帮助有效解决健全人对于被传染风险的厌恶。2018年我国远程医疗行业市场规模已经达到491亿元，经过新冠疫情的洗礼，未来远程医疗市场空间有进一步扩大甚至爆发的可能。根据中投顾问产业研究中心数据统计预测，未来五年我国远程医疗市场平均复合增长率约为27.63%。

二、生活便利性创新

（一）机器人应用

无障碍环境建设在交通方面增加了各种便于轮椅通行的坡道，在高铁等交通工具上增加了便于轮椅就座的车厢，在公共环境中设置了各种信息无障碍设施，如传感器、二维码等，把整个公共环境变成了一张大数据网络，这一切在为残疾人服务的同时，也为机器人的大规模在生活场景中应用创造了条件。科学技术的发展不可能单纯停留在实验室里，必须要产生巨大的社会需求，建成相应的社会配套基础设施。无障碍环境使得轮型机器人得以大规模应用，而用轮子代替机械腿，可以简化平衡系统，大幅降低机器人制造成本，也就降低了轮子居民的购买价格，增加了有效需求。这为我国抢先占领生活机器人产业的先发优势奠定了基础。

（二）网购配送

无障碍环境建设在降低物流成本方面能起到重要作用。无障碍环境建设主要包括建筑无障碍、交通无障碍、信息无障碍。这三方面无疑是物流成本降低的关键。以近些年中国领先全球的电商行业为例，无论是淘宝、京东、我买网、拼多多，其销售的货品大同小异，比拼的是哪个电商平台能提供最方便、快捷、便宜的物流。然而各家物流比拼到最后，发现自己无论如何投入资本改善自身的仓储、运输、调配，即便用上了较为原始的电动三轮车依旧解决不了物流过程中“最后一百米”的问题——很多居民区由于建设时间较早，小区内遍布着各种台阶且六层以下无电梯，送货车辆无法开到楼前，大件物品送上楼需要凭借人力。无障碍环境建设能根本上解决物流过程中的“最后一百米”问题。

* * *

中国无障碍建设尽管取得了显著的成绩，但从整体看还存在许多问题，相当多的无障碍需求还未能满足。首先是政府的基础设施建设需求，从无障碍建筑到无障碍交通最后到无障碍信息环境，都有很大的提升空间，这涉及大量的投资，对拉动我国内需有很大意义。而且这种基建投资不需要过多的后期持续维护成本，不会对未来造成经济负担。因此无障碍的政府需求应当尽快释放。其次是老年人无障碍需求，从老年人整体需求潜力的挖掘到老年人养老服务和产品的完善，从旅居养老需求的释放再到文娱需求的开发，无障碍的不完善都成了我国老年人需求扩大的瓶颈。一旦无障碍环境的瓶颈被打开，我国老年人需求一定会进一步释放，中国老年人存在银行里收益率和经济贡献率极低的存款将被激活，拉动起我国“新时代”的经济列车。再次是远未与健全人需求持平的残疾人需求，从衣食住行和辅具等基本需求，到教育医疗等公共服务需求，再到文艺体育等改善性需求，满足这些需求本身就是无障碍环境建设的一部分，完成这些工作满足这些需求是政府和社会全员的人道主义义务，即便没有利益可言也是必须要做的。况且本书已经论述了提高残疾人就业率在我国“新时代”经济发展中对扩大劳动力供给的重要作用，这就说明满足残疾人需求对我国经济发展和全社会收入提高都是有益的，那么残疾人需求就更应该被满足了。最后是健全人的一些需求，看似这些需求得到满足是靠着并不区分障碍群体和非障碍群体的一些技术和商业模式，但其实它们都渗透着无障碍的可及性和通用性理念。可以推想，如果技术和商业模式都能有无障碍理念为指导，那么未来我国还将发展出更多满足包括障碍群体与健全群体在内所有人需求的新事物，提升社会全体成员福祉。

第四章

无障碍对提升供给的作用

供给侧结构性改革虽然强调我国经济发展要更加依赖内需，需求侧要扩大，并同步完成需求升级，但其最主要的侧重点还是在供给侧。无障碍只有在需求、供给两侧同时发力，才能帮助我国完成供给侧结构性改革，推进我国“新时代”经济高质量发展。第二章阐明了劳动力总供给因无障碍而发生的扩大的道理，并对相应的经济增长的影响也做了介绍，第三章也已经系统地介绍了我国无障碍战略的实施将对我国需求侧的扩大起到的促进作用，本章将进一步介绍我国无障碍战略的实施对我国供给侧升级与结构调整起到的促进作用。

无障碍对我国经济供给侧的升级与结构调整的促进作用既有无障碍自身相关行业的产品的升级与行业比重的调整，也有无障碍战略落实后对其他产业升级和比重调整的带动作用。所谓无障碍自身相关行业，主要是直接或间接提供无障碍产品或服务的各类行业——它们生产辅具、老龄化产品和儿童产品，特别是通过信息智能技术提供解决听障、视障和智障的产品。这些行业通过无障碍环境的建设和改造来实现无障碍的发展。这一类的产业如康养产业、辅具产业、体育产业等。传统无障碍产品已经经历过多次升级，从仅仅考虑使用功能，到开始考虑个性化与美观。如 1988 年纽约市现代艺术博物馆展出题为“设计给独立生活”的无障碍产品系列展览，不仅考虑语言、文化和风俗的差别，而且结合美观、个性、定制等需求取向，体现了无障碍向更高级、更多元、更完善的方向迈进。无障碍行业有着这样不断进取的历史传统，相信在我国供给侧结构性改革的浪潮之下一定会进一步升级，绽放新的光彩。从无障碍战略带动其他产业供给侧升级和结构调整的角度看，无障碍对人类生活的品质和与之相对应的环境、工具、商品提出了更高的要求，要求满足后还能进一步提高生产效率。一方面，随着工业 4.0 的发展，无障碍战略也会为互联网商业、人工智能等产业开辟巨大的发展空间，使健全人享受到更方便的、更高质量的生活方式。这一类的产业如教育产业、文化旅游产业、交通运输产业。另一方面，随着障碍人群或相对身体衰弱的人们可以更好地融入社会，我国的劳动力总量也将有大幅度的提升，残疾人、老人的加入将在老龄化社会的大背景下给我国带来一波意料之外的劳动力红利，这也有助于我国供给侧结构性改革，有利于经济高质量发展。

沿着以上思路，本章将分别介绍无障碍对我国旅游产业、康养产业、社会保险体系、公共交通产业供给的提升作用。

第一节　无障碍对旅游产业发展的促进作用

一直以来，由于我国对无障碍需求的认识不足，认为障碍人群的旅游需求较小，无障碍设施建设中投入的资源远远落后于需求增加的速度。甚至我国旅游景区无障碍建设标准基本是空白的。随着我国物质文明和精神文明的提升，以及全域旅游的发展，越来越多的障碍人群走入旅游景区、公园和风景名胜区，这个问题才渐渐显露出来。因此，旅游景区无障碍环境建设日益成为公众关心的问题。我国开展旅游无障碍环境建设工作具有与世界各国不同的特殊意义。一方面，我国无障碍发展还不够全面，远远落后于发达国家。另一方面，与发达国家不同，我国残疾人和老年人的数量多，且中国人旅游出行喜欢携家带口全家出行，这就导致无障碍环境成熟与否关系到了更多非障碍人群的旅游选择，无障碍旅游的供需缺口就比发达国家更为明显。这就为我国的无障碍旅游环境建设提出了更高的要求。

我国经历了40年的高速经济增长，财富的主要创造者已经部分步入老年。他们由于工作压力与时代观念限制，年轻时空闲时间较少，省钱观念重，旅游经费也少，导致了长期的旅游需求压制。这部分老年人的旅游意愿在退休后往往呈爆发式增长，但由于无障碍相关因素，这部分旅游意愿依旧不能全部释放。仔细分析，制约其旅游意愿转化为实际需求的无障碍相关因素主要是人身安全和自身行动能力。如果无障碍制度环境和设施进一步完善，并且引入保险公司和旅行社成为利益共同体，必然能促进障碍群体旅游需求的爆发式增长。

一、旅游环境无障碍建设中的问题与对策

我国旅游行业的无障碍建设离障碍群体真实的要求还有很大差距。具体体现在：无障碍景区总体规划无标准、无经验；无障碍设施建设不成体系、设计不合理；无障碍旅游信息服务智能化和人性化水平不高；无障碍旅游市场化程度不高。只有提高标准，加大投入，才能保证旅游行业的无障碍供给提升。旅游产业的无障碍环境有待提升的方面主要有无障碍景区总体规划、无障碍旅游设施标准、无障碍旅游信息服务和无障碍旅游市场机制等。在无障碍指引下，这些方面将提升到一个新的高度。具体提升细节如下。

（一）无障碍景区总体规划

我国地域辽阔，旅游景区、公园、娱乐场所的特色、规模等条件区别很大，目前完成统一的、适合各种环境的无障碍建设标准还有一定难度，分别完成各类旅游景区的无障碍建设标准也需要一定的时间。为迅速推动我国旅游景区、公园、娱乐场所等的无障碍建设，无障碍环境建设标准的设置应注意总平面布局、出入口、内部道路与交通、景点、建筑与服务设施、标识与信息系统、消防安全等方向的无障碍化。

旅游景区的无障碍涉及方方面面，非常复杂。而且，在全国范围来看，南北地域、气候、地貌差别很大。尤其是以山形水系、桥涵溶洞、亭台楼阁等为特色的旅游景区，无障碍改造难度更是直线上升。旅游景区的无障碍设计的一般设计原则与使用原则应认真研究解决肢体、视力、听力等残疾游客的需求，以及不同类型障碍游客群体间的无障碍均衡服务等难题。有关部门在进行总体规划时，应注重无障碍道路交通、无障碍游览路线、无障碍建筑与服务设施、无障碍标识与信息系统、无障碍应急疏散等的规划设计。

旅游景区的无障碍环境的建设与改造的要求是适用、安全、经济、美观，根据旅游景区特点确定无障碍建设与改造的范围和规模的要求。山形水系等环境条件复杂、面积及规模较大的旅游景区，不可能一刀切地把无障碍标准等同于室内公共场所，可以限定无障碍游览路线和无障碍游览区域。环境条件复杂的旅游景区应避免不切实际地大规模建设无障碍设施。应妥善设计与建设无障碍游览路线和无障碍游览区域，并根据无障碍设施的完善程度明确划分无障碍游览区域和普通游览区域。旅游景区应本着可达、便利和系

统的原则确定无障碍游览路线，制定无障碍设施建设与改造计划。旅游景区无障碍设施也应符合适用、安全、经济、美观等要求。旅游景区的无障碍建设与改造应进行无障碍设计并建立无障碍建设档案。无障碍建设档案应包括设计说明、设计图纸、设计概算和设施设备大样图等。旅游景区内部的道路与交通的无障碍建设与改造是一大重点。应充分考虑无障碍游览路线的可达性，主要景点、游客服务中心、重要服务设施和景区大门应由无障碍道路系统和无障碍游览路线连接。旅游景区内部的道路与交通必须满足国家标准，在保证安全的基础上进行无障碍的建设与改造。

（二）无障碍旅游设施标准

旅游设施在无障碍标准指引下将提升到一个新的高度，具体提升细节如下。

旅游景区的无障碍建设与改造应符合无障碍环境建设条例以及国家无障碍设计规范。涉及文物保护、古建筑保护、动植物保护、自然环境保护等区域，应根据保护优先的原则，遵守国家相关法律和标准。旅游景区的无障碍建设和改造应征求残疾游客和无障碍专家等的意见，由专业单位实施，经过验收合格后方可投入使用。

有条件的旅游景区应通过设置无障碍缆车、无障碍游船、无障碍电梯等方式，以及通过加强无障碍服务来满足游客的无障碍旅游需求。旅游景区的无障碍游览区应满足游客步行、乘坐轮椅等代步工具或乘坐无障碍观光车等交通工具的无障碍游览需求。无障碍通道与无障碍交通工具应实现游客从城市公共交通线路落客点到旅游景区无障碍游览路线的全程无缝衔接。旅游景区的乘坐交通工具游览区应满足游客通过使用各类无障碍交通工具可沿无障碍游览路线到达无障碍观景点的无障碍游览需求。旅游景区步行距离大于1000米的，以及地形坡度大于6%的，应设置轮椅摆渡车、轮椅观光车或轮椅代步车等辅助工具。人员步行距离超过200米时，宜在200米间距处设置休息座椅或休息区。休息座椅旁宜设置轮椅停留空间。这是为我国迅速进入老龄化社会情况下能满足大量无障碍需求者游览旅游景区所确定的。一台无障碍轮椅摆渡车成本约10万元。对于旅游景区来说，增加的成本很小，但取得的社会效益却非常大。

旅游景区应根据环境条件建设无障碍设施。丛林湿地型旅游景区应设置无障碍通道、无障碍游览路线和无障碍观景点，满足游客游览和近距离体验的需求。山岳型旅游景区应设置无障碍游览路线和无障碍观景点，满足游客乘坐交通工具观赏的需求。旅游景区的名胜古迹、庙宇园林、博物馆、近现代重要史迹及纪念性建设、复建古建筑等，应根据保护优先的原则设置无障碍设施、无障碍通道和无障碍游览路线。应提供无障碍服务，满足游客的无障碍需求。

文物古迹和古建筑应设置无障碍出入口。不具备无障碍进出条件的，应为残疾游客和无障碍需求者提供展览室、图片和文字说明、视频或VR模拟介绍等。旅游景区的游乐设施应设置无障碍通道和无障碍游览路线，满足游客的无障碍需求。游乐设施附近应设置无障碍休息区，满足游客休闲的无障碍需求。无障碍游览路线上的综合服务厅及各类服务设施应做好无障碍设施建设与无障碍服务，有序引导客流，避免客户群流线交叉。

关于旅游景区无障碍种植物的选择，应根据越来越多的低视力者与儿童在旅游景区被坚硬植物划伤的情况，对公园旅游景区游览路线上的种植物进行无障碍规划与管理。

关于旅游景区的水上游览项目无障碍标准，我国旅游景区水域面积巨大，无障碍游览需求巨大。有的公园景区已经率先对水上游览的无障碍做了探索，如北京龙庆峡等。上海迪士尼游乐园水上无障碍游览比较成功，但全套设备是美国产品，执行的也是美国安全标准。为适应我国旅游景区无障碍水上游览项目的发展，满足轮椅游客购票、检票、上下船及乘船游览的无障碍需求和安全防护，应进行专项无障碍研究。特别是有危险性的游乐项目，一定要同时提供无障碍人工服务与安全措施，有经过手语、急救等培训的安全员协助。

（三）无障碍旅游信息服务

关于公园旅游景区内的无障碍信息系统与导览图的研发，无障碍游览图（无障碍设施与游客的位置图）、无障碍设施说明、景区向导图、盲文地图、盲文说明或触摸式发声地图与无障碍标识、声光电广播通信应急安全等系统共同组成了旅游景区的信息系统。由于其特殊的定位、导向与提示警示作用，应作为考核公园旅游景区无障碍建设和改造的主要指标之一。发达国家城市无障碍地图可作为借鉴。

关于公园旅游景区的手机信号与应急广播的无障碍全覆盖，应通过手机无线应用 APP 实现公园旅游景区内无障碍导航、无障碍应急通知、无障碍应急呼叫等功能。推动公园旅游景区采取一切可行的无障碍管理措施和手段方便无障碍需求者参观旅游及休闲，同时保证旅游活动的安全。

（四）无障碍旅游市场机制

目前我国有 8500 多万残疾人和 2.5 亿 60 岁以上老龄人口，如此庞大的无障碍受益群体同时也是庞大的潜在消费群体。一旦挖掘出这部分需求，必将创造出天量的经济价值。无障碍旅游是挖掘这部分需求的第一步，但遗憾的是，我国至今尚未形成推动无障碍旅游发展的市场化机制。纵观人类历史，凡是缺乏市场机制的活动，均无法长期持续，即便立法，也将缺乏监督。可以想见，抛开市场机制，仅凭公益心驱使的无障碍旅游产业也注定无法保障持续投入、长期维护、有效监督。因此，我国亟须构建推动无障碍旅游发展的市场化机制。

无障碍环境建设的核心是出行无障碍。出行无障碍的成效直接影响着老残群体旅游市场的开发。老残群体旅游市场开发的直接受益者包括交通运输企业、旅游景点、酒店餐饮、旅行社等旅游产品供给主体。然而，尚待开发的老残群体旅游消费在这些供给主体总营业额中的占比并不高，且消费过程中一旦发生意外伤害他们还会承担赔偿责任。因此，极少旅游相关企业愿意把老残群体旅游作为专门的市场细分门类加以经营，相应的也就难以产生无障碍环境建设的投资积极性。为了提高旅游产品供给主体投资积极性，降低其经营风险，同时也打消老残人士出行顾虑，我国应当探索在无障碍环境建设的市场生态系统中引入保险公司，使其与旅行社形成利益共同体，担负起有偿的风险承担者和执行监督者的职责。

保险公司应针对老残群体旅游设计专门的“无障碍出行险”产品，该产品由政府和老残人士按一定比例共同在旅游活动发生前购买，可由旅行社代理销售。一旦旅游中发生意外伤害，保险公司直接赔付。此外，要制定法律，赋予保险公司代位追责权，使保险公司可通过诉讼要求因无障碍环境建设不达标而造成老残人士意外伤害的旅游产品提供者赔偿保险公司损失。

旅行社应针对老残群体设计专门的旅游路线，并可凭借自身掌握的稳定的老残群体客户资源与旅游路线中其他旅游产品提供者谈判对愿意按照要求建设无障碍环境的旅游产品提供者进行客户导流，并督促其进行设施维护升级。在意外伤害发生时，旅行社负有协助举证责任，必须帮助老残人士完成取证等理赔事务，帮助保险公司追究无障碍环境建设不达标的责任。

在此设想的基础之上，我国还需在以下方面加强研究。

1. 保险公司代位追责机制立法

保险公司代位追责机制立法是无障碍出行险推出的前提，有利于保险公司与代销保险的旅行社形成利益共同体。只有通过立法赋予保险公司代位追责权，保险公司才能在追求自身利益最大化的同时督促旅游产品提供方提升无障碍环境建设水平。

2. 无障碍出行险保单设计

无障碍出行险保单设计的好坏直接影响到对老残人士的保障，直接影响到保险公司承担的风险大小，直接影响到旅行社举证责任的履行，直接影响到政府补贴的成本效益，是整个无障碍环境建设市场机制的核心。

3. 无障碍出行险精算模型构建

无障碍出行险精算模型的构建是无障碍出行险推出的基础，决定着整个无障碍环境建设市场化机制各组成部分间的数据流与资金流。好的模型可以帮助立法机构在立法阶段协调照顾各类责任主体的经济利益，帮助保险公司预测销量、赔付额度、运营成本等，能够给政府制定保单限价提供依据，能够最大限度降低老残人士购买保险的成本，提高安全保障。该模型还能够决定旅行与理赔合规管理系统和区块链信息交互设备收集数据的种类和质量标准。

4. 政府无障碍环境建设补贴效益最大化精算模型构建

在无障碍环境建设市场化机制下，政府补贴不再直接用于设施建设，而是用于为老残人士购买保险。政府补贴效益最大化精算模型的构建能够帮助各级政府制定财政预算，制定对保险公司、旅行社等产品提供者的税收政策，保证政府在无障碍出行险上的支出能从老残群体旅游市场的增长中获得最大的税收补偿。

5. 旅行与理赔合规管理系统开发

2018 年 11 月，国资委印发了《中央企业合规管理指引（试行）》，2018 年 12 月，发改委等七部委联合发布《企业境外经营合规管理指引》。各项文件的出台标志着建设合规管理体系已经提升到了国家高度。合规管理体系深化了已有法律体系，对一些法律难以涉足的领域提出了以企业、行业规定作为制裁依据，以群团市场实力保证制裁效果的打击违规的思路。旅游行业是典型的分散经营行业，不可能依靠龙头企业建立合规管理体系，靠行业自律推动无障碍环境建设更是难上加难，即便依靠保险公司代位追责，也存在成本问题。因此，有必要在整个无障碍环境建设市场生态系统中建立一套合规管理体系，并开发相应信息系统。

开发统一的旅行与理赔合规管理系统，对接旅游产品电子商务系统，能够在方便老残群体购买旅游产品的同时对无障碍环境进行评价，有利于形成以保险公司和旅行社为核心的群团组织并以群团市场实力监督无障碍环境标准落地，为旅行社对旅游产品提供方的谈判创造优势条件，为保险公司代位追责提供手段。

6. 基于区块链技术的无障碍信息交互设备设计

老残群体旅游过程中发生意外伤害时保险公司需留取证据，然而相当一部分危险发生在私密空间或来不及取证的情况下，这对取证设备提出了较高要求。因此，应当设计一种老残人士可随身携带的信息交互设备，在保护隐私的情况下与各个网络节点同步信息。区块链技术恰恰可同时满足保护隐私、信息交互、增强证据可信度的要求。该设备硬件上至少应具有人类生命体征数据收集与处理、周边环境无障碍设施信息提示、旅游团成员作为信息节点的信息储存等功能。

二、国际经验借鉴

（一）整体旅游行业响应

无障碍旅游不仅是《中华人民共和国残疾人保障法》等法律要求的，也符合社会道德规范的旅游业发展方向。无障碍旅游利于旅游企业提升服务品质，获得市场份额，提高顾客忠诚度，因此应当全力发展。但是旅游服务大多数只能在“游”的过程中提供，单纯某个企业是无法提升全套旅游服务的质量的。因此，必须加强整体旅游行业响应。

诸多国家的发展实践表明，整体旅游行业对于障碍群体的响应并不理想，如迪拜的残障立法，无障碍酒店建设广受诟病；美国在景点、交通、住宿餐饮和信息提供各方面均约束了残障群体出游，从行业看，餐饮和住宿机构服务人员的态度不好，景点和交通工作人员虽表现出较好的服务态度，但设施常无法进入，肢体残障群体普遍投诉面临态度障碍等旅游行业中的结构障碍；土耳其的酒店业和旅行社业协会虽然表示希望开发残障旅游市场，但并没有出台实际的规划；法国旅游业虽考虑了为残障游客提供服务，并有相关产业规划，但还未单独把障碍群体划分成真正独立的客户群体；北澳昆士兰，与过去几十年相比，残障旅游市场的需求仍然很弱，残障人群对现有产品的认可度很低；意大利的残障群体主要面临环境和信息障碍，旅游供应商存在设施不足、培训不够的问题；丹麦和德国的旅游目的地营销组织和服务组织倾向于认为残障是个体身体约束，忽略了社会不友好态度对障碍群体旅行的制约；英国旅游服务企业比其他行业部门更能够遵守残障歧视法案要求，但旅游企业能够满足残障游客简单要求的能力普遍极低，残障游客仍面临经济困难、便利设施和信息供给不足的障碍。

当前技术条件下，各国都有各自不同的创新创造。总结下来，改善旅游行业无障碍响应具体发力点包括：发展无障碍旅游的电子商务平台，确保平台内容的相关性以及信息的质量和准确性；加强旅游行业服务提供者与残障游客的沟通，培训为残障游客提供咨询和现场设施服务的航空公司和酒店的工作人员。此外，旅游目的地要围绕残障人士的性别、残障类型和目的地选择三个变量，分析残障游客的消费行为和模式，寻找自身满足残障旅游市场的竞争优势。

（二）旅游各部门的产品供给和服务

1. 航空行业

航空行业在工作程序和服务方面存在的社会结构障碍限制了障碍游客的旅游体验，并加重他们的生活焦虑，增加无助感，这些结构障碍包括缺乏提供用户友好的卫生间和轮椅服务，以及客舱座椅与飞机场休息室之间过远的距离，如中国台湾航空公司和机场需改善机场设施的位置、机场无障碍坡道和防滑地板，以及飞机上的座位安排和无障碍厕所。管理部门应从航空公司角度，识别出为服务残障和行动不便人士需支付的成本要素，包括：助行器械、飞机延误/改道费用、员工培训费用、飞机固定装置、设备费用、交易成本和机会成本等。根据成本，可进行市场化定价，以便提供更精准的服务。

在这个定价过程中，政府可适度参与，提供部分费用补贴。

2. 旅游景区

英国和以色列的物质与非物质文化遗产保护部门总结了建筑物和古迹要实现使障碍游客能毫无障碍游览所需面对的诸多挑战，其中景区无障碍要素按重要程度依次是：电梯、停车场、洗手间、无障碍坡道、道路、人行道和楼梯。这个重要性次序是根据相关设施使用次数的统计数据进行建模后动态演算得来的。此外，这个重要性次序模型也参考了障碍群体的主观打分。在每次预约参观前，障碍人士可以配合做问卷调查，排出自己最需要的无障碍设施的重要性次序。在这种方法下，景区可以获得动态的无障碍设施建设数量指导。

3. 旅游住宿业

我国香港地区旅游部门对酒店业的无障碍服务做出过总结。要提高残障人群在酒店的入住体验，得体的员工行为和无障碍设计最重要。满足残障人士入住需求，应对员工做更好的敏感性培训。同时，要特别关注行动障碍者，因为他们相比听觉和视觉障碍者更加敏感，也会对酒店前台、房间、酒店员工和公共区域提出更多意见。酒店必需的无障碍区域有 5 个：公共区域、房间、房间浴室、娱乐区域、用餐区域。酒店的无障碍区域直接影响肢体残障群体对酒店的满意度，公共区域、娱乐和其他区域的无障碍状态以及房间、浴室是影响肢体残障群体满意度最强的预测因子。此外，残障类型和辅助设备形式也对酒店满意度有显著影响。建设无障碍客房，重点考虑 5 个因素：包容态度，设施安全，个性化服务，公众对无障碍客房的看法和无障碍设备的操作过程。此外，住宿业与残障顾客间存在共创价值，超过 78% 的共创价值受 4 个因素影响：残障顾客与员工关系、员工培训、酒店环境和二者的合作；共同价值创造的关键时期是在残障顾客到达饭店之前。

（三）我国成功经验

我国近年来在无障碍公园建设方面做了许多有益的探索。例如：江苏梅花洲无障碍公园、北京奥林匹克森林公园、北京园博园等的无障碍环境建设等。其中广州爱心公园是无障碍建设方面的样例。

广州爱心公园原名广州天河公园，其总用地面积约为 70 公顷，其中水体面积占 10 公顷。广州爱心公园的无障碍建设目的就是为残疾人士提供休闲活动场所和服务，为广州扶残助残主题活动提供主场地。所以公园的设计应该体现对残疾人士的尊重和关爱，充分考虑残疾人的身体和心理需求，营造出细心、有爱、尊重、实用的爱心公园。广州爱心公园不是单栋建筑的无障碍，而是区域的无障碍、环境整体的无障碍。不仅考虑了肢体残疾人的无障碍需求，而且也考虑了听力与视力残疾人士的无障碍需求。

广州爱心公园无障碍环境的改造成为制订我国区域无障碍标准的依据。广州爱心公园无障碍建设强调科学组织山水林田路等环境元素及亭台楼阁等建筑元素的整体无障碍，尽量安排适合各类残疾人休闲、娱乐、游玩、健身与体验的项目，通过各种建筑与科技手段实现无障碍，既有利于残疾人的使用与康复，也方便所有人，体现融合平等的理念。广州爱心公园结合残疾人的特点，认真做好区域内外交通与道路组织，各类交通工具抵达停泊疏散、人员换乘等设计。国家新无障碍设计规范也要求旅游景点、城市景观带的周边道路要符合无障碍设计要求。爱心公园园区内的道路无障碍规划受到高度重视。爱心公园的地形较为复杂，作为健全人游览是很有特色的，但作为残疾人游览爱心公园，具有非常大的挑战，可以说是无障碍规划中最难的环节。必须形成全园贯通的、符合规范的无障碍通道。改造的首期工程具备了无障碍通道把爱心体验馆、爱心广场、爱心长廊、爱心湖中亭、爱心服务点等无障碍设施连接成为有机的整体的条件。重点完善个别路段以及系统的无障碍标识，形成了完整的无障碍环境。

第二节　无障碍对医疗产业发展的促进作用

残疾人医疗卫生服务无障碍战略，就是残疾医疗卫生预防、残疾人医疗卫生服务、残疾康复医疗以及残疾人医疗保障社会制度、社会政策的公平性，彰显了残疾人健康权利的实现，是推动我国经济实现高质量发展的必由之路。我国残疾人数量众多，对残疾人的医疗预防、医疗卫生服务、康复医疗服务、医疗保障等需求强烈。医疗是重要的民生问题，重要的公共服务问题，对于残疾人其重要性更超过健全人。“十二五”时期特别是党的十八大以来，残疾人权益保障制度不断完善，基本公共服务体系初步建立，残疾人生存发展状况显著改善。当前我国进入了残疾人规模增大、结构变动、风险提高的关键时期，残疾人医疗卫生服务体系面临巨大挑战。残疾不仅是个体身心功能的受损，关键在于社会层面的排斥阻碍了残疾人社会资源的获取，进而影响医疗卫生服务的获取。有必要从社会层面打破残疾人医疗康复障碍壁垒，使其积极融入社会，让残疾人像健全人一样享有医疗卫生服务，实现无障碍战略下残疾人医疗卫生服务的目标。为提高我国残疾人医疗待遇，我们应当提升医疗产业的无障碍化，具体可以从以下问题着手进行改革。

一、医疗产业问题与对策

（一）残疾人医疗卫生服务需求未得到满足

当前我国残疾人医疗卫生服务主要问题之一就是残疾人医疗卫生服务需求并没有得到满足。一方面，残疾人和健全人相比，医疗卫生服务需求更大；另一方面，残疾人医疗卫生服务可及性还有待提升。

残疾人和健全人相比，疾病发病率更高，更需要相应的医疗卫生服务。残疾人由于机体功能障碍等原因，无法像健全人那样接受教育、参与社会活动，残疾人活动范围、频率受限，心理负担重，生活自理能力较差，无法很好地保持健康的饮食生活习惯，残疾人老龄化问题，这些均导致残疾人疾病发病率比健全人更高。残疾人健康水平和残疾严重程度相关，对于多重残疾人而言，健康指标更不容乐观。不少研究对残疾人体检数据进行分析，发现残疾人是一些慢性疾病的高发人群。

医疗保健支出是残疾人家庭的较大开支，反映出残疾人医疗卫生服务需求很大。根据 2013 年度残疾人状况及小康进程监测报告数据，城镇残疾人家庭人均消费性支出排在前三位的依次是食品支出、医疗保健支出和居住支出，分别占 48.4%、18.5% 和 13.1%，比上年度分别增加了 439.6 元、198.7 元和 139.9 元。2013 年度，农村残疾人家庭人均消费性支出排在前三位的依次是食品支出、医疗保健支出和居住支出。食品支出占总支出的 48.5%，比上年度增加了 2881 元；医疗保健支出占总支出的 1.8%，比上年度增加了 148.4 元；

居住支出占总支出的16.0%，比上年度增加了66.3元。

残疾人医疗服务需求很大，但残疾人医疗卫生服务可及性还有待提升。一方面，残疾人经济较为困难，收入较社会平均水平而言较低；另一方面，残疾人医疗保险、医疗救助还需要进一步完善，残疾人医疗保险、医疗救助范围和水平还需提高，导致残疾人医疗卫生服务可及性还有待提升。根据2013年度残疾人状况及小康进程监测报告数据，2013年城镇残疾人至少参加过一项康复服务的比例为64.8%，参加治疗与康复训练服务的比例为27.1%孔乙己；农村残疾人至少参加过一项康复服务的比例为56.1%，参加治疗与康复训练服务的比例为2.1%。无论是城镇残疾人，还是农村残疾人，参加康复服务的比例并不高，与“人人享有康复”的目标还有很大的差距。

对于残疾人医疗卫生服务需求并未得到满足的问题可以从以下几方面加以改善。

1. 从普遍性和特殊性两个层面为残疾人提供医疗保障

根据国际经验，各国残疾人医疗保障既满足残疾人和健全人一样的普遍性需求，同时更加注重残疾人的特殊需求。我国残疾人事业还不成熟，社会经济发展正处于转型期，因此我国残疾人面临着更多的困难和障碍，应从普遍性和特殊性两个层面来为残疾人提供医疗保障。普遍性医疗保障包括医疗救助、社会医疗保险。特殊性医疗保障包括专门针对残疾人的各种医疗补助、医疗福利等。

2. 尽快提高残疾人普遍性医疗保障水平，普及残疾人特殊性医疗保障

我国医疗保障发展迅速，覆盖范围、保障水平不断提高，但对于残疾人而言，他们的普遍性医疗保障需求还未得到很好的满足，根据2013年度残疾人状况及小康进程监测报告数据，城镇残疾人医疗救助需求为52.5%，农村残疾人医疗救助需求为59.7%，无论是城镇残疾人还是农村残疾人，他们的医疗救助需求都未得到很好的满足，还需进一步提高。残疾人特殊性医疗保障还未很好地得到普及，应该加快普及残疾人福利津贴制度，对重度残疾人、老年残疾人、女性残疾人、儿童残疾人等特殊残疾人群体给予纯福利性津贴，提高他们的医疗保障水平，增加他们医疗卫生服务的可及性。设定好普遍性医疗保险项目之间、特殊性医疗保险项目之间、普遍性医疗保险项目与特殊性医疗保险项目之间的衔接。

3. 完善残疾人医疗保障体系的配套支持措施

大力推进残疾人社会保障事业法制化，为残疾人医疗保障发展提供法律保障。我国应当专门建立具体、可操作的残疾人社会保障法律或法规。就立法模式而言，既可以依照《中华人民共和国残疾人保障法》的方式颁布实施多举并行的福利，又可以在制定综合性的《社会福利法》的基础上，分别制定适用于残疾人福利项目的相关配套法规。科学界定残疾人医疗保障的责任分担，明确好政府、社会、残疾人个人在医疗保障制度建设中、资金投入中的相互作用。发挥好社会力量在残疾人医疗保障制度中资金和福利服务输送的补充作用。积极开展残疾预防工作。根据世界卫生组织的技术报告和各国的实践经验，今后加强一级预防、不断完善二级和三级预防，以形成整体合一、高度集成的残疾预防体系。制定和颁布国家残疾分类和分级标准以利于残疾评定工作的标准化、制度化。

（二）残疾人康复医疗服务专业性不强

残疾人康复医疗尽管已经开展，但以专业机构康复为骨干、社区康复为基础、残疾人家庭为依托的康复服务网络还远未建成，残疾人康复医疗服务缺乏专业性，距实现“人人享有康复服务”的目标还很遥远。提供康复医疗服务的组织形式主要包括专业机构康复医疗卫生服务和社区康复医疗卫生服务。综合医院康复科、康复中心、康复医院等机构提供专业机构康复医疗卫生服务，专业机构拥有完善的设备、专业的康复医师，能够提供高水平、高质量的康复医疗卫生服务。尽管我国《中华人民共和国残疾人保障法》等法律、文件明确在二级及以上综合性医院开设康复科，作为我国残疾人康复中心，但效果并不理想。一方面，不少医院康复医学病区并未开展早期的康复介入，并且科室之间并没有实现统筹协调，管理协调不到位，使康复效果大打折扣，形同虚设；另一方面，我国优质医疗资源往往集中于大城市的大型三级医院，在康复医疗领域同样存在这样的问题，在少数医疗卫生资源相对集中的医院，康复医学专业水平很高，康复医疗专业性水平并不均衡，并且这样的医院工作重点仍然偏重于医疗。有学者在调研中发现，不少综合医院的“康复科”仅仅是个“挂牌康复科”，治疗手段以推拿、针灸、拔罐等传统治疗手段为主，或偏重于各种理疗仪器，或只有药物治疗，康复医学特色不明显，相当数量的医院出现了“康复科”与中医科、针灸推拿科或理疗科重叠。

社区康复医疗利用社区资源进行康复医疗卫生服务，具有方便、快捷、价格低廉、便于宣传康复医疗卫生知识、和残疾人关系密切、有利于残疾人回归家庭和社会的优势。在社区康复医疗方面，康复医疗卫生服务是薄弱环节，社区康复医疗存在重治疗、轻康复和重一般慢性病医疗、轻残疾人保健等问题，并没有将社区康复医疗卫生服务优势发挥出来。此外，我国康复医疗卫生专业人才不足，由于各个康复机构、医院和社区卫生服务中心严重缺乏康复技术人才，因此为残疾人群提供康复服务的能力非常有限，还达不到20%。

在残疾医疗卫生预防方面存在并未得到重视的问题，当前我国医疗卫生体制并未很好地解决医院补偿问题，医院的利益驱动性比较强，更加注重收益更好的治疗服务，对于残疾医疗卫生预防工作并未重视，存在医疗服务挤占残疾医疗卫生预防的现象。此外，由于残疾预防的宣传不够，社会成员残疾医疗卫生预防意识不强，导致本可以避免的疾病后遗症发生，最终导致残疾发生。

对于康复医疗专业性不强的问题可以在以下几方面加以完善。

1. 以国际功能、残疾和健康分类（ICF）理念为指导培养残疾人康复医疗人才

根据 ICF 理念，康复医疗需要考虑“生物—心理—社会”模式，不再单纯考虑身体生物因素，而是综合分析身体、心理、社会和环境等因素，以及这些因素之间的相互联系和作用。重视康复服务过程中的身体功能和结构、活动与参与、环境与个人因素等多项关系。未来包括医学康复、心理康复、职业康复、社会康复、教育康复等在内的各种康复将不断融合，医院、家庭、社区、学校康复将不断整合，这是我国未来康复人才培养的趋势。

2. 不断细化康复人才专业培养

我国康复发展处于初级阶段，康复人才培养实践性不强。由于康复人才缺口较大，康复从业人员实际承担着综合康复、全面康复的职责，承担着多方面的工作。这些都导致我国康复人才专业性不够。未来需要不断明确和细化康复人员分工，康复人才专业培养也应该适应未来形势发展，不断深化和细化。根据国外先进经验，进行多学科合作康复人才培养，培养集合医学、

教育、心理学、社会学等多学科知识的应用型人才。

3. 康复人才资格认证

我国在康复人才培养方面还没有进行明确的职业划分，康复人才多在综合性医院、康复机构、保健机构、疗养院、社区等从事综合性工作。由于没有明确的职业划分，导致康复人员专业性不强。根据国际经验，我国应该尽快建立康复人才资格认定及考核制度。有关专家建议对在正规院校康复治疗专业学习 3 年以上，考试合格并毕业或者在正规医学院校学习毕业，接受系统康复医学培训 1 年以上并考试合格，以及在国外学习获得康复治疗师资格或证书的人员给予资格认定，并且每 2 年考核注册一次。

4. 不断提升康复人才培养质量

我国当前康复人才培养教学计划还不成熟，课程体系还不科学，教学质量水平还不是很高。我国康复人才培养要重视应用技能学习，建立规范、有效的实习制度，让康复学员能有合理的实习课时安排，到康复机构、医疗机构实习，从干中学，保障学生有足够的实践时间，提高学生解决问题的能力。针对特定人才紧缺岗位，可以学习国际上流行的模块教学方法，有针对性地来组织相关课程与教学。

（三）康复医疗卫生服务三级协作网络不成熟

我国残疾人康复医疗卫生服务三级协作网络还不成熟，主要表现为：社会康复医疗服务能力不强，康复医疗早期介入机制还未形成，康复医疗双向转诊不顺畅，我国康复医疗卫生服务资源分布不均。

社区康复医疗服务能力不强。社区康复医疗理论研究还不充分，在功能定位上还没有明确界定。社区康复医疗人才队伍建设滞后，由于待遇、职业发展等方面的原因，社区康复医疗很难招聘到优秀人才，即便已招聘到了康复医疗人员也存在流失严重问题。现有全科医师康复知识不够，缺乏康复治疗的经验。社区康复医疗经费投入不足，设施、设备落后且缺乏，社区康复医疗服务能力不强。此外，从管理体制上看，当前社区康复发展的主要推动力来自残联，而卫生、民政、劳动和人社部门介入较少，多部门协作的长期机制尚未形成。

还没有形成康复医疗早期介入机制。在患者患病后，只要生命体征稳定、神志清楚，48 小时后即可进行功能康复，康复医疗早期介入是保证康复疗效的一项基本措施。在美国等发达国家，就建立了康复医疗早期介入的急诊医疗机构。由于临床意识不强，受经济利益驱动等原因，临床医师可能无法及时开出康复医疗会诊单，一方面使患者错过了最佳康复医疗介入时机，一方面加重后期康复医疗卫生服务工作的压力。

康复医疗双向转诊不顺畅。我国综合医疗机构康复医学科常常处于超负荷运转状态，患者在医疗机构康复医疗住院周期长，床位周转率低，滞留的住院患者难以转出，大量早期患者无法得到及时的康复医疗服务。社区康复医疗机构服务能力较弱，对患者吸引力不大，由于没有激励约束机制，很多患者从入院诊疗到完全康复都在综合性医院进行，造成了效率的损失。

我国康复医疗卫生服务资源分布不均，地区之间存在显著差异，经济发达的东部地区比经济相对较差的中部、西部地区拥有更为丰富的康复医疗卫生服务资源。城乡之间存在显著差异，城市集中了大量优质康复医疗卫生服务资源，农村存在短缺问题。优质康复医疗卫生服务资源在三级医疗机构集中，而二级和一级医院康复医疗卫生服务资源相对匮乏。

对于康复医疗卫生服务三级协作网络还不成熟的问题，可以建立三级康复医疗服务体系，实现残疾人在不同级别康复医疗机构之间上下转诊。

1. 提高社区康复医疗服务能力是构建三级康复医疗服务体系的关键

根据国外经验，70% 的康复需求可以通过社区康复解决，社区康复医疗机构在残疾人康复医疗卫生服务体系中具有重要的作用，通过加强社区康复医疗机构服务能力，完善残疾人医疗卫生服务体系，为三级康复医疗卫生服务体系建设提供必要条件。根据疾病转化转归理论、系统理论医学模式，基层医疗机构根据“社会—心理—生物”模式为残疾人提供基本医疗卫生、残疾预防、残疾康复医疗和康复护理等服务。社区康复医疗机构是三级康复医疗卫生服务体系建设的重要一环，强化社区康复医疗机构医疗卫生服务能力是实现三级康复医疗卫生服务建设的必要条件。只有提高了社区康复医疗机构的康复医疗服务能力，才能够吸引残疾人到社区康复机构进行康复治疗。可以在社区建立线上、线下信息化平台提高社区康复医疗卫生服务能力。

2. 三级康复医疗服务体系建立上下联动机制

建立有效运转的三级康复医疗服务体系，需要在三级康复机构、二级康复机构和社区康复机构之间建立利益驱动机制，形成上下联动机制。三级康复医疗服务体系中的三个主体由于自身发展目标、利益目标不一致，在康复医疗中的功能定位可能会相互冲突，导致三级康复医疗服务体系无法正常运转。在建立残疾人三级康复医疗服务体系过程中，需要对三级康复医疗服务体系不同主体利益、目标进行分析，在三个主体之间建立好上下联动机制为三级康复医疗服务体系顺利运转提供动力。

3. 在三级康复医疗服务体系中建立配套绩效评价体系

三级康复医疗服务体系需要建立起配套的绩效评价体系，在三级康复医疗服务体系运转之后，根据三级康复医疗服务体系总体战略目标，根据不同主体功能定位的不同，将康复医疗相关指标纳入评价体系，对三级康复医疗服务体系不同主体的活动进行激励，根据绩效评价的结果来进行财政、医保等收入的分配。

4. 鼓励社会资本办康复机构

在省级层面出台社会资本办康复机构实施办法，在税收、人员、财务基础设施等方面与公立康复机构相一致，促进社会资本办康复机构。

二、国际经验借鉴

我国康养医疗产业经过了多年的发展，逐渐已步入正轨，进入了不断完善的阶段。下一步我们的发展可以部分借鉴发达国家的发展经验。

（一）以患者为中心完善三级康复医疗服务体系

国外将康复医疗资源进行整合，建立完善的三级康复医疗卫生服务体系，医疗机构、康复医疗中心和社区康复医疗机构之间建立了完善的双向转诊制度，重视医疗机构和康复机构有机结合，在康复机构环境设计、康复服务上全方位为患者着想，做到了以患者为中心。

资源合理配置。英国国家健康体系（NS）在国家卫生部的统一领导下合理统筹分配各级医疗机构资源，为居民提供较为完善的康复医疗服务。英国所有残疾人患者在接受社区康复治疗服务前必须经过“全科医生”的首诊处理，全科医生不仅要了解残疾人及其家庭的工作、生活情况，还要与其他部门联络，以帮助残疾人解决其健康、教育、谋生、社会、赋能等问题；美国社区康复将服务送到残疾人家中，并定期进行家庭访视；印度的社区康复模式强调将社区康复与初级健康保健相联系。

日本分工明确，康复医师与治疗师职责分明：康复医师的工作是会诊解决临床诊断与治疗，并做功能评定，确定障碍的程度；而治疗师的工作是根据医生的处方进行相关专业的功能评估及治疗，严格执行医师处方。

在澳大利亚，残疾人的社区康复有着完善的双向转诊制度，医院、社区卫生服务中心和康复护理之家等机构间有着明确的分工和密切的联系，可以确保不同健康状况的病人及时被送到合适的康复机构，较为经济地获得医疗康复服务。

国外的医疗康复，重视医疗与康复的有机结合。美国的残疾人医疗服务并不是由专门的残疾人医疗机构提供，而是由普通医院提供护理，美国残疾人福利主要制度就是“访问护士制度”。瑞典出台相关法律，规定地方政府和社区有为社会成员提供康复医疗服务和医疗服务的义务。病人在医疗机构诊疗之后，根据病情转到康复医院或社区进行康复。在康复医院病情好转之后患者可以转至社区继续进行康复训练。

英国以患者为中心，同整个 NHs 系统的其他组成部分相一致，康复医疗服务同样坚持以患者为中心，致力于提高患者满意度，如血友病治疗中推广运动治疗方法，有利于提高患者的生活质量；将医院营造为更为温馨舒适的环境，减轻患者压力，设立影院，调节患者心理健康，辅助治疗；对幼儿、老人等特殊患者的康复更具反馈性，进行家访以保障患者及时得到康复医疗服务。此外，在康复机构设计时充分考虑了患者康复的需求，楼层设计不高，楼宇设计不分散，建筑物内部色调、地面防滑处理、无障碍设施的配置均体现了以患者为中心的理念。

（二）强调学科融合的人才培养机制

发达国家将各种临床科室与康复医学相结合，强调学科融合，提高康复医疗的专业性。一方面在康复专业人员个体层面体现学科融合，康复专业人员都经过多学科医学教育，自身拥有多学科的医学知识和技能；一方面在科室层面实现学科的相互融合，在各临床科室安排康复治疗师，比如英国在神经内科、骨科、外科等科室派遣了康复医疗师，从早期就对患者进行康复介入。另外，从纵向上来看，全科医生与康复治疗师之间进行转诊活动，同样体现出学科之间的融合。通过个体层面、临床科室横向层面、医疗流程纵向层面实现多学科融合，大大提升康复医疗服务专业性，提高服务质量和效率。

发达国家根据先进的康复理念，建立了成熟、稳定、系统的康复医疗教育培育机制系统，为他们培养了大批专业的康复医疗人才。发达国家根据“国际功能、残疾和健康分类”标准，以医学、教育学、心理学、社会学等交叉学科综合康复观念为康复医疗教育先进理念。在专业设置上，需要学习医学基础知识、临床医学专业知识以及康复评定、物理治疗、作业治疗、语言治疗、临床康复等康复医学专业知识。不少国家对康复治疗师专业进一步细分，加入世界物理治疗师联盟（WCPT）和世界作业治疗师联盟（WFOT），培育康复专业人员达到国际统一标准。许多国家的康复人才培养形成了专科、本科、硕士和博士研究生等多层次的较完善的培养体系。另外，许多国家要求毕业后的康复专业人员要在全国性专业学会注册登记，获取执业资格后方可从事康复治疗工作。在课程和教学方面，许多国家按照国际标准进行设计，本科 4 年需要完成 3000 以上学时的课程，其中理论和基础技能占 2000 学时以上，实习占 1000 学时以上，教学周数达到 90 周。美国、加拿大等欧美国家都非常重视临床经验，一般从第 2 学年开始便分段进行临床实习。实习科室分必修科室和选修科室，骨科、儿科、神经科、心脏科为必修科室，假肢矫形器具、运动损伤中心、社会健康部等作为选修科室安排。日本 4 年制学士学位康复人才培养规定需要分阶段接受临床实习，其中一年级见习，二年级评定实习，三、四年级临床实习，并且实习机构并不局限在医疗康复机构，还包括保健与福利机构。澳大利亚 4 年制学士学位康复人才培养规定 40% 的学习时间用来参加临床实习。

（三）更为充分的医疗保险及补贴

残疾人由于机体功能等缺陷，其劳动能力、收入水平、生活自理能力都比健全人平均水平要差一些，为保证残疾人在享有医疗卫生服务上的公平性，国外为残疾人建立了充足的医疗保险及补贴，来弥补残疾人与健全人之间享受医疗卫生服务的差距，体现公平性。美国设计了专门覆盖残疾人的残疾人保险。残疾人保险具有保险性质，需要被保险人缴纳保险费用，体现保险义务，对保费水平、投保时间都有规定，投保需要满十年或者每年至少投保一个季度。只有提前退休的伤残职工才有资格参加残疾人保险。除了残疾人保险，美国的社会救助制度也是为贫困残疾人提供了一定的保障。

英国作为福利国家代表，政府财政为残疾人和疾病患者提供了大量的补贴项目，是英国社会保障预算仅次于养老金的一大部分开支。英国残疾人的财政补贴范围非常广泛，按照其涉及的领域，可分为主要生活津贴、健康和独立生活方面的津贴、雇佣与就业方面的帮助、与工作收入相关的津贴、特殊群体支持等九大类，几乎对残疾人需求全覆盖。但是财政补贴的获得也体现权利与义务的对应。例如部分补贴受到残疾人的收入和储蓄情况的影响还有一部分补贴类似于保险性质，需要申请人按照国民保险计划进行缴费。

德国针对残疾人的福利是残疾年金，分为法定事故保险年金、劳动能力降低年金、残疾人养老年金和社会赔偿年金，分别对于因工作、道路事故或职业病造成健康损害者、丧失职业能力和劳动能力者等提供不同种类的年金以确保其生活可以持续下去。但是残疾年金申领的权利与个人的缴费等义务是相联系的，“社会医疗保险的所有被保险人都必须同时参加强制保险”。

瑞典作为高福利国家之一，其社会保障制度相当完善，其高福利水平、广泛的覆盖面以及多元的保障项目，为人们所向往。残疾人除了同其他公民一样享受医疗保险、失业保险外，还可以获得特别社会保障，包括残疾补贴、车辆补贴以及护理补贴、帮助补贴。对于重度残疾人，可以聘用私人助理，其费用由政府全部买单。

日本是一个社会福利制度比较完善的国家。国民年金为残疾人提供了较完善的社会保障，尤其对重度残疾人家庭给予特殊的福利津贴。残疾人康复疗养费用的 90% 由政府出资补贴，而对于家庭困难无力承担者则全部由政府来承担。此外，符合一定要求的困难残疾人每月可以领取政府的补助金。补助金额视保障者的收入而定，收入低者发放额度高，收入高者发放额度低。

第三节　无障碍对完善社会保险体系的促进作用

社会保险是专门为丧失劳动能力、暂时失去劳动岗位或因健康原因造成损失的人口提供收入或补偿的一种社会和经济制度。一切国家的社会保险制度，不论其是否完善，都具有强制性、社会性和福利性这三个特点。按照我国劳动法的规定，社会保险项目分为养老保险、失业保险、医疗保险、工伤保险和生育保险。在探究残疾人社会保险之前，我们需要申明的是，我国现阶段的社会保险政策是统一的，并没有专门为残疾人设立符合残疾人发展的社会保险制度，因此我国形成了残疾人社会保险缴费代缴补贴政策。改革开放以来，我国残疾人社会保险事业从无到有，从低到高，在取得瞩目成就的同时，也存在着一些问题，尤其在残疾人保护方面，还略显薄弱，补充我国社会保险体系在残疾人保护方面的不足就成了提升我国社会保险体系的重要抓手。

一、残疾人社会保险体系的问题与对策

在肯定我国残疾人社会保险事业取得瞩目成就的同时，我们也应该认识到，当前我国残疾人社会保险事业的发展仍处于初级阶段，出现了较低的发展水平与残疾人弱势群体对社会保险需求之间的矛盾。

（一）残疾人社保覆盖率低且发展不均衡

由于我国没有设立专门的残疾人社会保险制度体系，残疾人包括在我国社会保险中，与其相统一。虽然残疾人参加社会保险的比例在不断增加，但是总体覆盖人数仍比较低，因此本节主要分析残疾人在社会保险中的参保数和覆盖率。根据我国第二次残疾人抽样调查统计，社会保险体系在中国 16 岁及以上残疾人中的总体覆盖率较低，全国平均有 65.8% 的残疾人未参加任何形式的社会保险，在农村地区这一比例更是高达 70%，即使是在城市地区，被排除在社会保险体系之外的残疾人比例部分也超过了半数。经过近十年的社会保障制度和残疾人事业的发展和完善，我们需要肯定的是，相比 2006 年，我国目前残疾人社会保险覆盖率增加明显。从《2013 年度中国残疾人状况及小康进程监测报告》中可以看出，残疾人社会保险覆盖率已提升至 84.1%，仅有 5.4% 的城镇残疾人没有参加任何一项社会保险，比 2006 年调查数据减少了近 60%。这是社会保障制度，尤其是社会保险的重大进步。表 4–3–1 表示了 16 岁及以上城镇残疾人参加社会保险情况，主要统计了基本养老保险和医疗保险。表 4–3–2 列举了 16 岁及以上城镇职工残疾人参加社会保险情况。表 4–3–3 统计了农村残疾人参加新型农村合作医疗保险的比例。可

以看出，无论是城镇残疾人还是城镇职工残疾人和农村参加养老保险的覆盖率都在逐年增加，这是值得我们肯定的。

表 4-3-1　16 岁及以上城镇残疾人参加社会保险情况（单位：%）

	2008 年	2009 年	2010 年	2011 年	2012 年	2013 年
至少一项社保	62.6	64.3	76.1	80.9	94.7	94.6
养老保险	41.6	42.1	47.4	58.4	72.3	74.4
医疗保险	58.6	62.1	74.4	78.5	93.3	93.7

数据来源：《2013 年度中国残疾人状况及小康进程监测报告》。

表 4-3-2　16 岁及以上城镇职工残疾人参加社会保险情况（单位：%）

	2008 年	2009 年	2010 年	2011 年	2012 年	2013 年
至少一项社保	70.9	92.6	95.6	97.2	98.1	97.0
养老保险	64.9	83.8	83.2	91.4	93.4	94.5
医疗保险	70.6	89.6	93.5	95.2	97.2	96.2
失业保险	7.9	8.9	10.0	11.8	10.8	13.3
工伤保险	3.9	6.1	6.5	9.1	9.0	12.1
生育保险	2.9	3.5	4.6	7.3	6.3	10.4

数据来源：《2013 年度中国残疾人状况及小康进程监测报告》。

表 4-3-3　农村残疾人参加新型农村合作医疗保险的比例（单位：%）

	2008 年	2009 年	2010 年	2011 年	2012 年	2013 年
全国	93.5	94.4	96.0	97.4	97.0	97.1

数据来源：《2013 年度中国残疾人状况及小康进程监测报告》。

但在另一方面，残疾人作为社会弱势群体，我国的社会保障目标应该覆盖绝大多数甚至所有残疾人弱势群体，很明显，我国目前的状况仍需提高和完善。例如表 4-3-4 表示的残疾人养老保险覆盖率在 2016 年高达 79.0%，但是仍然低于全国平均水平（85%）。其中，城镇居民养老残疾人覆盖率为 49.1%，而全国平均为 80%；基本医疗残疾人覆盖率为 90.5%，全国平均为 95%。表 4-3-5 统计对比了 2013 年我国城镇职工和城镇残疾职工的基本保险覆盖率。将城镇职工残疾人社会保险的覆盖率与全国水平进行比较，可以发现，除了基本养老保险和基本医疗保险之外，其他三大险种在残疾人群体中的覆盖水平均明显低于全国平均水平。城镇残疾职工基本养老保险覆盖率比全国平均水平高出接近10%，基本医疗保险覆盖率高出近25%，这与残疾人群体生理障碍的特质有决定性关系。城镇残疾职工的养老保险虽比全国平均水平高出10个百分点，但是当前养老保险在中国16岁及以上残疾人口的覆盖率仍然较低，仅为74.4%。残疾人群体在医疗上的普遍性与基础性需求，以及医疗保险在残疾人群体中的发展，导致了明显高于全国水平的医疗保险覆盖率。然而，失业保险、工伤保险和生育保险与全国平均水平相差悬殊，覆盖率明显且大幅度低于全国平均水平，仍不能满足残疾人群体的特殊需求。

表4-3-4　2012—2016年残疾人参加城乡养老保险参保率（单位：%）

	2012年	2013年	2014年	2015年	2016年
养老保险覆盖率	61.1	71.2	74.2	75.4	79.0

数据来源：《中国残疾人事业发展统计公报》。

表4-3-5　2013年我国城镇职工和城镇残疾职工的基本保险覆盖率（单位：%）

	全国平均	残疾人
养老保险	84.7	94.5
医疗保险	71.8	96.2
失业保险	57.5	13.3
工伤保险	69.8	12.1
生育保险	57.4	10.4

数据来源：《2013年度中国残疾人状况及小康进程监测报告》。

从表4-3-5可以看出，五大险种的覆盖率差距悬殊，各险种覆盖率差距显著，社会保险体系内部发展不均衡。其中，失业保险、工伤保险和生育保险明显滞后，覆盖水平极低，没有做到体系内部的协调全面发展。

养老保险和医疗保险作为我国社会保险最基本最核心的两项，同时也是与残疾人这一特殊群体最密切相关的保障，受到了高度重视，也在不断发展和完善，覆盖率都有明显的增加。但是，失业保险、工伤保险和生育保险同样需要协调发展，才能满足残疾人的特殊需求。目前，从已有数据来看，城镇残疾职工是相对于城镇残疾居民和城乡残疾居民保障较好的群体，然而他们的三项保险覆盖率仍然很低，大约仅覆盖了十分之一的城镇职工残疾人群体。这就造成了五项社会保险发展不协调不平衡的问题。基本医疗保险领先于其他险种，覆盖率接近完全，相比之下，其他险种，特别是后三项发展水平极低，大多数残疾人并没有受惠于这三项社会保险。因此，我国目前残疾人社会保险总体覆盖情况呈现出“低覆盖和不平衡”的问题。

（二）残疾人社会保险制度建设水平较低

当前我国农村社会保险制度建设水平依然较低，存在“城乡分割”的一些特征，农村残疾人社会保险发展严重滞后，与贫困残疾人的迫切需求还存在较大差距。

农村残疾人口约占全国残疾人总人口的75%，但是社会保险在城市的覆盖率却比农村高出了近5%，各险种在城市的覆盖率均明显高于在农村的覆盖率。根据第二次全国残疾人抽样调查的数据显示，失业保险的覆盖率城市是农村的18倍，养老保险的覆盖率城市是农村的14.4倍，工伤保险在城市的覆盖率是农村的12倍，医疗保险的覆盖率城市相当于农村的1.3倍。经过数十年的社会保障体系的发展，城市和农村的参保率差异会相应地减少，但是，完全去除残疾人社会保险“城乡分割”的总格局仍需要制度的不断进步和完善。

在农村残疾人口中，近一半为贫困户，其中重度残疾人参加城乡居民基本养老保险制度个人缴费按最低档给予全部或部分代缴，低层次参保，保障水平低，还有其他大多数非重度贫困残疾人缴费困难，没有享受到政策优惠，社会保险参保率低。部分地区城乡居民基本医疗保险制度报销范围窄、门槛高、报销比例低等原因进一步加重了贫困残疾人医疗支出负担。贫困残疾人及其家庭减收增支，考虑到其障碍情况，使城镇和农村保障水平共同发展，因此我国残疾人社会保险水平在农村地区亟待提高。

残疾人社会保障体系的建立一般是依托一般性社保制度，这些社保制度是为健全人设计的，自然不可能将残疾人全部容纳进来，对残疾人有利的保障制度只能在此基础上建立。目前残疾人参加社会保险的条件与其他健全人无异，也没有专门的社会保险制度和体系，因此就会形成社会保险制度的不完善、不针对与他们对社会保险和生活保障的强烈、特殊需求形成了巨大矛盾。

目前，我国社会保险制度规定了城镇职工社会保险大部分项目都与就业挂钩。现阶段，我国的基本养老保险和医疗保险除了设置城镇职工保险，还针对城镇居民和农村群体提供了参保机会。因此，我们可以从上小节的图表中看出，基本养老保险和医疗保险在残疾人中的覆盖水平最高。但是，失业保险、工伤保险和生育保险只有就业的残疾人才有资格参加，强调的是权利与义务的对等，只有在工作单位缴纳了保费才有享受社会保险待遇的权利。但是，有很大部分的残疾人并没有具备参与到劳动力市场的能力，他们享受到这三类险种的机会就会随之减少。社会保险制度作为一种保障制度，体现了社会的公平公正，但是社会保险设计的初衷就是为广大人民群众提供生活和特殊情况下的基本保障，残疾人因为体力和智力等方面存在缺陷，无法与健全人一样获得工作机会，由此不能成为社会保险制度的受益者，不足以满足他们的社会需求。

社会保险制度不能满足残疾人对社会保险的需求表现在以下方面：缴费年限并未考虑到残疾人的特殊性从而减少其缴费年限。现行社会保险制度规定，参保人必须缴费满 15 年才可以享受社会养老保险待遇，残疾人亦同。这对于身体或智力存在障碍的残疾人来说，年限较长，存在一定的困难。另一方面，残疾人达到享受养老保险的年龄之后，所享受的社会保险标准也与健全人无异。

残疾人社会保险制度的一般与专项制度建立缺乏较好的顶层规划，残疾人需要特殊专项保护，但是否需要单独建立值得思考，必须理清残疾人制度整合与专项保护之间的关系。

中国目前对残疾人的社会保障，并未形成一个独立并且完整的体系，对于残疾人的社会保障主要以社会救济为主，相关的社会救助主要是最低生活保障制度和医疗救助。部分残疾人通过政府补贴参加社会保险的方式，呈现出了碎片化的重要特点。残疾人只是在享受社会保险时有相关的优惠政策或者特别照顾的规定，并没有一个完善的专门为残疾人设计的社会保险体系。

此外，在现阶段，我国残疾人社会保险基金多渠道筹集机制尚未建立，社会保险基金的投入主要以政府投入为主，资金来源分散。目前，残疾人社会保险的特殊性主要表现在政府对残疾人社会保险进行补贴，但是国家并没有对补贴出台明确的规定，公共资金的补贴明显不足，并不能满足残疾人对社会保险的需求。残疾人社会保险补贴主要来源于中央政府和地方政府的财政投入，其中地方财政为主要补贴者。但是由于各地区经济发展水平不平衡，受经济发展水平和财政收入的制约，补贴的力度也各不相同，也存在城乡和地区上的不平等，并不能有效地全面满足残疾人群体的基本生活需求，也严重制约了残疾人事业的发展。现行的残疾人社会保险制度中，残疾人虽然享有一些补贴特殊优惠政策但是从总体来看，政府的主要责任依旧欠缺。残疾人社会保险补贴资金分散在各个部门，社会保险基金未能实现整合利用。目前管理残疾人社会保险补贴资金的中央和地方机构主要有残疾人联合会、财政局、民政局、卫生局人力资源和社会保障局等，这些管理机构并没有实现真正的相互协调、互相补充的发展局面，不利于残疾人社会保险的和谐均衡高效发展。

（三）完善我国残疾人社会保险的对策

基于本章节前面提到的我国目前残疾人社会保险事业所面临的问题，综合上文关于残疾人社会保险发展的国际经验启示，同时结合我国的经济发展水平、人口因素和社会可持续发展的长远目标，本节将针对如何完善我国残疾人社会保险事业提出以下几点建议。

1. 全面提高残疾人社会保险覆盖率，实现残疾人社会保障无障碍

首先，虽然我国残疾人社会保险覆盖率在不断增加，覆盖人群范围也逐渐扩大，但是总体覆盖人数仍比较低，各险种覆盖残疾人数不及该险种平均覆盖率。因此，各级政府应当加大对发展残疾人社会保险事业的重视程度。其次，由于当前我国社会保险与职业身份和个人缴费密切联系，不免会出现无就业、高贫困不能充分享有社会保险的问题。因此，健全残疾人社会保险制度，切实保障残疾人民生，实现残疾人社会保障无障碍。具体可以从以下几点入手。

以鼓励、推动和扶持残疾人就业为契机，提高残疾人群体的参保率。我国目前的以就业和缴费为基础的社会保险制度，是由我国目前社会经济发展水平决定的，在短期内无法对这一保险体系进行改变。各级政府应该鼓励推动还具有劳动能力的残疾人重返劳动力市场，并且可以利用减税、荣誉等激

励手段鼓励用人单位为这些残疾人提供岗位。通过就业，残疾人可以正式成为社会保险覆盖人群，以此为契机，提高残疾人群体的参保率，努力实现社会保险基金在残疾人群体中的可持续发展。

完善残疾人社会保险制度的顶层设计。充分考虑残疾人这一特殊群体的障碍性与特殊性，坚持贯彻并落实“普惠 + 特惠”为基础原则的社会保障制度。在一般性社会保障制度保障其基本生存发展需求基础上，针对残疾人的特殊困难和特殊需求，针对残疾人群体建立特惠的社会保险政策。继续实施社会保险保费代缴补助的优惠政策，或加以间接补助津贴，例如减免保费、税收优惠等，对残疾人进行特别扶助和优先保障，处理好一般性与特殊性社会保险制度之间的关系，把残疾人特别是贫困群体的社会保险贯穿到整个社会保障制度之中。

应保尽保，各项覆盖，逐步提高残疾人社会保险水平和内部险种的均衡发展。首先要加大对失业保险、工伤保险和生育保险的实施力度，促进残疾人社会保险制度的健全和完善。各地区应进一步完善这三类险种的制度建设，扩大覆盖范围、提高保障水平、加大实施力度、强化监督管理等方面要抓紧落实，为残疾人失业保险、工伤保险和生育保险的提高和发展打下坚实基础。其次在促进就业的基础上，要规范残疾人雇主履行失业保险、工伤保险、生育保险方面的缴费职责，切实维护残疾人群体享受社会保险的合法权益。

充分发挥最低生活保障制度的作用，多方面保障残疾人基本生活。一方面，针对残疾人群体要适当降低保费，同时还要提高残疾人可以获得的补助水平，对残疾人子女在教育方面给予更多的优惠政策。另一方面，由于残疾人自身往往带有与疾病相关的慢性疾病，需要长期的治疗和康复，这一医疗费用开支给残疾人带来了沉重的经济压力，因此应该对于这类残疾人群给予充分考虑。例如，对残疾人常见的慢性疾病给予报销，建立残疾人大病基金长期护理保险等措施。

2. 加快农村地区残疾人社会保险制度建设，实现城乡整合

城乡“二元差距”这一特征在残疾人社会保险领域也普遍存在，农村地区的残疾人社会保险事业相对较为落后。但是，随着残疾人医疗保险在城乡的同步快速发展，新型农村合作医疗保险的覆盖率已超过97%，因此需要以

医疗保险为突破口，不断缩小城乡“二元分割”的局面，提高残疾人各项社会保险在农村的实施。

根据“城市反哺农村”的原则，探索适合农村地区实际情况的残疾人社会保险实现形式，稳扎稳打地推进农村地区残疾人社会保险体系整体水平的提高。在发展农村残疾人社会保障的过程中，国家的扶持、城市的帮扶以及农村地区的自助都是不可缺少的建设环节。在农村残疾人口中，近一半为贫困户，如何把贫困户、重度残疾、享受低保的人群纳入到该保险体系中是各级政府首先需要考虑的问题。在加大缴费补助的同时，也要考虑其他大多数非重度贫困残疾人存在缴费困难、没有享受到政策优惠、社会保险参保率低的问题。扩大补助范围、扩大城乡居民基本医疗保险制度报销范围、降低价格报销门槛、提高报销比例等，进一步减小贫困残疾人医疗支出负担。

残疾人社会医疗保险中，要进一步保持并扩大新型农村合作医疗保险的发展成果，特别是总结农村地区残疾人医疗保险事业发展的成功经验，将这些经验向后发地区以及后发险种逐步推广。新农合覆盖范围的快速扩大是残疾人社会保险的一项成功尝试，特别是偏远贫困的农村地区可以总结发展较好地区的经验来丰富和促进医疗保险制度。并且，养老保险同样可以借鉴医疗保险的成功经验，根据农村人口结构、经济发展水平，提升养老保险的制度设计，更高效更公平地为城乡居民提供养老保障。因此，以较为成功的医疗保险为契机，带动残疾人社会保险体系发展水平的全面提高，推动“城乡整合”的趋势在残疾人社会保险领域的进一步发展。

为所有城乡贫困残疾人提供基本养老和医疗保险，“增收”与“减支”齐抓。为符合条件的困难残疾人进行养老保险个人缴费资助，扩大缴费资助范围和提高资助标准，增加贫困残疾人收入，并为残疾人养老做准备。针对残疾人因病致贫、因贫致病的巨额医疗支出，逐步扩大基本医疗保险支付的医疗康复项目范围，提高残疾人医疗报销比例，并充分发挥商业保险在残疾人养老、医疗方面的补充作用，帮助减轻贫困残疾人医疗康复负担。

3. 明确各级政府和各机构单位职责

作为残疾人社会保险的主导力量，各级政府要切实承担起残疾人社会保险的各项工作，加大资金投入，完善社会保险基金长效投入机制。不同的险种、不同的实施和监管过程要明确到具体不同层级行政单位，甚至明确到部门，以此建立一个体系化、制度化的残疾人社会保险。

首先，要充分发挥政府的主导作用，理顺残疾人社会保险管理体制。政府应当建立有效的残疾人社会保险设计、实施、监管等相关一系列制度流程的建设和发展，分工明确、劳资分责、互相制衡的残疾人社会保险体系有利于推动残疾人社会保险制度的发展。中国目前对残疾人的社会保障并未形成一个独立并且完整的体系，存在制度呈现碎片化问题。因此政府应切实加强主导作用，保障参与管理残疾人社会保险制定和管理的各部门能够权责分明，有效衔接。少出现单部门的过度权重，要根据不同险种的特点和范围由不同的机构单位负责，避免“一揽子”工程。

其次，要加强对残疾人社会保险基金的监管。残疾人的社会保险补贴应集中于一个部门管理，避免碎片化、随意化的现象出现。政府要充分发挥社会保险补贴基金的重大作用，从中央到地方都应形成明确的制度性的补贴机制，规定具体的补贴对象、补贴方式、补贴范围、补贴金额等，严防社会保险基金被挤占挪用的现象发生。把残疾人社会保险的发展和完善作为各级地方政府的一项硬性任务、政绩考察的一项重要指标，提高各地级政府对残疾人社会保险的重视。

再次，要建立以政府为主导的社会保险基金长效投入机制。我们需要明确的是残疾人社会保险基金是该制度发展和完善的物质资金基础。目前我国残疾人社会保险基金主要来源于中央政府和地方政府的财政投入。残疾人社会保险补贴应以立法的形式确定，以保障资金的长效供给。中央政府在加大财政投入力度的同时，各级地方政府也应承担相应的责任，要求民政部门从福利资金中提取适当的比例给予资助，每年从财政收入中划拨一定比例的资金用于残疾人社会保险制度的建设，专款专用、公开透明，逐步扩大残疾人社会保险的覆盖范围，充分发挥政府职责，切实保障残疾人基本生活水平。

最后，结合残疾人群体的特殊性和保障需求制定独立的法律法规和政策。相关法律法规是残疾人享有社会基本保障的基础和重要保证。《中华人民共和国残疾人保障法》中关于残疾人社会保险提出了一些原则性的规定，但是缺乏具体的、细致的、操作性较强的相关法律和配套实施方案。因此我国需要学习借鉴他国较为完善的残疾人法律体系，充分考虑我国残疾人现状及残疾人群体的特殊性，对农村地区残疾人社会保险情况给予全方位考虑，建立一个独立的残疾人社会保险的法律体系，并根据残疾人需求和时代发展的不断完善，为残疾人事业发展提供有力保证。

二、国际经验借鉴

（一）残疾人社会保险体系的普遍性与特殊性相结合

国际上多数国家，特别是一些高福利国家，把残疾人社会保险制度纳入社会福利服务制度中，从保险和津贴两方面多部门共同为残疾人生存和发展助力。德国作为世界上最早建立现代社会保障制度的国家，无论社会保险制度的框架还是内容都已非常成熟。德国现有的社会保险制度框架下的任何一项社会保险基金都有可能把某一部分特定的残疾人纳入其中，真正体现了社会保护和社会道义的原则。例如，《社会法》规定法定医疗保险提供残疾人的医疗康复福利，如果是在工伤中引起的，则法定工伤保险在整个参与领域提供福利。同时，德国针对残疾人的津贴也在保险领域发挥重要作用。其一是货币津贴，它是根据不同残疾人群体的不同残疾等级和不同致残原因，分别由不同的社会保险基金负责，并以现金为主保证所有的残疾人在接受医疗援助时具有足够的经济来源以满足其生活开支。其二是间接津贴，主要包括税收优惠、免费交通工具、特殊停车设施等。充分考虑残疾人的多样性和特殊性，在社会保险的一般性中融入残疾人，同时又根据其弱势性提供相对特殊有针对性的全面保障。这充分贯彻了德国残疾人保障制度中的保险原则、供养原则和救济原则的基本理念，也体现了遵循全面保障和满足特殊需求相结合的原则。

同样，瑞典作为高福利国家，其社会保障制度也相当完善，包括为诸如儿童、老人、残疾人等特定群体提供社会保险和社会救助的社会服务制度。在一般的社会保险项目中，包括养老、医疗、失业和工伤等，只要残疾人符合保障条件，都和普通人一样享有保障待遇，在享受普通国民应当享有的各种福利保障待遇的同时，残疾人还可以获得特别社会补贴，主要有残疾津贴和照料津贴两种。因残疾而需要帮助或额外支出、年满 19 岁并已停止领取儿童津贴的瑞典残疾人或长期病人可以申请领取残疾补贴。残疾人津贴依据残疾程度所需要的帮助和所花费的额外支出按月发放，领取该津贴的残疾人有义务向保险局告知自己的生活状况。照料津贴对长期患有疾病并且每周需要他人帮忙处理基本生活事务在20小时以上的残疾人，可以向瑞典社会保险局申请照料津贴，2010年标准为252瑞典克朗。瑞典残疾人除了同其他公民一样可以享受各种社会保险以外，还受到特殊的保护与扶持，真正地实现了“一般保障”与“特殊保障”相结合。

巴西社会保险制度的待遇主要包括退休金残疾人津贴、疾病津贴、医疗保险金、死亡抚恤金、工伤保险金和失业保险金。除了与其他的劳动者享有同样的社会保险待遇之外，残疾人劳动者在退休、残疾年金、残疾津贴和医疗保险待遇等方面都有其特殊的待遇。他们一方面享受与其他人群平等的权利，同时会得到一些特殊待遇，以体现残疾人群的特殊性。

（二）清晰立法充分保护残疾人社会保险的运行和发展

随着社会的发展和文明的进步，社会对残疾人的认知逐渐成熟，残疾人事业逐渐得到重视，许多国家通过立法，在最高层次上维护和保障了残疾人的基本权益，保障了其生活基本需求。英国是世界上最早建立社会保障体系的国家之一，也是世界上第一个宣布建立福利社会的国家，其社会保障制度的发展经历了漫长的过程。在福利国家概念之前，英国就给予残疾人保险法律支持，并在建立福利社会之初就出台法律将残疾人社会保险作为残疾人社会福利的三大支柱之一。1911年通过的《国民保险法令》规定了在某些工业部门中实行失业救济、残疾津贴和医药补助的，在缴纳保险费用后，享有领取保险津贴的权利，这也是英国关于残疾人权益保障的首次立法。在随后的《残疾人就业法案》《国民互助法案》《残疾人权利委员会法案》等法案中都在法律层面保障了残疾人享有社会保险的权益。

有人曾用一句话概括美国法律对残疾人的作用——“美国用法律为残疾人铺平了生活道路”。美国在法律中对残疾人社会保障做出了具体规定。美国的社会保险项目诞生于1935年颁发的《社会保障法》，覆盖了相当一部分具有劳动能力，并且实际处于就业之中的残疾人。随着经济社会的发展，美国开始努力扩大社会保障范围。1950年规定永久性和重症残疾人可适用于《社会保障法》，1954年“老年和遗属保险”部分内容加进残疾人社会保险条款。但是，仍然有部分残疾人由于生理或心理障碍无法进入到劳动力市场。因此美国于1956年颁发了《残疾人社会保障保险法》，给因残疾无法正常工作的人提供收入支持。该法律对无法工作的残疾人提供持续性的收入支持，直到情况改善，如果没有改善将一直持续提供收入支持。对于无法继续工作，家庭也处于困难中的残疾人，其社会保险项目难以满足他们所有的需要，他们可以在申请残疾人社会保险待遇的同时也申请社会救助类的充分收入保障。目前，残疾人保险制度已经成为美国社会保障体系中保障范围广、功能强大的险种之一。

巴西残疾人保障制度的一项显著特色就是完善的残疾人事业立法。现行的《巴西联邦宪法》对残疾人事业的发展以及残疾人权利做出了总体规划，具体有生命权利、卫生健康权利、教育文化体育权利、就业和工作权利、社会保障权利、享有无障碍设施的权利、社会优待的权利和司法保护的权利。除了宪法之外，巴西立法机构从20世纪80年代开始加强残疾人事业发展和权益保障等方面的立法，例如1991年颁布的8213号法令就规定了残疾人社会保险计划。法令规定患有部分疾病无法继续工作的可申请提前退休；无论年龄多大，残疾人子女都应当被认为被保险人的受抚养人，如果没有受抚养人，残疾兄弟姐妹可获得抚恤金；无论残疾人是否是被保险人，都应确保残疾人得到相应的优待等。通过法律形式明确不同主体在各项残疾人事业发展中的权利和义务，显然是巴西残疾人事业发展取得显著成就的重要机制。

日本作为我国的邻国，以重视国民社会福利而闻名，其“社会福祉六法”不仅保障了普通国民的日常生活，也对儿童、老年人和残疾人等弱势群体做出了较为完善的保障安排。尽管日本的残疾人社会保障制度建设起步较晚，但发展速度较快，这一部分得益于日本“立法先行”的理念。日本残疾人社会保障的建设与二战后的社会背景密不可分，它得以确立的前提条件是以一系列相关的法律出台为制度支撑点。目前，日本的社会保障制度已形成了一个完整的法律体系，使得残疾人享受保障有法可依。根据对残疾人的细致分类，形成了以《残疾人对策基本法》为基础的法律依据。此外，针对不同类别的残疾人，还以《特殊儿童抚养补贴法》《身体障碍者福祉法》《精神薄弱者福祉法》等作为补充，充分考虑不同类别残疾人的保障需求，做出具有针对性的规定，为残疾人提供全面的保障。

（三）明确的事务机构权责划分

残疾人社会保险相关事务在大部分国家都有不同的行政单位和事务机构管理运行，明确的权责划分和劳资分责有利于残疾人社会保险的发展和完善。英国的残疾人社会福利由多个部门配合共同负责，其中负责大部分残疾人事务的部门是工作和年金部（Department of Work and Pension），但在同一部门又分出不同的子部门负责不同的服务。例如伤残和护理服务处负责提供残疾护理服务和各项津贴管理；求职中心致力于通过各种手段促进就业，并处理初次护理津贴等。残疾人权利联合会（The Disability Rights Commission）是一个非政府部门的公共机构，它致力于消除残疾人歧视，促进残疾人机会均等的事务。此外，英国还专门设立了残疾人问题办公室，旨在协调所有政府部门的残疾人政策，更好地使残疾人接受各项服务。

加拿大各级权责划分更加明显和清晰。工伤保险计划在加拿大主要由专门的工伤委员会进行，各省都建有自己的工伤保险委员会，自主管理工伤保险制度。各个省的工伤保险委员会都具有公共垄断性，能够独立操作工伤保险的处理过程和决定工伤保险的补偿水平。在各省的委员会中又分出不同的机构管理不同的事务。相似的，残疾人养老保险也是由联邦和省共同管理的项目。澳大利亚残疾人事务的管理分为联邦、州及领地和地方三个层级，通过《国家残疾人协议》划分各级政府对于残疾人事务管理的权限和责任，有专门负责制定法律法规建设的司法部，有负责制定和监督残疾人在澳大利亚公共服务行业就业的公共服务委员会，有提供社会和保健服务的人类服务部，还有国家残疾人管理局和家庭、住房、社区服务与原住民事务部，联络中心，联邦康复服务等。总体来看，澳大利亚残疾人事业分工明确、权责到位、合作高效，为残疾人社会保险制度的制定、实施、监管提供了全面有序的框架。

第四节　无障碍对公共交通产业发展的促进作用

我国城市公共交通的无障碍化进程缓慢，尤其是在大城市中，公共交通系统对城市治理和城市发展的重要性不言而喻，而现阶段公共交通的发达和公共交通的无障碍落后却形成了鲜明的对比。正步入老龄化社会的我国对无障碍公共交通有强大的需求，因此我们必须加快公共交通无障碍发展进程。

一、公共交通无障碍的问题与对策

（一）公共交通无障碍发展现状

近年来，在宏观层面上，国家制定和发布了一系列的法规、政策和标准，为无障碍出行这一领域的完善提供顶层设计。

一是为无障碍公交车辆推广应用提供法制保障。交通运输部积极推动制定《城市公共交通条例》，明确要求城市推广使用达到无障碍设施要求的公共交通车辆。

二是完善相关标准规范。交通运输部于 2014 年发布《公共汽车类型划分和等级评定》（JT88—2014），明确将“设置残疾人轮椅通道或轮椅固定装置”作为高级大型、特大型公共汽车的必需配置要求。

三是制定出台相关支持政策。明确提出交通场所和站点应根据需求配备升降电梯、无障碍通道、无障碍洗手间等设施。

四是完善城市公共交通无障碍信息服务。在 37 个城市开展城市公共交通智能化应用示范工程，重点推进乘客出行信息服务平台建设，乘客可通过电子信息显示屏、语音播报、移动终端等方式，获取公共交通服务信息。

五是地方公共交通政策与标准逐渐得以规范。如天津市于 2004 年出台了《天津市无障碍设施建设和管理办法》，后又根据《无障碍环境建设条例》的内容进行修改完善，并于 2018 年通过《天津市无障碍环境建设管理办法》，为无障碍建设提供行政依据。另外，天津市还制定了《天津市无障碍设计标准》（DB29-196—2010）并进行修订和完善，该标准将无障碍设计规范与天津地方实际相结合，为天津市无障碍规划、设计、施工和验收提供了有力的技术支撑。深圳市也于 2009 年颁布《深圳市无障碍环境建设条例》，将无障碍环境建设纳入法制建设轨道，并将公共交通、居家无障碍改造和无障碍设施竣工验收等作为建设重点。此后，深圳市还先后出台了《深圳市建设项目无障碍设施改造办法》《深圳市加快残疾人小康进程“十三五”规划》《关于加强公共停车场残疾人专用停车位秩序管理的通告》《深圳市“十三五”无障碍环境建设工作方案》等一系列政策，为无障碍环境的建设提供了较为全面的实施依据。

1. 轨道交通

《地铁设计规范》《城市轨道交通技术规范》等都对无障碍环境和无障碍服务进行了规定和说明，轨道交通车站内一般都建有无障碍检票通道、站厅站台盲道、车厢内轮椅位置、车站内无障碍厕所等无障碍设施。截至 2015 年，全国有近 20 个城市建设的 70 条轨道交通设施，都不同程度地在车站入口、站厅和站台设置了无障碍垂直电梯，方便了出行不便群体。新建的机场、城市轻轨、地铁和火车站等大型的公共交通服务枢纽也都按照《无障碍环境建设条例》《无障碍设计规范》等法规、标准的要求，在进港 / 站道路、交通、航站楼 / 月台地面、卫生间、电梯、值机柜台、候机 / 车、登机、离港等各个环节完善细节，为残疾人、老年人及全社会成员出行融入社会创造更好的条件。

关于铁路无障碍建设、改造和服务，铁路主管部门采取措施，推进了铁路旅客车站无障碍改造工作，同时制定了列车无障碍改造工作计划：对没有无障碍设施的列车车组，每个车组各改造一个无障碍座席车厢和一个无障碍卧铺车厢。截至 2014 年底，全国铁路已有 3400 余辆设有无障碍设施的客车编入列车中投入运营，其中，普速客车 1700 余辆。目前，高铁、动车组列车、直达列车和新造列车均设有残疾人座席及无障碍卫生间，其他车型的无障碍设施改造正在积极推进中。

2. 公交车和出租车

无障碍公交车是指低地板或带有液压装置，在车门口设置方便轮椅上下车设施、车厢内设有固定轮椅位置的公交车。无障碍出租车是指可供使用轮椅乘客乘坐的出租车，目前国内的无障碍出租车主要有两种改造形式。一种是将副驾驶座位改造成可向外旋转，方便残疾人乘坐到位置上，这种无障碍车辆只适合比较轻度的残疾人乘坐，如果乘客使用轮椅，则必须在旁人的协助下将轮椅放进车辆的后备箱；另一种是将车辆一侧后排座椅拆除，在车辆侧面或者后部备有坡道或简易升降装置，残疾人可乘坐轮椅直接进入车厢，车厢内设有轮椅固定装置。目前，大城市的无障碍公交车投放比例相对较高，如天津近几年投入运营的低底盘无障碍公交车达 213 辆。总体上看，一些车载无障碍设施设备的使用率还比较低，使用群体的满意度也不高。此外，无障碍出租车的投放率、使用率都很低，不能满足残疾人、老年人等群体的出行需求。以北京为例，北京人口2100多万，残疾人约100万，全市60岁及以上户籍老年人口约329.2万（截至2016年底），其中，164万老人已确定为失能老年人。北京市无障碍出租车走在全国前列，但目前投入的无障碍出租车仅300余辆，且使用率不高。

3. 民航无障碍服务

2008年，中国民用航空局发布的《民用机场旅客航站区无障碍设施设备配置标准》（MH5026—2000）为机场无障碍设施的配置提供了较为详细的标准指导。2009年4月30日，民航局发布《残疾人航空运输办法（试行）》。但在实际操作中，残疾人乘坐航班困难重重。2012年，民间公益组织衡平机构曾发布《残疾人乘机状况调查报告》，称拒载残疾人并非个案，而是一种普遍的状态。包括四大航空公司（国航、南航、东航、海航）在内的全国24家航空公司都有关于残疾人乘机的相关规定，拒载残疾人乘机的理由主要集中在“未提前申请或告知”（92%）、“未提供相关（医疗）证明”和“有可能引起其他乘客不适或反感”（54%）上。

2015年，为适应残疾人航空运输的新发展、新情况，民航局又对《残疾人航空运输管理办法》进行了修改，坚持安全第一、国际化、以人为本原则，放宽残疾人乘坐航班的人数上限值，提升残疾人在定座、办理乘机手续、登机及离机、行李托运及提取的便利性，充分尊重残疾人隐私。此外，还增加了残疾人航空运输管理方面的要求，包括强化运输企业员工接受残疾人航空运输服务培训的要求，增加了对残疾人航空运输数据的统计和报送监督管理。此外，中国民航局也不断推动具体措施的落实，于2016年开展了特殊旅客服务专项检查工作，对部分机场的无障碍环境建设以及残疾人航空运输服务流程与实践进行了专项督导。要求旅客可以直接向民航局负责处理旅客投诉的机构——民航局消费者事务中心进行投诉，消费者事务中心定期统计残疾人旅客的相关投诉，并定期公布投诉数据。

4. 公路及水运无障碍

交通运输部积极响应国务院《关于城市优先发展公共交通的指导意见》，加快推广应用大容量、低地板公交车辆和空调车，积极推广应用无障碍公共交通车辆，完善无障碍设施，方便特殊人群乘用。广东省将公共交通导盲系统列为 2014 年政府民生实事项目，深圳市如期完成对 37 条公交线路、1000 辆公交车车载导盲系统设备的安装、调试和 1000 台导盲终端机的配送任务。上海市政府 2014 年经过公开招投标新增了 200 辆无偿有期限使用的无障碍出租汽车经营权。当年 10 月 11 日首批投入 50 辆英伦 TX4，由上海强生出租汽车公司负责运营以电话调度预约服务为主，确保优先满足肢残人士以及行动不便人士的车辆预约需求。《港口客运站建筑设计规范》《游艇码头设计规范》《海港总体设计规范》都对水运旅客通道的设计做出了无障碍的设计规范，引导地方政府加大对无障碍设施的建设。如广西壮族自治区桂林港的船舶出发港和到达港均有无障碍设施，并设置了无障碍轮椅坡道、无障碍厕所，共有轮椅坡道约 120 米、扶手约 60 米、无障碍厕所 2 个、无障碍厕位 6 个。北海港港口区客运企业在售票大厅门口、检票通道等地方均设置有无障碍通道，同时设置有无障碍购票口和无障碍厕所。福建省新建、改建客运码头投资约 41913 元，多数客运码头无障碍建设率达到百分之百。

（二）公共交通无障碍发展的问题

1. 法律法规建设中存在不足

一是相关法律法规中无障碍环境建设的内容缺乏有效衔接。无障碍内容仍然只是部分地存在于相关的行业法律法规中，更多的则是在残疾人权益保障和老年人权益保障的相关法律法规中。根本原因在于当前社会对无障碍环境的认识存在片面性。无障碍是以人为本的通用理念，不仅需要贯彻到社会发展和日常生活的方方面面，也应贯彻到社会治理、政府工作的方方面面。

二是法律法规的可操作性差。目前，虽然对残疾人出行的政策与规定相对完善，但多数规定都处于宏观性、指导性层面，真正在实践中的适用性和可操作性都较低。对于违反法律规定的行为的处罚措施也不够明确、具体，无形中弱化了法规的执行效力，也使得监督和管理因无明确的依据而落空，也进一步造成无障碍设施设备可持续利用差的难题。

三是关键内容缺失。如《无障碍环境建设条例》未对无障碍改造的时限做出要求，也未对公共设施、公共服务无障碍改造经费保障做出规定。无障碍环境起步较早发展较为成熟的国家荷兰，在政府的工作报告中明确指出火车站、火车从 2009 年起在 20 年内要全部无障碍改造完毕，15000 个公共汽车站，到 2015 年要先改造 50%。并提出，每年提供 5 亿欧元进行公共场所的无障碍改造。而在我们国家的相关文件中，很难发现有这样硬性的规定和保障经费的措施，不利于无障碍环境改造的实际推进。

2. 设施建设标准缺乏系统性内容

只有对单个无障碍设施如坡道、扶手等的技术参数进行规定，而碎片化的无障碍无法真正起到无障碍的效果，很难形成完整的无障碍流线。同时，设施建设标准对通用理念的认识仍缺乏实际成果的体现，细节和实用性还有太多需要改善的地方。目前大多数无障碍出行标准的建设工作仍然停留在对肢体残障人士的关注，而方便老年人、视力残疾人、听力残疾人、孕妇等无障碍内容较少，本质上还是对无障碍理念认识不到位，将无障碍的受益者仅仅局限在肢体残障人士群体中，主观上压缩了无障碍的实际功能。

3. 公共交通无障碍意识尚未形成

无障碍意识和无障碍出行服务是相辅相成、相互促进的，目前我国全社会的无障碍意识尚未完全形成。一方面，各方工作人员对于无障碍环境建设的重要意义认识不深，将无障碍环境简单归于残疾人事业范畴，或将无障碍出行等同于盲道建设，有的则直接认为无障碍设施可有可无（许多地铁、火车站、机场的无障碍电梯经常被关闭），甚至认为大量建造无障碍设施会导致城市建造价增加。这种落后的意识和观念直接阻碍了无障碍出行状况的改善。另一方面，社会成员对无障碍环境的知晓度低，对无障碍出行的理解有限，不但不能为无障碍出行提供便利，反而经常出现阻碍残疾人、老年人等群体出行的情况，如占用盲道、占用残疾人停车位，上下交通工具拥挤推搡，缺乏帮助残疾人、老年人的服务意识，甚至歧视等。

4. 无障碍设施监管与维护机制不够健全

现阶段，我国无障碍硬件设施在逐步完善，但是与之相匹配的监管考核常态化机制尚未建立起来，日常巡查管理和行政执法工作相对欠缺。已经在车辆上装载了的部分无障碍设施的功能无法正常发挥，出现盲道损毁或被占用、无障碍卫生间长期锁闭、呼救按钮失灵等现象。服务能力有待提升，不少公共机构的从业人员不了解不熟悉无障碍设施的使用和维护方法，帮助和服务特殊人群的能力较弱。如有的客运站内虽然已经铺设了盲道，开设了特殊人群服务窗口，但因为没有语音提示，视障残障人士依然感到乘车难。

（三）公共交通无障碍的发展建议

包括公共交通在内的无障碍出行是文明社会生活的重要内容，也是衡量民生福祉水平和社会文明程度的主要标志之一，所有人通用的无障碍公共交通系统必然是公共交通发展的未来方向。

1. 加大公共交通无障碍建设力度

一方面，目前我国公共交通的无障碍建设还十分有限，尤其是城市公共交通，即使像北京这样的大城市，公共交通的无障碍建设投入与使用也还远不尽如人意。对北京市公交车无障碍的调研表明，北京市公交车、公交车站台及其周边环境都存在阻碍残疾人乘坐的问题。如公交车上缺乏轮椅停靠区、无障碍标识不清、无障碍信息提示不及时，站台周边道路过窄、候车空间不足、站台与车辆衔接不上等。另一方面，随着我国人口老龄化的加速与加深，未来需要无障碍出行的人群数量将会不断加大，需求更加旺盛、多样化。公共交通的无障碍程度直接关系民众基本生计，影响民众的获得感和幸福感，必须加大力度完善和提高公共交通无障碍的可及性与便易性，这既包括无障碍设施的投入和维护，也包括无障碍服务的提供。

2. 加强公共交通无障碍建设的系统化

第一，注重公共交通无障碍建设与信息无障碍建设相结合。目前许多投入运营的无障碍设施因缺乏明确的信息提示，如到站语音提示、标识提醒等，造成残疾人和老年人等需求群体无法获知准确的交通信息，降低了有效使用率，增加了需求者使用成本，甚至造成无障碍设施的长期搁置、不被利用。只有提高公共交通的信息无障碍，才能提高其利用率，满足需求群体的出行需要。

第二，注重各环节间的衔接。目前的无障碍环境建设中，实行的是“自己家的孩子自己管”的管理机制，即所有权拥有者负责制。在这种机制下，片段化现象明显，例如公交车站区域，公交车的无障碍、站台的无障碍和周边路面的无障碍等分别由不同所有者负责，容易造成因某一环节无效而使整个出行受阻，亟须完善管理机制，衔接各个无障碍环节。

第三，注重硬件投入与软性服务相结合。无障碍设施投入后的效用还需通过一系列的服务来支持，如有些公交车虽然配备了无障碍设施，但若没有公交司机的服务和路面引导者的帮助，残疾人或老年人也无法上车。所以，软性服务是提升无障碍出行质量的重要因素，需要着力提升。

第四，注重前期投入与后期维护升级相结合。调查发现，一些公交线路上，公交车虽然有无障碍设施，但年久失修，大部分已成报废设备，起不到帮助出行的作用，说明无障碍设施后期维护和升级没有跟上，既没有发挥该有的作用，又造成前期投入的资源浪费，需要加大监管和后期维护力度。

3. 加强公共交通无障碍服务建设

无障碍交通的目的和价值均在于使用，服务是发挥无障碍交通设施价值和提升无障碍出行质量的重要因素。针对目前无障碍交通使用率不高、服务提供缺乏的现状，建议加强无障碍服务体系的建设。第一，通过体验、培训、交流等多种方式提升公共交通的司机和乘务人员服务残疾人、老年人等需求群体的专业素养与意识；第二，建立道路交通志愿者服务队伍帮助有需要人士便利获得无障碍服务。

4. 加大宣传力度培育公共交通无障碍意识

无障碍出行是全社会的需求，需要全社会的共识与行动。大部分民众都愿意追求互助友爱的美好生活，但因长期以来人们对残疾人、老年人等群体的需求缺乏了解，对无障碍的认识不够，更是缺少对需求群体权益和权益保障制度政策的了解途径，即使有意愿有能力提供无障碍服务也往往不知从何做起，这就需要媒体舆论加以引导。如通过公益广告、街头示范等形式和活动加强人们对无障碍出行困难与需求的了解与认知，社会无障碍意识与理念便会逐渐得以培育。在这方面，天津和上海的宣传方法值得借鉴。天津市为进一步向全社会普及无障碍知识，提高无障碍意识，营造全社会关心、支持、参与无障碍建设的良好氛围，采取多方位、多形式、多载体宣传工作模式。例如：在《天津日报》上发无障碍环境建设宣传专版；在天津人民广播电台公仆走进直播间节目做无障碍环境建设宣传专题；市残联与建委联合开展百名专业技术干部无障碍环境建设培训班；利用全国助残日等各种大型活动发放无障碍环境建设宣传资料；在市残联门户网站上登载无障碍环境建设内容等。上海则组织各区无障碍推进办人员开展无障碍环境建设知识培训班，邀请高校及相关部门专家通过现场授课和实地考察无障碍设施等方式，让学员对无障碍环境建设工作达到深层次的学习和理解，取得了良好的效果。此外，上海还通过新闻媒体等有关部门，采取各类媒体、公益广告、主题活动、分发无障碍建设知识读本等形式，介绍无障碍基本知识，呼吁关爱无障碍设施，提高无障碍意识，营造全社会关心、支持、参与无障碍建设和管理的良好社会氛围。

二、国际经验借鉴

（一）重视前期设计与后续管理

营造良好的城市交通无障碍环境依赖交通无障碍设计与设施管理双重保障。然而，我国城市交通无障碍设施在设计与管理方面还存在许多现实问题。在城市交通无障碍设计方面，盲目铺设过多并未形成连续系统的盲道；盲道铺设位置不合理，铺设到河边、湖边等；盲道铺设凹凸不平形成行走障碍。另外，交通无障碍标识设置数量不足，部分标识不够显眼，内容指向含糊不清，甚至存在许多错误标识，严重影响了残障人士正常出行。在城市交通无障碍设施管理方面，盲道被商贩随意占用，缺少管制且长期无人维修。以上现象正是我国交通无障碍设施不重视设计、缺乏监督管理的后果。

新加坡城市规划始终把“以人为本”放在首位，充分考虑社会成员（尤其是残障人士、老年人）出行需求，重视城市交通无障碍规划建设，将交通无障碍设计融入并落实到城市规划建设中，在管理和维护方面，以实用为主，并适时精进。我国城市交通无障碍建设首先应从政策引导上出发，加强城市交通无障碍设计重要性和必要性的宣传力度；其次，在系统规划和设计方面，贯彻落实“以人为本”的设计理念；最后，在施工和管理方面，加强监督和维护，营造系统化城市交通无障碍环境。

（二）实现交通无障碍设施通用化

城市交通无障碍设计包含物质无障碍和心理无障碍两个层面。鉴于我国经济发展水平和有限的政策宣传力度，对城市交通无障碍设计的重要性和必要性缺乏深刻认识，我国大多数社会人士普遍认为，城市交通无障碍设施可有可无，只提供给少数特殊人群使用，有时甚至会影响健全人出行。长此以往，我国“车本位”社会行为习惯根深蒂固，交通无障碍设施设计缺乏通用性，比如，无障碍出入口坡道不仅设在距离主出入口较远的建筑物两侧，而且等候设施（如座椅、栏杆等）数量无法满足出行需求，设计上缺乏集约性，致使残障人士和老年人萌生被边缘化和歧视的心理，拒绝使用无障碍设施。因此，加强建设城市交通无障碍设施宣传力度，平等对待所有交通无障碍设施使用者，摒弃歧视心理，实现交通无障碍设施通用化势在必行。

新加坡城市交通无障碍设计十分注重通用性，充分考虑残障人士和老年人的使用需求和心理预期。以无障碍出入口设计为例，与正常出入口分开设置时，必然同步设置醒目清晰的导向指示牌；若两者设计在一起，通常采用“一”字形或U形坡道，一方面，避免出行者（尤其是残障人士）绕行，另一方面，提高坡道使用率，体现无障碍坡道通用性。另外，通用化板凳式座椅能承载更多人，搭配简易扶手的设计，充分满足了残障人士和老年人的使用需求。

实现我国城市交通无障碍设施通用化。首先，应从思想观念出发，普及城市交通无障碍设施通用化理念，转变普通大众错误认识；其次，提高城市交通无障碍设计实用性，强化无障碍设施的通用性。比如，避免设置过陡、过多的台阶，代之以无障碍坡道设计，满足特殊人群（老、弱、病、残等人士）使用需要的同时，考虑健全人士的需求，强化设计的实用性和通用性。

（三）法律与“软政策”结合保障监督执行

日本法制建设促进了铁路交通出行无障碍的发展。日本无障碍设计的概念逐渐扩展到通用设计，弱势人群也涉及残疾人、老年人、幼儿、孕妇等，使设计的要求和规范能够满足弱势群体的出行需求，设计需要配备无障碍服务功能和设施装置。2006年日本实行《爱心建筑法》与《交通无障碍法》合并修订为《关于促进高龄者、残疾人等的移动无障碍化的法律》的国家级法规。因此，在日本国家级法规的基础上，日本全国共有47个都道府县的地方根据自身特色情况制定了更加详细的地方无障碍设计规范条例。其中有些条例比较关键，值得我国铁路运输客运车站无障碍建设借鉴与思考，例如：

（1）法律界定对象加以扩充，不再局限于身体障碍者，同时包括智障、精神障碍等所有残疾人员。

（2）基本构想制度的补充，即重点推行无障碍的区域扩展到不包含旅客设施的地区。

（3）在确定设施构思时邀请当事人参与，并协商制定，创立居民提案制度。

（4）充实的“软政策”使设计者和服务人员对老年人与残疾人的困难感

同身受，帮助克服“内心障碍”。

另外，日本国家级法规制定了建筑与交通的无障碍设施设计建设的基本标准，在无障碍设施设计建设过程中做到“各司其职，各尽其责”，对进行分工、监督、检查的三位一体的流程做出了明确规定，比如日本国家级法律法规一旦实行，日本全国都道府县的区市町村都应设立专门负责无障碍法规执行监督的人员。

* * *

无障碍战略给我国各行各业的发展创造了更好的条件，也对各行各业的发展提出了更高的要求。总体上说，无障碍战略的实施可以把我国 2.5 亿老年人和 8500 万残疾人中的大部分从需要人力照顾的“拖累”转变为可以输出劳动力的财富制造者，从单纯的资源消耗者变为资源供给者，这无疑能在人口红利消失殆尽的当代为我国经济高质量发展提供动力。具体来看，旅游、康养、金融、公共交通等看似已经充分发展的产业，在无障碍战略提出的标准下都还有很大进步空间。旅游产业落实无障碍将带来旅游环境设施的改造升级，新型市场机制的发展。医疗产业落实无障碍将带来康复医疗专业性的增强、三级协作网络的发展、康复医疗人才培养体系的进步。社会保险体系落实无障碍将使我国社会保险体系更加完善，残疾人获得更多的生活生产保障。公共交通产业落实无障碍将带来交通系统规划水平的提升，交通硬件设施的改造升级，交通信息系统的更新换代，软性服务质量的提高，后期维护水平的提高。无障碍战略在激发我国需求扩大的同时促进了我国各行各业供给的提升，必将为我国经济高质量发展提供巨大助力。

参考文献

［1］段培君．无障碍国家战略［M］．沈阳：辽宁人民出版社，2019.

［2］李恒辉．我国地区金融结构对产业结构升级的影响研究［D］．长沙：湖南师范大学，2019.

［3］殷绪螺．外部环境视角下的普惠金融可持续发展研究［D］．长沙：湖南大学，2019.

［4］财政部国际财金合作司．2019 年全球宏观经济形势展望［J］．中国财政，2019（05）：75–76.

［5］熊程．中国金融机构系统性风险与影响因素研究［D］．南京：南京大学，2018.

［6］中国电子信息产业发展研究院．数字丝绸之路［M］．北京：人民邮电出版社，2017.

［7］李晶玲，张双英，谢瑞芬．绿色金融支持京津冀生态协同发展［J］．当代金融家，2015（12）：124–125.

［8］白重恩，张琼．中国的资本回报率及其影响因素分析［J］．世界经济，2014，37（10）：3–30.

［9］中国人民银行金融稳定分析小组．中国金融稳定报告［M］．北京：中国金融出版社，2019.

［10］黄群慧，陈创练．新发展格局下需求侧管理与供给侧结构性改革的动态协同［J］．改革，2021（03）：1–13.

［11］林宝．党的十八大以来我国养老服务政策新进展［J］．中共中央党校（国家行政学院）学报，2021，25（01）：91–99.

［12］刘雪娇．听障融合教育资源教师角色职能影响因素及对策研究［J］．绥化学院学报，2021，41（01）：111–115.

［13］陈理．深刻理解把握我国进入新发展阶段的重要依据［J］．中共党史研究，2020（06）：5–16.

［14］郭克莎．坚持以深化供给侧结构性改革推进产业结构调整升级［J］．经济纵横，2020（10）：58–65.

［15］张占斌．关于全面建成小康社会后高质量发展若干重大问题的思考［J］．人民论坛·学术前沿，2020（14）：6–15.

［16］侯云春．积极应对人口老龄化　加快发展养老服务业［J］．社会治

理，2019（11）：32–34.

［17］董雪兵，李霁霞，池若楠．习近平关于新时代区域协调发展的重要论述研究［J］．浙江大学学报（人文社会科学版），2019，49（06）：16–28.

［18］陈晓雪，时大红．中国区域高新技术产业高质量发展的综合评价分析［J］．南京财经大学学报，2019（05）：34–44.

［19］李淑萍，丁灿灿，陈晓雪．新经济形势下对我国房地产经济的理性研究［J］．地产，2019（17）：72.

［20］郭克莎．中国产业结构调整升级趋势与"十四五"时期政策思路［J］．中国工业经济，2019（07）：24–41.

［21］车俊．把握新时代重要战略机遇　扎扎实实推进高质量发展走在前列［J］．政策瞭望，2019（01）：4–10.

［22］郑文涛．用好推动高质量发展的辩证法［N］．经济日报，2018–07–12（014）.

［23］李克强．政府工作报告——2018 年 3 月 5 日在第十三届全国人民代表大会第一次会议上［J］．中国经贸导刊，2018（09）：4–16.

［24］石云鸣．以创新为动力　深入推进供给侧结构性改革［J］．理论学习与探索，2018（01）：18–21.

［25］杨宜勇，吴香雪．无障碍战略与残疾人扶贫问题研究［J］．中州学刊，2017（11）：67–74.

［26］吴越．面向网站无障碍检测的组稀疏特征选择方法的研究及应用［D］．杭州：浙江大学，2018.

［27］宋雪．社会工作视角下智障儿童家长社会支持服务实务研究［D］．大庆：东北石油大学，2017.

［28］安治民，邱观建．我国残疾人社区照顾的政府购买服务研究［J］．凯里学院学报，2015，33（01）：47–51.

［29］钟天翔．论残疾人劳动就业权的法律保障［J］．法制博览（中旬刊），2012（12）：219–220.

［30］王海燕，唐钧．残疾人社会保护亟须反对社会排斥［J］．湖南社会科学，2021（01）：119–125.

［31］黄振鹏，黄泽阳．音乐疗法嵌入我国社区养老的可行性研究［J］．

社会福利（理论版），2020（12）：15-21.

［32］张婧，沈良峰，张微巍，朱安娜．老龄化视角下我国传统建筑行业转型升级发展研究［J］．价值工程，2020，39（21）：81-83.

［33］文婧．日本银发人才中心给中国老年人再就业的启示［J］．深圳职业技术学院学报，2020，19（02）：41-46.

［34］王成杰．积极老龄化视角下农村智慧养老模式探索［J］．乡村科技，2019（36）：25+27.

［35］邹伟进，郑应炳，刘万里．新时代中国经济高质量增长中长期动力：要素结构变迁［J］．工业技术经济，2019，38（11）：23-30.

［36］盛来运，李拓，毛盛勇，付凌晖．中国全要素生产率测算与经济增长前景预测［J］．统计与信息论坛，2018，33（12）：3-11.

［37］袁德盛，张胜年．对中老年女性肌力流失特征的探究［A］．中国力学学会中国生物医学工程学会生物力学专业委员会、中国生物物理学会生物力学与生物流变学专业委员会．第十二届全国生物力学学术会议暨第十四届全国生物流变学学术会议论文摘要汇编［C］．中国力学学会中国生物医学工程学会生物力学专业委员会、中国生物物理学会生物力学与生物流变学专业委员会：中国力学学会，2018：1.

［38］黎建飞，王喜荣．中国特色残疾人事业的法律保障［J］．残疾人研究，2018（01）：17-28.

［39］杜林，邓猛．美国残疾人自主就业的发展及对我国的启示［J］．残疾人研究，2017（03）：89-96.

［40］任玉颖．关于对残疾人就业服务工作的研究［J］．今日财富（中国知识产权），2017（09）：146.

［41］程婉静．中国人口年龄结构对经济增长和周期波动的影响研究［D］．北京：清华大学，2017.

［42］翟珊珊，张超．电子商务发展水平对我国物流行业影响实证分析［J］．生产力研究，2016（11）：11-14.

［43］王豪．积极福利视角下的残疾人就业问题研究［J］．中州学刊，2016（08）：72-74.

［44］张民省．我国残疾人支持性就业的现状与出路——以山西省为例

［J］. 人力资源管理，2016（08）：250–253.

［45］杨柳，崔铭香 . 残疾人职业技能培训问题与策略［J］. 中国成人教育，2016（01）：127–131.

［46］徐倩 . 我国残疾人就业服务现状、困境与优化［J］. 残疾人研究，2015（03）：28–32.

［47］张民省 . 残疾人支持性就业的推进策略［J］. 中共山西省委党校学报，2015，38（04）：55–58.

［48］叶寿生，吴晓庆 . 当前我国残疾大学生就业的制约因素及对策分析［J］. 湖北广播电视大学学报，2014，34（09）：62–63.

［49］梁土坤 . 按比例安排残疾人就业的实践突破与发展方向［J］. 社会福利（理论版），2014（05）：31–36.

［50］朱霜 . 我国残疾人就业问题研究［D］. 北京：北京交通大学，2014.

［51］张月波 . 柯布—道格拉斯生产函数的改进和应用研究［J］. 中国外资，2014（03）：111–112.

［52］姚飞 .CD 生产函数的贝叶斯估计［J］. 家教世界，2013（12）：231–232.

［53］付聪伟 . 促进我国残疾人就业问题研究［D］. 济南：山东财经大学，2013.

［54］王三秀 . 残疾人平等就业保障新思路：制定反残疾人歧视法［J］. 社会工作，2012（10）：41–44.

［55］尚珂，梁土坤 . 按比例安排残疾人就业问题分析与思考［J］. 残疾人研究，2012（02）：66–70.

［56］唐敏 . 城市新贫困人口的社会保障研究［D］. 武汉：中南民族大学，2012.

［57］刘宇 . 我国残疾人就业保障制度研究［D］. 长春：长春工业大学，2012.

［58］梁土坤 . 我国按比例安排残疾人就业实施办法问题研究［J］. 人口与经济，2011（S1）：7–9.

［59］范妮 . 我国残疾人就业困境成因及解决路径探析［D］. 西安：西北大学，2010.

［60］许家云，刘琳．不同生产函数条件下的中国经济研究［J］．工会论坛（山东省工会管理干部学院学报），2010，16（03）：84-85.

［61］谭震洋．中国残疾人就业政策分析［D］．沈阳：东北大学，2009.

［62］杨伟国，陈玉杰．美国残疾人就业政策的变迁［J］．美国研究，2008（02）：63-76+4.

［63］黎建飞，窦征，施婧葳，李丹．我国无障碍立法与构想［J］．残疾人研究，2021（01）：28-38.

［64］吴玉韶，伍小兰．高质量推进老年宜居环境建设［N］．中国人口报，2020-07-27（003）.

［65］徐艳兰．人口老龄化背景下养老产业融资环境与对策分析［J］．产业与科技论坛，2020，19（06）：15-16.

［66］范莉莉，方仪．残疾人现代职业教育发展策略研究［J］．教育理论与实践，2019，39（36）：22-24.

［67］孟繁荣，景抗震．新常态下民营医院发展策略探讨［J］．江苏卫生事业管理，2019，30（08）：964-966.

［68］张婧．山西省残疾人精准康复服务问题研究［D］．太原：山西财经大学，2019.

［69］时传霞，管艺．新时代残疾人公共体育服务体系的构建［J］．体育研究与教育，2019，34（01）：40-43.

［70］杜钰．社会融合视角下残疾人社会服务体系研究［J］．残疾人发展理论研究，2018，2（01）：94-112.

［71］徐晨宇，蔡昊辛，许雯，王艺晓．残疾人非遗就业可行性探究［J］．中国民族博览，2018（02）：80-81.

［72］王明华，刘珍，李楠竹．中国养老产业发展走势总体判断及政策导向［J］．财经问题研究，2017（04）：28-34.

［73］胡丽．中国养老行业现状分析与问题研究［J］．科技经济导刊，2017（10）：258.

［74］李晞，吴小高．我国残疾人辅助器具服务工作的现状及展望［J］．残疾人研究，2016（03）：43-47.

［75］李小兰．我国民营养老服务业发展研究［D］．福州：福建师范大

学，2016.

［76］程晖，马冬梅，段文义．残疾人体育公共服务体系的需求与供给——基于甘肃陇东南地区残疾人体育调查［J］．体育科技文献通报，2016，24（01）：24–25+46.

［77］谢春玲．我国残疾儿童义务教育保障问题研究［D］．北京：首都经济贸易大学，2015.

［78］余超婷．我国精神病人社会救助法律问题研究［D］．重庆：西南大学，2015.

［79］吴振东．我国残疾人托养保障机制问题研究［D］．武汉：武汉理工大学，2015.

［80］闫革．中国特殊教育问题研究［D］．太原：山西农业大学，2014.

［81］陈功，吕庆喆，陈新民．2013 年度中国残疾人状况及小康进程分析［J］．残疾人研究，2014（02）：86–95.

［82］张扬．民生视域下北方地区冬季残疾人群体体育事业的发展策略［J］．冰雪运动，2013，35（03）：50–52+85.

［83］郭玉萌，高楚兰．论中国残疾人体育政策法规的修改与完善［J］．体育科学研究，2013，17（01）：30–33.

［84］张佐娟，王敏，刘文雅．高校如何加强残疾人文化服务［J］．绥化学院学报，2013，33（01）：143–145.

［85］钟磊．发展我国辅助器具租借服务初探［J］．中国康复理论与实践，2012，18（07）：688–690.

［86］卢佳．论残疾人文艺发展的现状及其先进之路［J］．文学教育（中），2012（04）：93–95.

［87］代英夫．加速发展残疾人文化事业正逢其时［J］．中国残疾人，2012（04）：54.

［88］李建英．高职教师队伍职业素养现状及发展研究［J］．教育与职业，2012（08）：69–71.

［89］肖丽琴．公共供求理论视域下残疾人体育公共服务体系研究——以浙江省为例［J］．体育科学，2012，32（03）：17–27.

［90］贾玉娇，宋宝安．中国老年残疾人服务政策的回顾与展望［J］．残

疾人研究，2011（04）：57–62.

［91］屠其雷，方新，龙华，李高峰，熊宝林．辅助技术高等职业教育课程设置探讨［J］．中国康复理论与实践，2011，17（05）：488–490.

［92］袁丽华．国外公共图书馆残疾人服务工作及其对我国的启示［J］．科技情报开发与经济，2011，21（03）：72–75.

［93］庞文，尹海洁．论残疾人的教育公正［J］．中国特殊教育，2009（10）：3–7+19.

［94］蒲新微．分层保障：探索有中国特色养老保障模式的新思路［J］．学习与探索，2009（04）：47–48.

［95］谢敬仁，钱丽霞，杨希洁，江小英．国外特殊教育经费投入和使用及其对我国特殊教育发展的启示［J］．中国特殊教育，2009（06）：17–24.

［96］杨立雄，吴伟．中国残疾人扶贫政策的演变与评价［J］．湖南师范大学社会科学学报，2009，38（01）：12–17.

［97］曲绍旭．资源协同视角下精神残疾人社区康复服务优化研究［J］．黑河学刊，2021（02）：112–116.

［98］张晓梅，于河海．新加坡城市交通无障碍设计及对我国的启示［J］．综合运输，2021，43（02）：138–142.

［99］李泽慧，白先春，孙友然．《残疾人蓝皮书：中国残疾人事业发展报告（2020）》内容解读［J］．现代特殊教育，2021（02）：3–7.

［100］赵若帆．浅谈社会保障对人力资源的影响［J］．国际公关，2020（11）：180–181.

［101］张家瑞．日本铁路运输客运车站无障碍与人性化设计启示研究［A］．中国智慧工程研究会智能学习与创新研究工作委员会．2020 万知科学发展论坛论文集（智慧工程一）［C］．中国智慧工程研究会智能学习与创新研究工作委员会：中国智慧工程研究会智能学习与创新研究工作委员会，2020：11.

［102］张洋．英国无障碍立法实施及启示研究［D］．济南：山东师范大学，2020.

［103］张琳琳．包容性校园景观更新规划设计理论研究［D］．北京：清华大学，2019.

［104］徐帅．国外社区康复服务状况及对我国社区康复发展的思考［J］．残疾人研究，2018（04）：86–95.

［105］侯磊．河北省廊坊市农村残疾人社会救助现状与对策研究［D］．石家庄：河北师范大学，2018.

［106］王玲．河南省残疾人就业问题研究［D］．北京：北京交通大学，2018.

［107］吴香雪．福利供给责任与福利契约践行问题研究［J］．社会保障研究，2018（01）：87–95.

［108］陈丽娟，王颖．五年制康复治疗技术专业人才培养模式和课程体系改革的探讨［J］．成都中医药大学学报（教育科学版），2017，19（04）：9–10+22.

［109］王黔艳，李曼琪，闵锐．发达国家康复医学发展现状及对我国的启示［J］．医学与社会，2017，30（10）：54–57.

［110］杨健．供给侧改革视角下优化残疾人社会保障体系研究［J］．天津行政学院学报，2017，19（04）：49–54.

［111］郭春宁．帮助残疾人和全国人民共建共享全面小康社会的新蓝图——学习《“十三五”加快残疾人小康进程规划纲要》［J］．残疾人研究，2016（03）：3–11.

［112］卢茜．社会投资视角下残疾人就业能力开发研究［D］．南京：南京大学，2016.

［113］尹新，董可男，孟群．互联网＋康复医疗的新模式探究［J］．天津：中国卫生信息管理杂志，2016，13（02）：115–118.

［114］陈伟．关于养老保险扩面商业化倾向和社会保障化的点滴思考［J］．劳动保障世界，2016（06）：19–20.

［115］王鹏杰．国内外残疾人社区康复模式研究述评［J］．社会福利（理论版），2015（09）：54–56.

［116］王新鹏．民航特殊旅客权利保护法律制度的比较研究［D］．天津：中国民航大学，2015.

［117］陈升升．物联网技术在残疾人康复管理中的应用［D］．杭州：浙江理工大学，2014.

［118］张东旺．中国无障碍环境建设现状、问题及发展对策［J］．河北学刊，2014，34（01）：122–125.

［119］马跃，袁雁，许苹，丁永超，龚旭．浅谈我国康复医疗服务体系发展现状［J］．解放军医院管理杂志，2013，20（11）：1090–1092.

［120］解韬．建立和完善残疾人家庭扶助制度初探［J］．经济研究导刊，2013（33）：105–107.

［121］吕世明．我国无障碍环境建设现状及发展思考［J］．残疾人研究，2013（02）：3–8.

［122］石丹妮．推进吉林省城市无障碍环境建设法制化进程［J］．吉林农业科技学院学报，2012，21（04）：18–19+72.

［123］刘婧娇．残疾人社会保障国际比较及启示［J］．劳动保障世界（理论版），2012（10）：16–20.

［124］王姣艳，何侃．国内外残疾人康复人才培养模式比较研究［J］．残疾人研究，2012（01）：39–43.

［125］文香懿，李漓，杨梦娇，俞纬．中国农村老年人的社会保障问题调查研究［J］．中国城市经济，2011（24）：235–236.

［126］李乐．山东省残疾人社会保障问题研究［D］．济南：山东经济学院，2011.

［127］余向东．残疾人社会保障法律制度研究［D］．合肥：安徽大学，2011.

［128］曾艳．我国城市残疾人社会保险制度构建研究［D］．长春：吉林大学，2010.

［129］周凤莲．社会保障水平的综合测定与评价［D］．太原：山西财经大学，2010.

［130］韩央迪．制度的实践逻辑：发达国家残疾人社会保障制度的比较研究及启示［J］．中国地质大学学报（社会科学版），2008（06）：89–93.

［131］李迎生，孙平，张朝雄．中国残疾人社会保障制度现状及完善策略［J］．河北学刊，2008（05）：7–13.

［132］张乃亭．论中国社会保险激励机制的构建——基于企业视角的分析［J］．山东大学学报（哲学社会科学版），2008（05）：67–73.

后 记

从最初与出版社达成意向到成稿，历时一年多。最初的设想仅仅是定性地研究无障碍与我国现阶段高质量经济发展目标的关系，介绍无障碍相关的旅游、教育等产业的发展现状。经历了逐渐深入的研究过程，最终发现了无障碍促进经济增长的路径，即残疾人、老年人的劳动力资源。沿着这个思路，本书运用了经典的柯布—道格拉斯模型，估算出无障碍对我国经济总量的扩大作用为0.5%，对我国经济增速的加速为0.19%。此外，本书还运用边际消费倾向模型估算出无障碍能使我国消费每年至少增加3300亿元。这样的回报无疑是不可小视的，几乎可以断定远远超过建设无障碍环境所需投入的成本。从投资学角度看，只要项目的投入资金少于回报，就应该给予投入。这就给了政府投资无障碍充足的理由。

虽已成稿，但本书依旧有很多可研究却未研究的问题。例如我国全国范围内建成完善的无障碍环境需要投入多少资金，即无障碍的成本问题，就是本书最大的遗憾。但由于我国地域辽阔、人口众多且相关资料与数据缺失，这项研究只能等待未来条件成熟时再继续进行。

为了更好地写作，课题组全体成员都付出了辛勤的努力，在此向他们表示感谢。主要撰写者之一杨子铭博士放弃了北京产权交易所的高薪工作来到清华大学做博士后，全身心地投入无障碍研究。中途恰逢新冠疫情肆虐，入校办理进站手续、寻找安静的办公环境都成了需要克服的困难。几位博士研究生的研究方向与无障碍关系较弱，但他们依旧对本书奉献出了自己的智慧与时间。看到他们的无私奉献，即便经济学家也不由得感叹：经济动机虽然可以解释人类社会大多数的现象，但总有关键少数人的行为是出于良知，是“利他”的。此外，本书能够立项并最终付梓，最应该感谢中国残联吕世明主席。他不仅从知识、数据方面直接支持了本书的写作，他对残疾人事业的热情和工作时展现出的严谨态度也激励了年轻学者们的研究工作。

谨以此书献给我国无障碍事业，愿障碍群体能与健全人一样获得公平的机会、幸福的生活和由衷的尊重。